长篇纪实文学

一个都不放弃

钱利娜 著

谨以此书
献给为中国特教事业恒久奉献的人们和像我一样并不完美的人类

我梦想有一天,真理不言而喻,人人生而平等。

——马丁·路德·金

命运之神使我们每个人都不同,又使我们都一样。

——作　者

  中国找到中国梦,不容易。我们从事特殊教育的老师们,要实现自己的梦想,让所有人都明白,智障人和我们一样,需要就学、就业和获得爱情的权利,人人生而平等,我们要找到这样一条路,去实现这些平等,也不容易。

——刘佳芬

在写着"恒爱"的石头边上,五种颜色的油漆在塑胶跑道上描出五朵向日葵,阳光打在跑道上,无边的色彩,让在黑暗中隐匿了一夜的花突然浮现在晨光里。每一朵巨大的向日葵,长着二十一片花瓣。每一片花瓣上,都站着一个孩子。除了生病在家休养的孩子,盛开的九十六片花瓣,以九十六个孩子的形式绽放。

目 录

◊ **第一章　逃跑的孩子** …… 5

　　妈妈，妇女节快乐 …… 7
　　寻找之路 …… 16
　　最后的时刻 …… 34
　　另一个孩子 …… 39

◊ **第二章　孤独的孩子** …… 45

　　王海的早晨 …… 47
　　走出校门去上课 …… 53
　　她曾以为那是最后一天 …… 69
　　陪着你慢慢走 …… 75

◊ **第三章　蜜糖宝宝** …… 93

　　愤怒的邻居 …… 95
　　张浩的助残日 …… 100
　　手工课与指挥棒 …… 116
　　小小指挥家 …… 129

◊ **第四章　"问题"女孩的特奥之路** …… 143

　　突发事件 …… 145

特别的女儿 …… 160
一只乒乓球带来的奇迹 …… 168
超市女工崔晓雅的工作日记 …… 177

第五章　愤怒的花朵 …… 181

特别的一课 …… 183
你们不在时我才哭泣 …… 206
请再抱一抱我 …… 218
她去向哪里 …… 222
他们的青春期 …… 230

第六章　一个都不放弃 …… 243

黑夜的等待 …… 245
敬老院里的花季 …… 250
如果她有一双好腿 …… 262
毕业典礼 …… 268

第七章　阳台夫妻 …… 277

生病的新娘 …… 279
数星星的孩子 …… 292
母亲在奔跑 …… 304
我有一个梦想 …… 312

后　记 …… 322

2012年的冬天，一个偶然的契机，我走进了宁波一所特殊学校——达敏学校的大门。之后，我用近半年的时间断断续续地与一些患有自闭症、唐氏综合征和脑瘫的孩子相处，认识他们的老师和父母，聆听他们的悲喜，并作为他们生命和命运的旁观者，开始动笔写这部作品。

第一天到达这所特殊教育学校时正是中午，我要去采访他们的校长——刘佳芬女士，在通往校长室的路上，要经过一个篮球场，有几个孩子在打球。

我和他们保持了一点距离，看着他们游戏，又有点担心被他们发现。因为我还没有准备好怎么和他们打招呼。突然听到有人朝我喊："老师好！"

我惊讶地扭过头来，想找到这句彬彬有礼的问候来自于哪一个主人。

那是一个长相奇特的孩子，眼睛之间的距离特别宽，下巴特别短，整张脸似乎被横向拉长了。后来听他的老师介绍，他是个"唐宝宝"，一个先天愚型的孩子。

我慌忙地回答他："你好，你们在打篮球啊。"

"老师，你也来？"

"哦,我运动细胞很少,不会打篮球。"

"很简单的,我给你示范下。"他一说完,就给我展示了一个完美的三分球。这一投,完全把我对智障孩子的既定印象给打碎了。

他们在我的概念里,不是应该流着口水傻笑么?怎么还能制造出如此完美的弧线?而且每一句话每一个举动,都像一个受过良好教养的绅士。

"老师,你姓什么?"他继续问。

"姓钱。你呢?"

他报了自己的名字。

"钱老师,你投一个。"他把篮球交给了我。我有点紧张,球撞到了篮板,却跳了出来。正如我对自己的预期,没投中。

在他身边的同伴也走过来,问我:"老师,你是什么老师?"

"我姓钱。"我继续重复自己的回答。

"你喜欢什么明星?"

"很多。你呢?"

"我喜欢王力宏,很帅!"

"是的,确实很帅,帅的人总是更讨人喜欢。你几岁了?"

"你猜!"

"十五岁?"

"差不多。十六岁。"

"叫什么名字?"

"你猜!"

这时,一直在我们身边给他们当陪练的一位男老师对他说:"小浩,年龄可以猜,但是你的名字不能让人猜,老师猜不到的。知道吗?"

他顺从地点了点头，说："不猜名字。我叫——叫李——李敏浩。"接着，他也投了一个三分球，好像要和同伴一比高下。

这第一次见面，就让我对这两个十五六岁的少年郎刮目相看。他们不是和正常孩子一样吗？喜欢在运动场上表现自己，喜欢谈论他们喜欢的明星。

从那天起，我开始接触更多的孩子。他们一次次让我重新审视自己，并在审视中完善自我。自闭症孩子的琴声与绘画，唐宝宝的指挥棒，脑瘫孩子在跑道上用尽全力的奔跑，轻度智障孩子歌声飞扬的舞台，智障青年的网店……而站在他们身边的是一群从事特殊教育的老师。

我目睹过一个漂亮的女老师抱着一个患癫痫的一年级孩子睡午觉，听到过老师们谈论校长刘佳芬为上完厕所的孩子擦屁股，我看到过一位老教师每当雨天都受腰疼折磨，那是她有一次为了不让发癫痫的孩子后脑着地，用身体阻挡留下的后遗症，我也曾在路过一个班级时，看见一位老师被一个突发脾气的孩子掐着脖子，她却示意大家不要靠近，让孩子自己逐渐平息，以免产生更严重的后果。

很多父母和老师流着眼泪，谈起他们与孩子的往事。在一个个悲欣交集的故事里行走的生命，有父母双亡的孤儿、无法表达情感的孩子、突发脑疾的女孩、住在养老院里多年的脑瘫少女，也有临终把孩子托付给老师的父亲、自杀的母亲、为孩子的病陀螺般奔走的家庭、把捡来的智障女婴视如己出养育成人的养父母……绝望像一场又一场的暴风雪不期而至，刹那间整个家庭如被冰雪，命若琴弦，但在与苦难和挫折的反复较量之中，往事中的每一个生命都似乎从未放弃，老师、父母在寻找医药和教育的可能，孩子们也在阳光下，以向日葵的姿势和

恒心,仰起他们向阳而生的脸庞,享受着残缺的生命。

我用一支笔记录下这些故事,试图用他们的欢笑作线,用他们的眼泪作珍珠,串成一条项链。

我不知道这条项链,能不能戴在新时代的脖颈上。世界上约10%的人口是残疾人,共计六亿五千万。在全世界一亿的智障人群中,中国占了一千三百万,比古巴整个国家人口多两百万,是新西兰全国人口的三倍。差不多每一百人中就有一人在智力方面存在这样那样的问题。而全国有一千七百多所特殊教育学校,每一天都在发生各种各样的故事,以其特有的方式折射着时代,也散发着人性中的芬芳。

但这些芬芳,并没有多少人知道。

我们在2008年生效的《残疾人权利公约》中也曾感觉到过同样的芬芳。它为全世界所有残疾人设立了国际人权标准,标志着对残疾人看法的转变,它说,残疾人不应再被视为慈善机构或医疗治疗的对象,而是有能力自己做决定和行使自身权利的人。

我发现,在这公约颁布前,达敏学校,乃至全国特殊教育学校的老师们已经在这样想,这样做了。用达敏学校校长刘佳芬的话来说——在我们眼里,我们的孩子和普通孩子并没有什么不同,只是学得慢一点。

总有一些先行者,奔跑在最前面,用坚韧的背影,邀请我们加入到他们的队伍中。

第一章

逃跑的孩子

◆◆◆◆ 陆明亮

◆◆◆◆ 遗传性重度智力障碍

◆◆◆◆ 父亲早亡，母亲出走，后与年迈的祖母相依为命

◆◆◆◆ 班主任田娟接送照顾五年

刘佳芬很奇怪，当她和这些孩子相处越久，越觉得孩子的可爱，他们的形象如璞玉来到人间，来到她眼前，让她着迷，甚至让她无法呼吸。她有点困惑，他们真的在别人眼里，也像在她眼里那样令人心醉，令人徒生怜爱之意？她想起第一次见到他们时并非如此，是什么改变了她的感受？一个画家会忘记一切地在画布上寻找对美的一种理解，一个诗人会在他的语言中寻找构建精神家园的一个理想，一个工程师会夜以继日地在图纸上寻找他对于未来建筑格局的一种想象。那么，随着时光推移，她是在这些特殊的孩子身上，让怜悯之心有了安放之处？

1998年3月6日

妈妈,妇女节快乐

父亲坐在阳台上,折一张报纸,又在报纸外面包了一层白色的薄膜。长着圆头的钉子在地上闪闪发光。他拿起亮亮的钉子,把报纸钉在窗框上。

这些圆圆的钉子,每一枚,都有一个尖尖的脚。父亲正把它们一枚枚按到木头里。

"唉,他把套在外面的尼龙袋一点点撕掉,撕不掉,用牙齿咬,用头把报纸顶破。人长大了,力气特别大,我拦都拦不住。"奶奶说。

明亮记得,父亲经常拿报纸盖那扇窗户。他顶破,父亲就盖上。他走过去,撕那张纸。

"哎,你看你,走路都不看!哎呀,是右脚!左脚已经慢半拍了,完了完了,右脚再出点故障,可怎么办?"父亲手上拿着一枚亮亮的钉子,钉子上红红的。

"好了,已经拔出来了。别哭了,哭又不能把图钉哭出来,眼泪流成河,也不能让伤口愈合。你看你,都十二岁的人了,吃了亏要长记性。以后走路要低头看路。和你讲了多少遍了,你什么时候才能懂?等爸爸和奶奶一个个去西天取经了,你怎么办?"

奶奶拿一瓶红药水擦明亮脚底的伤口:"别哭了,涂了药,一会儿

就不疼了。明亮啊,你一定要小心啊。脚下有个没盖好的窨井,你也踩下去,那我和你爸就彻底省心了。"奶奶的头发雪白雪白的,在阳光下发光,她的身子一抖一抖的,鼻子里哧哧响着。

"妈,他哭,你也来哭,哭成一堆,我还够不够烦了?做一天和尚,撞一天钟。活一天,赚一天。糊涂日子,不就糊涂过么?"

父亲一枚枚把它们按到木头里:"唉,又让他顶破了,也不怕这木框子刺脖子。"

明亮看这些钉子尖尖的,凉凉的。到了身体里,它们是热热的,很疼。它们钉到木头里,木头没有哭。

父亲又把钉上去的报纸撕下来,拿了一张黑色的纸,在木头上擦来擦去。木头发出"沙沙"的声音。

"拿砂纸打磨过,就不刺了。"

"多包几层尼龙纸,这样他就难撕开,没了耐心,可以保存得久些。雨落到阳台上,这些康复器材坏了,我们哪有钱再买新的?过几天,还是把玻璃配了,不省这些钱了。"奶奶说。

"配了,或许下次他会砸玻璃。没有哪家的孩子愿意和他玩。我也不愿意让他一天到晚被人扔石头,成为笑柄,不如待在家里。他顶开窗户纸,是想看看外面的世界。唉,也不怪他。换我,我也这么干。"

这次,父亲没有骂明亮。他以前常常拿眼睛瞪明亮:"就是木头也教会了!"

"今天爸爸不去拉客了,也不捎你去学校。刚才弄窗弄得累了,还要送妈妈,先休息会儿。奶奶和你坐公交车去,你在车上不要乱笑,不要大喊大叫,不要把头伸到窗外去。奶奶走得比你还慢,你要等等她。"

第一章 逃跑的孩子

父亲说着说着就流眼泪了。明亮听到外面有很多燕子在叫,叫得很好听。其中有一只,叫得很像学校特奥会时吹口哨的刘校长。刘校长的嘴巴,会发出很好听的声音,里面一定养着一只燕子。那只燕子叫啊叫,给同学们喊加油。

奶奶一边走路,一边在抹眼睛:"一定是出了什么事,瞒着我。要不不会不出车。下雪天,他都出车。总是说'下雪天,中巴车容易坏。大家都不拉车了,就我一人拉,可以多挣点钱'。他一定是有什么事情瞒着我。"

上了车,有好多人,明亮向他们笑,奶奶拍了明亮一下,在他耳边说:"你一发笑,车上的人眼睛都长着针,刺到我身上。我可不想让全天下的人都知道,我有个白痴孙子。"

"针——"

"那些针,你看不到。有好多事情,你不懂。"

妈妈最喜欢坐公交车,她会拿一张卡,滴一下,再滴一下,和他一起坐各种颜色的公交车,到很多很多地方去。他们一起在车上笑啊笑。

下车了,奶奶还在说:"你爸一定有什么事情瞒着我。"

刘校长站在校门口,手上拿着好多好多的花,她的左手拿着花,右手在抱小朋友,和他们说:"早上好!"

她对甜老师和李老师说:"周末是妇女节,提前祝你们节日快乐!"

"哇,女人给女人过节。谢谢,好漂亮!"一个个老师从刘校长手上接过花。

明亮走进校门,把手变成一个很大很大的半圆。

"明亮长大了,已经四年级了,刘老师不能抱了,刘老师只抱一年级的小朋友。"

明亮把手放下,踩着黑黑的影子,低着头走向教室。奶奶常常叹着气说:"你连一年级的小朋友都不如。"

明亮叹了一口气,奶奶说这句话的时候,刘老师没听到。

"明亮,交给你一个任务,帮我把这朵花养在矿泉水瓶里,再拿到刘老师办公室来。"刘校长的手上拿着一枝花。

明亮一手接过花,一手接过矿泉水瓶,把花插到瓶子里,然后他一步一步走上台阶,左脚走得很慢,右脚拖着它。他穿过掉在走廊上的绿叶,树的黑影落在地上,摇啊摇,好像有人在挠痒痒,笑个不停。他看着它们笑的样子,听着它们在他头顶发出的"沙沙"声,觉得自己变成了一片叶子。他笑起来。他的右腿和叶子一样"沙沙"响着,向校长室走去。

"明亮真乖,学会做老师的帮手了。"刘校长说,"但是瓶子里怎么没有水?花没有水喝,就会口渴,就会枯萎,就死了。你往瓶子里倒上水。"

明亮抓着扶手,一步一步走下台阶,明亮发现扶手上有个人影,那个人影一会儿变长,一会儿变短,一会儿变胖,一会儿变瘦。

他对着人影笑。扶手上的那个人也对着他笑。那个人笑起来,嘴巴有时张得很大,有时都笑歪了。

"明亮,不要对着扶手无缘无故地笑。"班主任甜老师在他背后说。

大家都不喜欢明亮随便乱笑,奶奶不喜欢,甜老师也不喜欢。明亮只能偷偷地笑。

但妈妈有时候喜欢,明亮笑的时候,她也跟着他咯咯笑。

他走到厕所里,往瓶子里灌满了水。

袖子湿了。

他一步步走上台阶,瓶子里的水扑一下,扑一下。它在说什么话,明亮听不懂,看样子,它不太想待在瓶子里。它扑出来,把明亮的鞋子扑湿了。

明亮喜欢玩水,妈妈就和他一起玩。但玩得不高兴时,她会掐他的脖子。

明亮把水放到桌上,瓶子"扑通"一声倒在桌子上。桌子湿了。

刘校长说:"不要害怕。再来一次,这次把水灌得少些。"

她和他一起来到厕所里,对他说:"先把袖子卷起来。"

明亮就把袖子卷起来。但明亮卷得很慢很慢,因为左手的手指,要很用劲才能动一下。好像那些手指在很远很远的地方,叫了它很久,它才听到。

她叫明亮把水龙头打开,往瓶子里灌水。

明亮就把水龙头打开,往瓶子里灌水。

"灌个大半,好,把水龙头关了。"

明亮就把水龙头关了。

明亮捧着瓶子,右脚拖着左脚,一步一步走上台阶,明亮把花放在刘校长的桌子上。花红红的,刘老师的嘴唇,也是红红的。

刘老师剥了一颗糖,塞到明亮嘴里。橘子味的,真好吃。她身上藏着很多好吃的糖果。有些是香蕉的味道,有些是西瓜的味道,有些是葡萄的味道。刘老师身上,是不是藏着一个水果铺?

有一次,刘老师来上课,问:"刘校长像什么?"

别的小朋友站起来说:"像妈妈!"

明亮低着头,不说话。

明亮回家和父亲说："我喜——欢刘老师。"

父亲摸了摸明亮的头："你看你，说一句话都要用半分钟。你去了学校，每天看你没有烦恼，有人疼你，爱你，不会伤害你，爸爸想你能开心一天是一天，永远不要毕业，更好。以后出了学校，爸爸和奶奶都不在了，你难免要受苦。"

明亮不喜欢苦。苦瓜是苦的，药也是苦的。爸爸老是让明亮吃苦的药，拿一根筷子架在嘴巴上，把药灌进去，每次他想把药吐出来，但一哭，就咕咚咕咚咽了下去。

每次爸爸都说："这是我找一个大师配的。吃了药，或许脑子就会好一点。"

明亮跟着说："脑子好一点，一点。"就一边吃药，一边哭。

明亮从校长室出来，一步一步走下台阶。扶手发出"滋滋"的声音，扶手在唱歌。回到教室，甜老师说，帮刘校长做事去了？明亮越来越乖。她给了明亮一颗甜甜的巧克力。

甜老师身上藏着很多甜甜的零食。

她爬到梯子上，在教室里刷啊刷，她说她要把墙壁刷得白白的，然后把春天刷到墙上去。

春天长什么样的？明亮不知道。明亮只看到甜老师的腿，在梯子上晃荡。全班同学都抬着头，等春天出现在墙上。

甜老师一边刷墙，一边说："今天是妇女节，是女人的节日。回家要对妈妈说'妈妈，妇女节快乐！'现在，每个人自己坐在座位上，开小火车练习这句话！"

"妈妈，妇女节快乐！"同桌小桃指着识字卡片，一个字一个字追着念。她说:"如果现在不努力背,回家就忘记了。"

"妈妈,妇女 —— 快乐!"

明亮只认识"妈妈"两个字,他看着识字卡片,看着看着,就把眼圈看红了。

甜老师从梯子上下来,替明亮擦眼泪:"明亮不要不高兴,明亮可以和爸爸说 —— '周末快乐'。"

甜老师翻开另一张识字卡片,说上面写着"爸爸"。明亮对着这张关于"爸爸"的卡片,背得很认真,像学抄写那么认真。以前,他总是低着头,学抄数字。甜老师每天会用她的手握着他的手教他学抄写。很小的时候,抄"1",有一天,甜老师说:"你抄个'1'抄了一年,终于学会了把笔握直,不像一条蚯蚓了,好棒。"

后来明亮开始抄"2",有一天,甜老师又说:"抄'2'又抄了一年。你的手指终于学习了转弯,明亮有进步。"

去年,明亮开始抄"1+1=2",抄了一遍又一遍。甜老师说:"只要再坚持两年,你一定能学会'1+1=2'。"

明亮抄得很认真。树上的鸟叫了,也没把头伸出窗外去,看它是不是和另一只鸟打起来了;同学的爸爸开了一辆又高又大的汽车来接他放学,明亮也没有跟着他跑出去,偷偷对着轮胎踹几脚;刘校长从门口走过时,明亮也没舍得去叫一下校长好。

刘校长走进教室来,问:"明亮,同学们都放学了,你还在做什么?"

甜老师正握着明亮的手帮他走"2"走过的路,她说:"唉,你看,他只会抄'1+1=2',把'2'擦掉,问他,他又不知道了。但是很奇怪,学校的围墙再高,他都能想办法逃出去。逃跑,不用教。"

刘校长说:"明亮,不知道'1+1=2',可以慢慢学,但你一定要记住

你的名字叫陆明亮,你的学校叫达敏,这样万一明亮走丢了,就会有人把你捡回来,送回学校。"

明亮知道什么是走丢。就是走着走着,看不到家,也看不到达敏学校,看不到爸爸、奶奶,也看不到刘老师和班主任甜老师。就是身旁有很多很多的人走来走去,一个也不认识。就是天黑了,人也没有了,只有天上的星星眨啊眨,就是你走着走着肚子就饿了,就是肚子饿的时候想哭,就是哭的时候没人理你,就是一直没人理你,只能哭啊哭,尿尿尿到了裤子里。

明亮走丢过。明亮走啊走,天黑了一次,又白了一次,黑了一次,又白了一次。

当明亮坐在一棵大树下哭时,经过的人说:"你看这孩子的样子,浑身这么臭,左边的手脚不太灵活,问他话都讲不清楚,看样子是个白痴。"

明亮和他笑笑,明亮想他一定认出自己了,小区里的孩子们看见明亮都叫他"白痴"。

他们叫他的时候,笑得很开心。

他也跟着他们一起笑。

但父亲不许明亮笑,说:"以后人家叫你白痴,不许笑。人家是在取笑你呢,你还不知道。你叫陆明亮!"

明亮就不笑了,但他还是没听懂,他到底是叫陆明亮呢,还是叫白痴。

后来,一辆警车在明亮面前停下来。

警察从警车上走下来,问:"你叫什么名字?哎,别哭了。问你话呢。"

他继续哭。

第一章 逃跑的孩子

"你家在哪里啊？叔叔送你回家……"

他还在哭。

开车的司机从车窗探出头，说："你看他的样子，他是个白痴！"

警察把明亮送到一个陌生的地方，开始打电话："有个孩子，在我们北仑区，问他是谁不知道，问他住哪里不知道，问他爸爸妈妈是谁也不知道。看他什么都不知道，半边身子不太灵活，身上有烫伤的痕迹，脑子也不太灵光，不知道是不是你们达敏学校登启事的那个？"

明亮听到达敏学校就不哭了，明亮就和叔叔说："大——米——"

警察挂下电话，说："嗨，真是达敏学校的。丢了三天了，学校的校长和老师骑着车分头在找，都急死了。骑车怎么找得到？都跑了几十里路，到我们北仑区来了，也不知道他半个身子快，半个身子慢，怎么能挪那么远？"

警察给明亮买了肉包子，真香啊，明亮吃了一个又一个。汽车滴吧滴吧，把明亮送回了学校。

明亮从汽车上下来，父亲抱住了他。

"我出去拉车。他不做作业，妈妈拿球拍打了他几下，奶奶劝不住，他就逃走了。我总想着不该生他，他来到这个世界，他自己受罪，我也受罪。真的找不到他了，想着他生死未卜，电视上看到的一幕幕都在我眼前晃着。我去车站找，想是不是有人把孩子骗去烧砖，不干活就打他，看见河我想他是不是掉河里了，看见车这么多，想他是不是躺在医院里……我这两天压根没合过眼……"

甜老师也在哭。她拉着明亮的手，眼泪掉到他的手上。明亮舔了一下，是咸的。

甜老师不甜了。

刘校长蹲下身子，对明亮说："找到就好，找到就好。也不知道这三天两夜，明亮吃了多少苦呢。"

明亮抱着刘老师哭啊哭。

警察说："你们老师真好。家里跑掉的，你们学校也跟着一起找。"

"他上学这几年，和我们在一起的时间比他爸还多。他特别爱逃跑，但每次逃跑，我们全校总动员都能找到。可这次失踪了那么久，我们真是把最坏的情况都想过了，越想越害怕。孩子丢了，我们和家长一样着急。"刘校长的一只手拉着明亮的手，另一只手擦他被眼泪弄疼的眼睛。

明亮闻到那时刘校长的身上，也和今天一样，有花的气味。

教室里，同学们还在读"妈妈，妇女节快乐"，只有明亮一个人在读"爸爸，周末快乐"。明亮看着窗外，用舌头舔了舔流到嘴角的眼泪。

他皱着眉头，对正在专心读句子的同桌小桃说："难听死了！"

1998年3月6日

寻找之路

陆明亮不见了。

田娟跑到刘佳芬办公室，说："校长，学校的每一个角落都翻遍了，哪里都找不到。"

这不是第一次。半年时间，他消失了四次。他曾坐在滑滑梯上面的一个管道里，任刘佳芬和田娟在校园里喊他的名字，也丝毫不为所动，直到外面的雨水慢慢渗入他的藏身之处，找到他的时候，他哈哈大笑，一双鞋子已经吃饱了水，胜利的表情俨然一个横刀立马凯旋的将军；他曾躲在厕所里面足足两个小时，难以忍受的异味并不能驱赶他从自编自导的逃跑和躲藏游戏中走出来；他曾从围墙一条刚刚脱落了几块砖的缝隙里偷跑出去，找到他时，已经半夜十二点，他正趴在解放路的天桥上，向桥下经过的每一辆车子每一个行人嚎叫，没有人听懂他在说什么，当学校的"寻找小分队"走近时，才知道他不断重复的词语是"烦死""烦死"。最严重的一次，是从家里跑出来，自己坐了两三个小时的公交车到郊区，两天后被警察发现，从几十公里外送回学校，回来时哭成了泪人。

他的逃跑，是对抗，还是躲避，或者只是做一个吸引大家注意力的游戏，为的是让所有人都围着他转？一个难以清楚表达自己生命遭遇和内心情感的孩子，无法说出其中的隐情。但是那些情感，想念与拒绝，伤心与快乐，满足与焦虑，存在于每一个个体的灵魂里，并不会因为他们智力上的残缺，而失去体会悲喜的机会。正常的孩子会清晰地使用语言表达情绪，而智障的孩子很难向旁人解释自己的情感。刘佳芬知道自己站在那道厚厚的门外，必须首先成为注视者、解读者，才能找到那把通向他内心的钥匙。

她一定不是第一个，也不会是最后一个。

一百多年前，沙利文小姐在盲女海伦·凯勒触摸喷泉的手上写下"water"，海伦沉睡多年的记忆通过家庭教师的手被唤醒，一个又聋又

哑的孩子从此寻找到了获知光明、期望、自由和爱的出发点；1907年，玛利亚·蒙台梭利在意大利创办世界上第一所"儿童之家"，她说，如果学校像一个家，教育就可以改善医疗无法改善的儿童智力低下。在一百年后的今天，刘佳芬走进这所培智学校，她是不是应该用智慧与爱建立一个更加完善的家？

刘佳芬与她们在精神上的相遇，几乎是必然的。是因为一个女性教育工作者与生俱来的母性情怀，还是血液里共同流淌的教育基因？抑或是她们共同的梦想——让所有生命被人类社会接受，无论他是不是完美，是不是能为人类社会创造物质财富，让所有生命享受到生命本身所应该享受的美好——平等、爱和自由……

当儿童之家成立时，蒙台梭利说："除了五十多名极端贫困、衣衫褴褛和明显胆怯的儿童之外，我一无所有，其中，还有不少儿童在哭闹。这些儿童心态异常，智力低下，行为乖戾，有的还养成了诸多不良习性。"

刘佳芬的开始也如出一辙，去年开学第一天，她从聋哑学校转到这个学校，在餐厅见到了明亮。

他长得很瘦，左手像爪子一样，永远处于痉挛状态，这是脑瘫的典型症状，更加触目惊心的是，他头部的三分之一、颈部的二分之一是被热水烫伤后留下的伤疤。天气太热，他敞开衣服吃饭，露出的身子像一个千疮百孔的麻袋，出自一个蹩脚的裁缝之手，不规则的针线重新将他缝起来，留下密密麻麻的针脚。和他在一起的是达敏学校各种各样的孩子。有的一边吃一边喷饭，隔一两分钟就尖叫；有的脑袋特别小，两只眼睛的距离远远超过正常人，眼睛小而上挑，这种特殊面容叫国际脸，是唐氏综合征患儿所特有的；有的头特别大，前脑向前扑出，眼窝深陷,这是脑积水的孩子;一个自闭症女孩,全身百分之六十的皮肤是深灰色的,她的班主任说她多年皮肤瘙痒,无法控制,一直要把它抓出血来才肯罢休,日子久了,损坏的皮肤如鱼鳞一般覆盖全身;另一个自闭症孩子,不停旋转,目光空洞,嘴中念念有词,好像面前的食物不存在,需要老师不停地像按按钮一样把他按在椅子上;一个男孩一边吃一边笑,嘴角流的口水一直就没有停止过,当她走到他身边时,他开心得一边说话一边吃,把口水和饭粒都喷到了她身上……

展现在刘佳芬面前的景象完全是另外一个世界,一个未知的世界。当这些残缺的孩子集聚在一起时,人们才会发现,这个世界不同面目的伤疤,藏在诸多繁荣后面,好像从未存在,那一刻,却奔涌而出,与她突然打了照面,她虽然早有准备,但面对这样的场面还是有点不知所措。

他们被交到她的手里,她的任务将是照看这些伤痕,通过日复一日的努力,让他们忘记疼痛,使伤痕结痂、变淡,逐渐与周围的世界融合,成为一体。

刚刚走进培智学校的第一天,向她袭来的,难以说清是情感上的震惊,还是身体上的不适。那一餐,她吃不下一口饭。这一个个小小的躯体,来到人间,已经历过多少灾难。而陆明亮是沉默的,即使在那么多特殊孩子中,他幼小却饱经沧桑的身体也令人难以忘怀。

"我们先在学校再仔细找一遍。他父亲不是说了吗,他喜欢站在高处往下看,家里有扇破窗户就是他的瞭望台,你骑着自行车,沿着解放路找,叫副班主任李华打电话给家长,看看有没有往家里去了,叫刘林去车站问问。"

他的逃跑行为已经百炼成钢,刘佳芬的寻找规划图也已经十分周详细致,有的放矢,甚至寻找队伍也已经分工专业、训练有素。

高高筑起的围墙阻挡不了孩子们热爱逃跑的脚步。

他的花还放在刘佳芬的桌上,为了这朵花,他上上下下跑了三趟,因为患有脑瘫,他的身体需要运动,但他对训练没有任何耐心。渴望获得成人的表扬,这一点,和任何一个正常孩子一模一样,成为训练他的一个突破口。这只是她的一个小小的策略。

刘佳芬一遍遍寻找校园的每一个角落,厕所、游戏角、大树后,甚至每一个教室的桌子下面,都没有。又跑到学校外面的社区搜索,问每一个路人,也没有。惊慌、担忧一点点在胸口累积,这一会儿的工夫,他去了哪里?门卫张师傅说一定是自己疏忽,没看见他出逃。但他今天其实一直盯着门口,没见过他的人影。

他就像一滴水落入沙地,又一次消失了。

"我知道每次他提到妈妈就要流泪。但没想到他上次逃跑迷路,吃了那么多苦,还不怕。"田娟凭着班主任的敏感,猜测此次的逃跑,或许是由于上课时又说起妈妈。

"他父亲说起过母亲的事吗?"

"没有,每次问起,总是支支吾吾,好像有什么难言之隐。"

"明亮说起过吗?"

"有,但不多。我们追问着,他才肯说。我看他身上老是有瘀青,就问他哪里摔倒的,他不肯说。我就对他说,田老师是最好的朋友,你身上受了伤,可以不告诉别人,但要告诉好朋友,这样田老师才能保护你。一开始,他也默不作声。但我猜测,他身上老有伤,一定是最亲近的人才有机会下手。不会有外人老是打孩子,家人都不管不问的。我

第一章　逃跑的孩子

就问他,哪怕最亲的人都会做错事,告诉田老师,田老师一定会帮你。问久了,他会犹豫地回答'妈妈打'。我听了以后,特别震惊。"

"那你没和他父亲再联系?去家访?"

"他父亲每次听我们说要家访就说家里没人,一会儿说要去外地了,一会儿说他奶奶病了,要去医院照顾,总之老是推说家里有事。我们也不好勉强,只能对他父亲说,明亮身上有伤痕,明亮自己说是妈妈打的,孩子已经够可怜了,做父母的,应该加倍疼他。"

"他那时候吃得那么差,我真是看着心酸,所以就决定给他交午餐费。父母疼的,我们也要跟着一起疼。父母疼不了的,我们更要留心去疼他。我想他家里一定有什么苦衷。上次警察把他带回来,他父亲难过的样子,也是很心疼他的。"

"他父亲倒也承认,是他妈妈下手不知道轻重。说他妈妈就是这个样子,有时候很难控制自己。"

家庭暴力的事实似乎已经摆在了面前,会不会是他父亲酒后所为?哪个母亲会下手这么重?虽然棍棒底下出孝子是中国传统文化所默许的,但明亮身上的伤显然不是这么一回事。

必须见一见他的父亲,借这次机会,和他好好谈谈。刘佳芬折回学校,拨通了他家里的电话。

"喂,刘校长,我刚刚到小区里去搜了一遍,沿着他常走的路也找了一遍,没有。我担心他万一回家,就又回来看他在不在。一进门,你就来了电话。我现在沿着家到学校的路再找过来。"陆建设在电话里说。

刘林回来了,说:"一辆一辆车去问,逮着一个司机问一个,3路的司机都说那孩子喜欢坐公交车,他们都认识,有时坐过站了,他们也让

他一直坐到终点站，下一班车子会送他回去。如果看到他了，肯定给学校打电话。就是田娟急坏了，不肯回来，还在满大街找。她说，以前孩子们唱《世上只有妈妈好》，他也只是坐在位子上流眼泪，也不知这次为什么会这么激烈，或许还有别的原因刺激到他了。你当初说分班，田娟就主动挑大梁去教重度班，没一个是省心的，她这几个月真没消停过。"

刘佳芬回到班级，副班主任李华正在给孩子们上课，题目是"春天在我们这个班"。

几天前，刘佳芬看到田娟自己买了一桶白浆，一米五几的小个子，自己搬来大梯子，说要把窗外的春天复制到墙上，这样，孩子们就知道把墙壁当书本，阅读窗外的春天了。她说孩子们看见墙壁像个童话世界，一定会高兴坏的。要让智障孩子理解什么叫春天，并不是一件容易的事情。她画上了燕子低飞，杨柳依依，绿水环绕。让孩子们数墙上的燕子和柳树，这是她为数学老师画的教材。

画边配了诗——
春天到，春天到，
花儿朵朵开口笑。
草儿绿，鸟儿叫，
蝴蝶蜜蜂齐舞蹈。

田娟的桌上放着一张复写纸、一把剪刀、一卷双面胶。这是她编的一本教材，一张张都是自己用复写纸摹了图，画好，再贴上去，然后用正楷写上文字注释。已经贴了厚厚的一本，正翻到关于春天的那一页。田娟就用这本自编的教材给孩子们上课。孩子们的课本和她的一样，是她自己用蜡纸复制的。

刘佳芬说要编教材，老师们就立即赞同她要改革的观念，着手开始编了。专家们曾说："教材都是专家编的，你们编什么教材？以前就是语文、数学、体育三门课，会就会，不会也拉倒了。"刘佳芬不信，学校的老师们也跟着她不信。她对他们说："特殊教育要改革，别人可以摸着石头过河，我连一块石头也没有。"刘佳芬一个接一个地做着课题，田娟是教研组长，也和老师们一起跟着她做，和她一起找过河的桥。田娟学音乐出身，小小的个子里蕴藏着发掘不尽的能量。刘佳芬觉得田娟特别像自己，做什么像什么，做什么成什么。

但刘佳芬并不是总能获得支持者。几个月前，明亮父亲就跟着一支"示威队伍"出现在她的办公室里，队伍成员都是重度智障孩子的家长，他是其中一个。

"刘校长，我们不能去重度班。重度和重度在一起，只能更重度。"

"为什么你一来，就要把孩子分重度、中度、轻度班，这不是分上中下等吗？我家的孩子一定就是下等的？"

"他是三代单传，家里独苗。我没什么要求，只想他好好学习，以后能考上大学。刘校长，听说爱因斯坦就是自闭症患者，也是五岁才开口说话。我还指望着手上的产业有朝一日可以交给他。"

"我姐姐的孩子和我的一样大，他在区中心小学读书，如果我们再不抓紧学文化课，差距只会越来越大。"

家长们站在刘佳芬的对面，一个接着一个说。她一边给每个孩子的家长倒水，一边说："无论是父母还是老师，都应该拿孩子的今天和昨天比，而不是拿别人的孩子和自己的比。今天会洗脸，昨天不会；明天学校教会他自己去买快餐，今天不会。这样的事情才是值得我们高兴的事情，是生命的成长。我们不是分等级，只是给每个学生找到适

合的教学内容和方法。这样，不同程度孩子的潜能可以得到挖掘。让轻度学生多学点文化知识，让中度、重度学生学习刷牙、洗脸、去超市购物，提高生活自理能力，这是我们要做的分层教学改革。"

"我这些年勒紧裤带，给他买各种各样的康复器材，省下每一口吃的，给他到处找药，你一来就把他分配到重度班，打入冷宫，我这些年的心血不是都白费了啊！"明亮的父亲陆建设躲在角落里，是最后一个开口说话的。

他的皮肤几乎是棕色的，闪着陶器般暗哑的光芒，像在脸上涂了一层厚油。皱纹深深嵌在皮肤里，一道道，刀刻般，这是常年日晒雨淋留下的印记，脸上的胡子很久没剃了，手上一根根青筋突出，像一根根老藤缠绕周身。皱纹堆积的脸，是他用劳力与贫穷、苦难搏斗后留下的痕迹，全家老的老，小的小，靠他蹬三轮养家，贫穷和疾病让这个四十岁的父亲，看上去似乎已经六十多岁。

"明亮在文化学习中举步维艰，学'1+1=2'学了四年。除了会坐公交车，连洗脸都不会。他以后能自理，比什么都重要，而且动手能力强了，也能促进他文化课的学习。"

"他身上的伤你也看到了，我们一不留神，他就倒在热水里。他那么小，那血肉模糊的样子，哭得连喉咙都哑了。我真恨不得烫伤的是自己。你说，我还会让他自己倒热水？他洗个脸，都要冒生命危险！"

"但你不能替他洗一辈子的脸，你得让他自立。等你们老了，他怎么办？有一个九十多岁的母亲，教智障儿烧饭用了三十年，才烧出一顿像样的饭。但他毕竟学会了，这样母亲走了，也可以放心他可以自立，不会饿肚子。你得反复训练，告诉他小心对待热水，让他一步步地学。"

第一章　逃跑的孩子

"可我的孩子如果每天和吃饭都找不到自己嘴的孩子在一起,不是更加倒退吗?比他程度好的,至少可以带带他。"

"你相信我,每个孩子我们都会有不同的教学方案,会进行个别化教学。重度的孩子我们会让他们学会生活自理,中度的让他们适应社会,轻度的学会自食其力。给我时间,我一定让你们的孩子有改变!"

第二次听到陆建设的声音,是在电话里。

他说:"刘校长,谢谢你。我知道饭带到学校冷了,田老师很好,每次都用热水把饭泡热。这些年吃下来了,不碍事……我知道菜也凉了,田老师说过饭能泡热,但菜不能泡热,冬天里冷菜吃着伤胃。但我们全家都吃这样的菜,他也吃惯了。贵有贵命,贱有贱命。刘校长你自己工资也不高,我们怎么能拿你的钱呢?"

八十元一个月的午餐费,对陆明亮的家庭来说,竟成负担。在整个学校里,除了陆明亮,是不是还有王明亮、张明亮、李明亮?她当即要求每个班主任和党员寻找那些吃不起午餐的孩子,每个人结对一个贫困学生。

没想到,拿上来竟是一串长长的名单:

小吉,父母离异后各自组建家庭,与外婆生活在一起。全家唯一在使用的电器,就是小吉手上的那个收音机。

小雪,父母离异,跟随母亲生活,家里仅有一个房间,房间里只有一张双层床,外公外婆睡下面一层,小雪和妈妈睡上面一层。靠母亲做清洁工维持全家生活。

小璐,父亲智障,母亲多病,身上穿的衣服都是老师孩子穿过半新的。

…………

几乎每个班级都有。贫穷、疾病、孩子的残障竟然像一场又一场的雪,一下子都吹进了一个家庭里,这其中或许也有因残致穷的原因。当上天指派各种命运的时候,让人怀疑它只是在仓促之间,就把一些幸福扔给了一些人,把一些不幸扔给了另一些人。接下去,就看这些人如何拨云见日,应对自己的命运了。那么,他们来到达敏学校,她除了安排一个科学有效的教学程式,更应该在那不幸的冰天雪地里启动每个老师心中的火苗,为他们点一堆温暖的篝火。

放学了,孩子们一个个被接走。教室里变空了,李华说:"我把教室整理下,马上出去和田老师一起找一下。"

"我在教室等他父亲来。"刘佳芬说,"来了,问问他,看看有没有可以找到孩子的线索,我再和他一起来找明亮。"

刘佳芬想:明亮这个名字多好,一定是陆建设希望孩子有个明亮的人生。当他站在刘佳芬的办公室里抗议将明亮分入重度班时,一定是依然希望孩子的余生可以更加明亮。刘佳芬想起明亮低着头吃那些简单的蔬菜和用热水泡的饭的情景,突然很想流泪。那孩子多单纯,当别的孩子在吃鸡腿时,他就安安静静地坐着,他的眼神平静得如一湾碧波,那里没有羡慕与嫉妒,也从来没有抱怨。身上的伤疤、母亲的暴力、冰凉的中餐,他接受着自己从出生就被赠予的生活。那么,他的逃跑几乎是可以理解的了。刘佳芬要做的是,找到症结,让他可以不用逃跑就能控制自己的情绪。

突然有一阵轻轻的抽泣声,好像是错觉,又似乎就在耳边,刘佳芬听到墙角隐约传来声音,教室里突然散发出一股异味。

她走过去。在教室角落有一张旧桌子,已经废弃不用。后面又有另一张桌子顶住。那气息似乎是从那里传来的。

"校长,我先出去找他了。"李华说。

"先别,你听到了吗?好像有声音。"

"嗯……会不会是别的班里留下的孩子?我好像也听到了。"

刘佳芬蹲下去,闻到那股味道越来越浓烈了。她搬开顶住的桌子,当然那里——也有可能是一只猫。

"明亮——是你吗?"

声音突然消失了。

"是刘老师啊,刘老师把柜门打开,可以吗?"

教室里变得更加寂静,她听到自己的心跳声,她拿不准他是不是在里面。只有异味依然那么刺鼻。

"明亮是你对吗?我们都在找你啊。田老师、爸爸,还有其他老师都在到处找你。"

那低低的抽泣声又响起了。

当刘佳芬把桌子下的柜门打开时,她看到正躺在柜子里的明亮,满眼都是泪水。他蜷缩成一团,竟然在刚刚能容下他身体的柜子里待了三个多小时。大便把整条裤子都浸湿了,正一点点渗出来,他的手上、脚上都是自己的大便。一股恶臭迎面扑来。

"天哪,拉得浑身都是!"李华忍不住叫出声来。

"我们去洗下。"

"刘老师……我……不会……"李华看到这样的情形懵了。

"不洗干净,他会生病的。我们做特殊教育的,洗大便,是小事,分内之事。你刚毕业,没见过这样的事情,小姑娘受不了,也难免。但你得学会,一步步来,你把他当成自己的孩子,就不嫌脏了,哪个孩子不

是一把屎一把尿养大的……明亮,你走出来,刘老师带你去洗干净。"

他还在哭。刘佳芬扶他走出来的时候,发现他浑身都湿透了。那只柜子或许给了他足够的安全感?所以竟然可以在里面一待就是一个下午。他每次只要一睡着,就难以自控,大便就会拉出。平时晚上都必须用上尿不湿。他一定是在柜子里睡着了。

"没关系,洗干净,就不难受了。李华,你去拿脸盆和毛巾。"

刘佳芬把他的衣服解开,用温水把他身上的大便一点点冲走,再用热毛巾,把他的身体擦洗一遍。

陆明亮顺从地让刘佳芬一步步把他打理干净,停止了哭泣。

李华觉得反胃,在旁边干呕起来。

刘佳芬注视着这个小小的身体。那是怎样的一副躯体?从头部一直到屁股,全都是烫伤的疤痕。在他五岁时,他一定撕心裂肺地哭过。他一定不能像正常孩子一样早早知道热水瓶的可怕,知道规避危险。左边的身子本来就是迟钝的,躲避起来也更加不灵敏。身上的疤痕把身体一分为二,萎缩的皮肤高低不平,这加剧了他本来就没有很好发育的左边身子的病况,左半身比右边的更瘦,左边和右边在一个人的身体上竟然是不对称的。而就在这个饱经灾难的身体上,竟然还有各种各样的瘀青,有的是深紫的,有的是浅红的,有的隐约可见,背上、脚上、手上、脖子上都有,看得出,这一个个瘀青产生于不同的时间,甚至还有其他的印痕——球拍的印子?掐的印痕?牙齿的痕迹?各种各样的伤痕有的来自于出生的第一天,又在后来的日子接踵而来,一起出现在他的身体上,他一定无法真正明白导致那些伤痕的原因,不明白他来到的人间竟然有那么多不可理喻的东西。当她想到这一切,注视着这个被神和命运抛弃了的身体,才十一岁就已经饱经沧桑的身

第一章　逃跑的孩子

体,千疮百孔得令人心碎的身体,擦洗的双手就忍不住颤抖起来,眼泪慢慢地,慢慢地流下来。

她听到一阵早春的风正在经过,夹杂在其中的是她低低的抽泣声。她哭出了声。

她的手越过一道道疤痕,把孩子的身体擦干,换上备用的衣服,双手仍然没有停止颤抖。陆明亮一直盯着她,突然说:"刘——老——师,我——喜欢——你!"

这样一句话,他足足说了半分钟。但他说得那么努力,口气毋庸置疑,说的时候,口水顺着下巴滴下来。

这句话,让她再次泪流满面。她很奇怪,当她和这些孩子相处越久,越觉得孩子们的可爱,他们如璞玉来到人间,来到她眼前,让她着迷,甚至让她无法呼吸。她有点困惑,他们真的在别人眼里,也像在她眼里那样令人心醉,令人徒生怜爱之意?她想起第一次见到他们时并非如此,是什么改变了她的感受?一个画家会忘记一切地在画布上寻找对美的一种理解,一个诗人会在他的语言中寻找构建精神家园的一个理想,一个工程师会夜以继日地在图纸上寻找他对于未来建筑格局的一种想象。那么,随着时光推移,她是在这些特殊的孩子身上,让怜悯之心有了安放之处?

半年时间,她已然爱上了这些特殊的孩子。而爱他们,竟然可以成为她的事业。

"明亮,你知道,刘老师、田老师都喜欢你啊。你不见了,我们都难过死了。你能告诉刘老师你为什么藏起来吗?"

没有回答。

"是因为老师上课提到妈妈了吗?"

他盯着她,还是没有回答。

"让老师抱抱你吧。"

他突然俯在她的肩膀上,又流起眼泪来,说:"妈妈——打!"

当她早晨站在校门口一个个拥抱孩子时,那一张张朝她微笑的脸,就像一朵朵风中的向日葵,正迎接着阳光平等的照耀和清风的抚摸。在阳光的眼里,不管他们开出的花朵是否残缺,能产出多少葵花籽,不管他出生于平原还是高山,也不问他来自富庶之地还是穷乡僻壤,那颜色深浅不一的花盘,只要一面向太阳,就尽可能地吸收着全部的光明与温暖。当他们像追随幸福一样追随着阳光时,太阳不会切割自己的光线,犹豫着谁值得获得多一点,谁获得少一些。他们的脸庞,在她眼里,渐渐和任何一张正常孩子的脸融合成一个群体。

她相信拥抱的意义,对于智障孩子来说,有时候触觉沟通要比语言沟通更加有效。一个短短的拥抱,携带着关怀的触碰,将直抵孩子的心房。这或许比"我喜欢你"这样的句子更加有效。智障孩子所获得的拥抱和注意要远远低于正常孩子,对于像明亮这样频受暴力侵害的孩子来说,正面的身体触碰,会成为一种积极的"语言",一种正面的力量。

她要把生活亏欠他们的拥抱补上。

明亮完全平静下来了,他找到了喜欢的积木,独自搭建着想象中的建筑,对着歪歪扭扭的城堡发出"啊呜""啊呜"的赞叹声,好像他从来没有打算把自己藏起来过。在父亲到来之前,他尽情享受着想象力给他带来的快乐。

李华把田娟找了回来,田娟骑着车,不知道沿着学校外围的路绕

第一章 逃跑的孩子

了多少圈。她回到教室时，看到明亮大吃一惊："我快找疯了，你却在这里！"

陆建设也到了学校。他看上去比以前更黑瘦了些，眼窝深陷着。他看见从柜子里重见天日的陆明亮，说："我这孩子没有福气，天也不疼，地也不疼，以后……可能爹也不疼，娘也不疼，只有老师待他像自己的孩子。"他说着，几乎是整个人倒在椅子上，一下午的寻找让他筋疲力尽。

"他身上都是伤。我没想到他身上竟然有那么多伤。这么罪过的事情，你作为父亲怎么能不制止？"

"刘校长，不瞒你说，如果不是到了今天我也不愿意说……明亮的妈妈和他一样，智力也有问题。我一直不想说，是觉得难为情，娶了个智障，又生了个智障……他妈妈很喜欢他，就是不知道怎么和他沟通。明亮也犟，妈妈叫他做作业，他有时不听，妈妈就会打他。我们一不注意，母子俩就打起来。没办法，只好把他们隔开，一开始把他锁在房间里。他妈妈看不见他就受不了，就要想办法把门弄开，找到一切机会，要么是上厕所，要么是吃饭，就是要趁机和他待在一起。但只要他们俩在一起，去散个步，就找不见人影。他妈妈带着他坐公交车，到处跑。他也喜欢跟着妈妈，去逛街，去公园，去他们想去的任何地方。结果常常是两个人都找不到了。我们家都快成了报警专业户。后来没办法，只能把他妈妈锁在房间里。但也不行，他妈妈也要跑出来，关在里面更是天翻地覆。我们想了个法子，把他妈妈送到工疗站，骗她说明亮去外地读书了。这样她找不到他，再想他，也没法子。明天是周末，本来我把他接到家，再去接他妈妈。现在只能让他奶奶去接了。"

刘佳芬没有见过明亮的母亲，她从未想到他有一个如此特殊的母

亲。那么多面目可疑的伤痕，她以为来自残酷的家庭暴力，没想到竟是一个智障母亲不会表达爱引起的。

"你知道，每次同学们唱《世上只有妈妈好》，大家都在笑，只有他在流泪。虽然他智商有问题，但情感上完全是明白的，和所有孩子一样，对母爱的渴望，是孩子的本能。"

"是的。所以我觉得自己对不起他……刘校长，本来不是因为他出逃，我也要来你这里一趟。我今天在家里躺了一天，想我如果不在了，他怎么办？"陆明亮的父亲突然捧着自己的头，大哭起来。

明亮看着他的父亲，突然走过去，抱住了父亲。

陆建设的眼中都是泪光，他抬起头，看着明亮，这个在神的设计里这么不完美的孩子，此刻却占据了父亲眼中全部的内容。

"刘校长，我想明亮要不不来读书了，我只有一个哥哥，但他生活也很困难，工厂里上下班都要打卡，抽不开身，没有办法帮我送他上学放学。雇一个人来接他，我也花不起那个钱。"

"怎么？家里有困难？还是因为他老是逃跑让你担心了？"

"我母亲老了，走路特别慢。如果明亮一急，他奶奶追也追不上他，老人家万一有个闪失，我怎么能安心？她上半辈子到处做保姆，养了我一个，下半辈子给我做保姆，养了我一家，在我活着时，我不想她因为我们，出什么意外。死了，我也管不了那么多了。"

"你在说什么？以前不都是你骑着三轮车送他来的吗？"

"我刚刚去医院查了下，刘校长，我没告诉过别人，告诉别人也救不了我的急。医院确诊是胰腺癌晚期，说不会超过半年，我暂时不想让他奶奶知道，怕她受不了。"

整个教室突然陷入了沉默。明亮离开了父亲，在教室里走来走去，

第一章　逃跑的孩子

他或许没有听懂癌症意味着什么，也不知道自己的未来将面临什么，他甚至忘记了中午的忧伤，依然拿着积木一边玩，一边笑。

刘佳芬不知道如何安慰这个父亲。一个醉了半生的男人，现在难得清醒地坐在她面前，却告诉她他将不久于人世的消息。

"明亮不能待在家里，与世隔绝只会让他的智力完全退化，他在学校里学到的一切都将前功尽弃。没人接他上学放学，我们学校帮你想办法。而且，为了他，你得坚持下去。"

"我这一辈子犯了很多错，错误的婚姻，错误的孩子，但把孩子送到这里来，我算是做对了。"

"刘老师，我每天骑自行车上班，经过他们小区，我来带他吧。我的孩子大了，她自己会上学、放学。"田娟蹲下来看着明亮，问："明亮，田老师每天骑着自行车，捎你上学，好不好？"

明亮抱住了田娟，他笑的时候，口水滴到了田娟的手上和衣服上。他的"好"字，在空空荡荡的学校里，显得特别响亮。

"我每天痛死了，但忍着不去看病，想是没什么大碍。我这个人倒霉了一辈子，遇到你们老师是大幸，一个个都是活菩萨。"

"你不要担心，他每天都在进步，昨天刚刚学会了扣扣子，你们在家也要让他学习自己穿衣服。他还会经常给老师做小帮手，今天他就拿了一瓶花，给我送上来。他不会计算，但我们教他用计算器，用得可顺手了。"

"虽然他老是逃跑，但我每次说'如果你不听话，就告诉刘校长和田老师，她们就不喜欢你了'，他就说，'我听话，老师喜欢我'。"

看着父子俩走出校门，刘佳芬回过头，握住了田娟的手，说："我该怎么对你说谢谢，田娟，让你受累了。"

"我和你一样心疼他。"田娟正仔细地擦洗着弄脏的柜子。

1999年10月15日

最后的时刻

当陆建设把那张纸条交给她时,田娟忍住了眼泪。

他瘦得只剩下一副骨架,生命的光正一点点从他身上逝去,他的呼吸声越来越重,一口海底痰在喉咙里一进一出,他努力张开眼睛看四周,眼窝深陷进去,像一对蜡烛,燃尽烛泪即将熄灭,他似乎是在确定田娟有没有来。医生预言他半年的生命,他坚持了一年多。

他此刻撑着,是不肯死。

他要在人间留下三个人,一个七十多岁的老母亲,一个十三岁的智障孩子,还有一个要和孩子争抢玩具的智障妻子。

他几乎是用尽最后的力气在说话——"老师",用那双瘦若枯木的手在纸上摸索着写字。他把手慢慢提起来,要把那张纸,交到田娟的手上。

她走过去,接过纸,看到上面写着两个字——"儿子"。

他要把孩子交到她的手上,一个与他没有任何血缘关系的人手上。

这个被病魔一点点吞噬掉的男人正迎接他的最后时刻,老母亲的背像一把弯曲的弓,俯在他身旁,看上去好像随时要倒在他身旁。她握着他的手,唤他的乳名,老泪纵横,白发人送黑发人,苦难再一次光

第一章 逃跑的孩子

顾了这个家庭。他是家中的顶梁柱，他一走，留给年迈母亲的唯一遗产，是一贫如洗的家和身边这对智障母子。

陆明亮看见奶奶在哭，也开始哭起来。他是不是也知道他的父亲将永远离他远去？他的母亲走来走去，在说："要死了，不能死。"然后用手捂住明亮的嘴，说："不能哭，不能死。"又跑过去拉开婆婆与丈夫的手，大喊："你弄死他了，你弄死他了！"

当他用眼中最后一缕摇曳的光看着明亮时，他的眼神似乎又亮起来，他缓慢地转过脸去看田娟，那一点微弱的亮光变成了恳求。

"你放心吧，我们达敏学校会照顾好小亮，我会一直送他上学放学，直到他毕业。他现在特别听我的话，我很喜欢他。"

陆建设在弥留之际，要把他爱了一生、困扰了一生的妻儿放下了。毯子盖在他身上，显出这个可怜的男人已经瘦得只剩下骨头，枯萎的身体里，死亡与牵挂互相拉扯着他尚存一息的灵魂，飘摇的灵魂一定是无助的。如果自己的许诺能让他在最后一刻获得安慰，能让这个不幸的家庭有些许温暖之色，那必是她的一种获得。

当田娟走出大门时，哭声依稀可辨，像夜幕中一堵堵将要倒塌的墙。在夜色中，他们的哭泣好像是黑色的，缠绕着难以看清方向的迷雾，明亮哭得好像要呕吐了，他哭起来总是这样。不幸从来就没有放弃过这个家庭。没有生病前，陆建设总是喝得醉醺醺的来接明亮，半白的胡子仿佛几个月没修理，让人感觉他从来没有照过镜子，也不在乎自己在人前的形象。拉完车，他唯一的业余爱好就是喝酒。

田娟总是对他说："陆师傅，你到学校来，那么浓的酒味要吓着我们的孩子，请你以后来接时还是千万不要喝酒吧。你这个样子，孩子看见你，个个都害怕。你总得注意打理下自己，干干净净的来学校。"

他只管点头。

下次来，照样是一身酒味，一脸胡子。

他对她说："没办法啊，一想到这么个烂摊子，我就想喝酒。我也不喝贵的，红星二锅头，三块钱，喝三天，解解闷气。"

很难说清，究竟是艰苦劳作，还是抑郁，或者是长期醉酒，让他的身体终于完全决堤。他隔三岔五要去医院，不能接孩子，田娟主动请缨，替他接送。每天早上，她准时在楼下等着，明亮独自下楼，有时吃了早饭来，有时奶奶要照顾父亲来不及做早餐，他就饿着肚子下来。

他们在晨光里穿行，江南一年四季都是落叶，但这样的清晨却没有因为无处不在的凋零而显出感伤的气息。他总是搂着田娟的腰，夏天的时候，腰上热热的，出一层汗，他的手上也出一层汗；冬天的时候，他抱得紧紧的，互相取暖。渐渐地，她有了一种错觉，那身后的孩子是不是命运额外赐给她的另一个孩子？

如果他没吃早餐，路过早餐铺，她总要停下来买包子，等着他一口一口吃完。他最喜欢吃包子，一口气可以吃四五个，吃得满嘴都是油，然后用手一擦。她总是在他身旁静静地看他吃完，如果幸福是无限的，那么这个小小而残缺的生命，这只来到世间的残疾的小蚂蚁，能在无限之中获得了一点点有限的快乐，来自食物的快乐，那也是一件令她感到幸福的事情。她已经习惯了他身上的疤痕，即使在阳光照耀下，她也忘记了那初见时的可怖，好像它们已不复存在。

为了让他不再借上厕所之机逃跑，她制订了详细的上厕所行为矫正计划表和成果表。

第一步，明亮和她胳膊挽着胳膊上厕所。她必须用胳膊夹着明亮的手，为了防止他逃脱，她在用劲。

他们在晨光里穿行,江南一年四季都是落叶,但这样的清晨却没有因为无处不在的凋零而显出感伤的气息。他总是搂着田娟的腰,夏天的时候,腰上热热的,出一层汗,他的手上也出一层汗;冬天的时候,他抱得紧紧的,互相取暖。渐渐地,她有了一种错觉,那身后的孩子是不是命运额外赐给她的另一个孩子?

第一章　逃跑的孩子

第二步，她拉着明亮的手腕。这时，她和明亮的距离可以稍微松开一点，依然是她在用劲。

第三步，她拉着明亮的衣角。她和明亮的距离进一步拉开，但是明亮还在可控范围内，她用的劲减小很多。

第四步，明亮拉着她的衣服。角色转换了，主动用力的人是明亮，这个时候他随时可以跑掉——但他竟然不跑了。

第五步，一学期后，她让明亮与她并排走。因为前面的基础，明亮不用和她拉着，但是她的存在，像无形的枷锁一样建立了秩序——他依然没有逃跑。

第六步，快十个月了，需要上厕所的时候，明亮走在前面，她走在后面。他走快了，她就叫他一下，他会停下来，等她。有时候她刻意在离厕所最近的门口等着，后来退到远一点的车棚那里等着，再后来就离得更远，在拐角处等着，远远地能看见他在上厕所，同时他也能看见她。距离在渐渐拉长——他依然能做到上完厕所，马上回到她身边。

第七步，学会排在队伍里上厕所。班级里所有的同学一直在学习全班排队上厕所。一开始把明亮安排在队伍前面，后来把他放在最后面——一步步，在她带领下，他学会了排着队上厕所。

一开始她要抓着他的手上厕所，一年后，他能排队上厕所，他也不再借这个机会逃跑。七个步骤，十二个月，在她的等待里，他在慢慢发生着变化。

有一天，明亮说：尿尿！尿尿！

田娟没有起身，对他说："明亮自己去小便。"

他就来抓她的胳膊，拉着她往外走。

她走过去,把教室门都打开,说:"你自己去,老师不陪你去。"

明亮站在那里,用请求的眼光看着她,一动不动。

她对明亮轻度智障的同桌说:"你带着明亮上厕所。"

明亮似乎明白田娟伴随他去厕所的可能性已经消失,只能听从她的安排,跟随同桌去。

让田娟惊讶的是,他竟也成功地从厕所回到教室。

当初他总是一句话不说,常借着上厕所的机会跑到教室外面去,后来,很多事情他都愿意报告,并请求她带他出去。这个过程,她花了两年的时间,一步一步,直到一场"持久战"胜利时刻的来临。

她又花了两年时间,教他系鞋带。一个星期教三次,拿来一条绳子,先打个活结,再拿着他的手解开。她说:"明亮用右手提起右边的绳子。"他就提起来。"让绳子弯个腰。"他的手指弯不了,她捏着他的手指弯。"明亮用左手提起左边的绳子。""再让绳子弯个腰。""互相交叉。""把右边的绳子往下转过左边的绳子。""然后系紧。"

这样的动作,一遍遍分解,手握着手教,从五年级到六年级,整整教了两年。当田娟几乎要放弃时,有一天,他突然会了。山重水复疑无路,他总是在关键时刻让她重拾信心,给她带来惊喜,再难再慢,总会有柳暗花明的一天。她在走向明亮启智的道路上跋涉多久,遇到多少曲折,都不算是特别艰难的事情,爱本身就是一种自我完善和满足。对于像他这样的孩子,学习系鞋带就像智力正常的孩子攻克奥数难题,当他每天做着超越他能力的事情,何尝不是一种更加坚忍的付出?她的第一千零一次,也是他的一千零一次。

真难为他了。

田娟把这种互相"难为"当成她与他之间最奇妙的合唱——是攀

登高山,与漫长的山路交谈,直到看到云海无限处的一缕曙光;是鱼翔浅底,与千浪万险对峙,直到洞悉海底深处隐藏的秘密花朵。她仿佛驱车前行,穿遍纵横阡陌,在一个完全不一样的星球上,留下辙痕。那辙痕,会在明亮的生命里描绘怎样的图景?铺成怎样的道路?这是她要穷尽源源不绝的激情所要完成的命题。

她不知道,自己的激情是来自于怜悯,还是来自于天赋柔情。

2001年6月21日

另一个孩子

一年多前,田娟收下了陆建设递过来的纸条,第二天他似乎是放心地离开了。明亮来上学时,田娟很小心地避免使用与父亲相关的词语,不想触动他的伤痕。直到有一天,他突然睁大眼睛,惊恐地问:"爸爸变灰了?变灰了!"

"爸爸变成一朵云,在天上看着你,只是云说的话,人类听不懂。但他一直看着你呢,知道明亮会自己系鞋带,很开心呢!"她不知道他有没有理解。那永恒的云,永不会消失殆尽的云朵能不能化身为父亲,默默地替陆建设代言他未尽的牵挂?

明亮仿佛更加依恋她。她走到哪里,他跟到哪里。她下了班去买菜,他也坐在车子后座上,十五岁的小伙子已经很沉了,那辆自行车和她一样,用力时,浑身骨头都会咯吱咯吱响。她带着他,日渐吃力。但

他坐在车后座上的笑声,会消解她的疲乏。可以想象他此刻的笑容还像七岁时她第一次见到时那样,一只微笑又顶着瘢疤的青苹果,没有压进一丝成熟的气息。一个已进入青春期的孩子,笑得像个刚上学的孩子,在别人眼里,一定是滑稽的。但她却觉得那笑容的花朵一层层拨开了,都是一尘不染的花瓣。

她去逛菜场,他跟在她后面,他最喜欢吃苹果,她自己舍不得吃,却买了给他吃。女儿放学正好碰到,醋意丛生,向她撒娇:"你都舍不得给我买一只。"她有点愧疚,离异后,她从普通中学转到达敏学校,一个人带着女儿,一分钱掰成两半用。她说:"明亮这么可怜,一个苹果能让明亮吃到父爱和母爱的味道,这只苹果,就不是一般的苹果。你觉得妈妈买得值吗?"

奶奶生病了,照顾不过来,把明亮托管在田娟家里时,女儿就把最好的菜夹给他,问她:"妈妈,不知道他能不能吃出姐姐谦让的味道?"

从学校到明亮家,要经过一家修鞋铺。

鞋子坏了,她就拿到他的店里,喊一声:"师傅,鞋子坏了,明天我再来拿。"然后匆匆带着他离开。今天早上,她刚要骑上车,赶着去上班,明亮也像以往那样,半大小伙子呵呵笑着,坐在车后座上。

忽然听鞋匠说:"眼看他一点点长大了,你带他很不容易吧?"

"还行吧,习惯了。再过两年,他就毕业了。"

"风里来雨里去,我每天坐在这里,看你基本上一天不落,都没办法请个假吧?"

"是的。他要上学。"

"他爸爸呢?"

第一章　逃跑的孩子

"过了。"

"那你一个人带这样的孩子真不容易。"

"啊？你弄错了！他不是我的儿子。"

"不是你儿子？是你兄弟姐妹的孩子？"

"他是我的学生。我是达敏学校的老师。"

鞋匠愣在那里好一会儿，说："真是罪过啊。谁能想到你不是他的妈妈呢？我们街坊都觉得你们母子怪可怜的。天下哪有这么好的老师啊！这么多年，哎呀，就是做妈妈也没这么尽心，天天上学放学的。"

明亮突然从车后座跳下来，把头凑到鞋匠的脸边，拉住他的领子。她知道那是发怒的前兆。她拉住了他的手，说，不可以。他才顺从地让她攥着手，不再有进一步的举动。

"你说 —— 田老师 —— 干吗？干吗？田老师就是 —— 妈妈！甜 —— 妈！"

他说得急了，把一个句子说成了两个字。田娟料想不到，他竟会有这样的表达。她笑了，当她觉得命运额外赐给她一个孩子时，也许明亮也在想，命运额外赐给了他一个妈妈。连鞋匠也笑了，说："你看这傻孩子，心里也明白得很哪！老师，你以后来修鞋，我不收钱！我替孩子的爹妈谢谢您！"

她这个临时妈妈一眨眼已经当了三年多。陆建设去世后不久，明亮的母亲突然从家里出走，八十多岁的奶奶满大街贴寻人启事，一天天过去了，如石沉大海。明亮跟着奶奶贴，贴一张，喊一声"妈妈"。

但那纸上的妈妈听不到，明亮或许已经是个孤儿了。

田娟一步步教会了他如何吃饭、洗脸、扣扣子。她很赞同刘佳芬的改革，如果连生活都不会自理，学习加减乘除又有什么意义？田娟

希望有一天,他不用牵着她的手,能安全地从公交车上下来,能穿过马路,找到来学校的路,或者顺利回到家。刘校长总是比她想在前面,为了还原真实的社会生活场景,她在学校里设了模拟超市、邮局和公用电话;为了教学生吃饭,每天中午的饭菜搬进了各个教室,要求老师们一边自己吃饭一边教不会吃饭的孩子吃;为了让孩子们学会过马路,她在学校跑道上和老师们一起动手画了斑马线,做好模拟的红绿灯。

"红灯亮,停一停;绿灯亮,向前行。"田娟大声念,教孩子们看颜色。李华在那里换灯的颜色,来表示交通信号转换。孩子们跟着她一起念:"红灯亮,停一停;绿灯亮,向前行。"

看着纸质信号灯,明亮蹒跚着走过去了,一年级患自闭症的王海口中念叨着"红灯亮,停一停;绿灯亮,向前行",也顺利走过了斑马线。孩子们大约花了一星期就学会了在学校里模拟过马路。

他们好像在和她一起做一个幻想游戏,并在想象中得到了成果。在课本中,孩子们花一个学期也理解不了"红灯停,绿灯行",在他们的模拟课程中只花了几天,就理解了。

"既然学会了,下次带孩子们找到回学校的路。我和你一起去。"这是刘校长给她的一个考题。

她不得不佩服刘佳芬。田娟总是想起第一次见到她的情形,女校长刚刚从聋哑学校调到这所培智学校,开学第一天,她站在窗台边,穿一袭黑裙,注视着校园,表情严肃,目光坚定,像一朵黑玫瑰。当她转过头来,看见田娟时,却突然笑了,大声地叫她"田老师"。刘佳芬做好了预习工作,知道她的名字,这个做派倒似邻家大姐。田娟渐渐发现在她身上并存着两个不同的角色,一个果敢,一个温婉;一个是雷厉风行的女改革家,一个是柔情如水的母亲。

第一章 逃跑的孩子

今天天气晴朗,正逢初夏,孩子们身上穿的衣服少,会灵活些。他们难得走出校门,手拉手走到路上时,整条路上都是叽叽喳喳的声音,路上总是有人停下脚步来,好奇地盯着看。

"他们的目光像正在参观动物园。"

"你不要管他们,只管自己走路。"刘佳芬对她说。

田娟和孩子们在斑马线上站定,"大家看看现在是什么灯?""绿灯。""怎么办?""绿灯亮,向前行。"

明亮走了过去,走到一半时,绿灯成了红灯,他停了下来,站在马路中央。

汽车在他面前停下来,紧接着,一辆跟着一辆,堵在了一起。有司机探出头来骂,你白痴啊,站在马路中间。

明亮对他笑笑。每次别人喊他白痴,他都笑。一些司机按着喇叭,径直从他身后穿过去了。他站在马路中央,好像在犹豫,是走过去还是走回来。

刘佳芬穿过呼啸的车子,穿过震耳欲聋的喇叭声,走到马路中央,把他领回来。

站在对面的交警赶过来,打着停止手势,进行临时交通管制。

"我们还是想得过于简单了。再完美的模拟也不能代替真实的场景。我们省略了来往的汽车、行人,省略了有可能走到一半,绿灯变红灯,省略了汽车的噪音、行人的说话声音,甚至连红绿灯变换的节奏和方式也是不一样的。"刘佳芬和她一起把喧闹的队伍平息下来,往学校走。

"是的,不可能模拟得一模一样。"田娟回答说。

"孩子们的迁移能力特别弱。我们不可能保护他们一辈子,也不是每一处斑马线上都站着一个交警。你看,他脸上都是汗,手心也湿透了。"

"我知道,您肯定又会想出其他办法的。"

"我听说你们班的同学都叫你田妈,听起来好像甜妈,这个名字很好听。"

"你知道吗?那是明亮的发明。"

"哈,谁都不知道他心里有多少奇思妙想。"

第二章

孤独的孩子

◆◆◆◆◆◆◆◆◆王海◆◆◆◆◆◆◆◆◆◆◆◆◆◆◆◆◆◆◆◆◆

中度智力障碍,轻度自闭症

三岁前会背儿歌,三岁时突然出现无法沟通的现象

被确认为自闭症,走上漫长的求医问药之路,未见明显疗效

八岁进入达敏学校,后进入职高班

"培智学校只负责九年义务教育，嫌他太大；养老院嫌他太小；福利院只接收没有父母的残障儿童、弃婴和没有子女的老人；保险公司不接受残疾人投保；社会保险又暂时没有这一块。"这是一部影片里对自闭症人失去父母后所面临困境的描述。那时候，谁来做他们的导游？当他们的父母老去，又有谁愿意来陪伴他们的风雨人生？刘佳芬无法停止对他们未来的想象，这想象往她心里一天天添加砝码，渐渐地变成了难以言说的痛苦。每想一次，就往这痛苦的土地里浇了一层水。痛苦弄湿了她的思维，她每想到一个法子，都能感觉那潮湿的让她难以自拔的味道。她必须找到法子！

2001 年 11 月 6 日

王海的早晨

　　这几乎是确定无疑的，当王海睁开眼睛的时候，眼睛上盖着的黑黑的东西消失了，各种各样的声音都一起跑到耳朵里，它们说来就来，赶也赶不走。

　　窗外几只鸟叽叽喳喳，它们叫着叫着天就亮了。厨房里的一只蛋滋滋在叫，它叫着叫着就可以吃了。汽车老是嘀一下，嘀一下，它们身上长着王海最喜欢的圆圆的轮胎。还有什么东西在窗户边呜呜地转来转去，有点像哭，有条水管摇着白白的身子，嗒嗒地在讲话。

　　这个地球上的声音就是这么多，它们讲啊讲啊，从不肯停下来，让王海对哪个声音做出回答呢？幸好现在这些声音很轻，不会使他难受。

　　他盯着水管看，它摇啊摇，嗒嗒嗒嗒，一直没有停下来。

　　他走到窗户边，跟着它说：嗒，嗒，嗒，嗒……

　　它也跟着他说：嗒，嗒，嗒，嗒……

　　王海听见一个人跑进来，站在身边很久，然后说："又一个人看窗外了，不要老是说嗒嗒嗒嗒，唉，又是刻板行为。小海，你是在看风吗？"

　　王海回答："风吗？"

　　"是风在吹，风一来，很多东西都会动。风，是空气流动。它看不见，摸不着。"

"摸不着。"

她俯下身子来,盯着王海,"看着我的眼睛,说'妈妈,早上好'。"

"好。"

"叫'妈妈,早上好'。妈妈,妈妈,妈妈。"王海看见她的嘴巴张得很大很大。

"妈妈。"

"我是谁?"

"我是谁。"

"我是妈妈!"

"我是妈妈。"

"应该说——'你是妈妈'!"

"你是妈妈。"

她每天早上都要对着他重复同样的话语,一天又一天。

"你是谁?"

"你是谁。"

"你是王海!"

"你是王海。"

"应该说'我是王海'!"

"我是王海。"

王海这个词究竟是什么,每次她叫"王海"时,她都对着他说:"我在叫你呢!你把头抬起来,王海,看着妈妈,回答'唉'!"每次,她都捧着他的头,对着她。但他不喜欢看她的眼睛。

"唉,唉,唉,唉唉唉唉唉唉唉唉唉。"王海重复着她的话,始终没有看她,他的目光在很远很远的地方。

第二章　孤独的孩子

"唉,哪有那么多'唉',快停下来。你就不肯看妈妈一眼吗?也不知道你叫的是什么?唉,到现在,九岁了,他看一个有生命的人就像看一块木头。唉,王勇,你听,什么是你,什么是我,都搞不清楚。唉,他还能搞清楚什么?"

"你怎么也说这么多'唉',他这是遗传你吗?"

王海拿起一张纸,开始撕。一边撕,一边说:"不能撕,不能撕。"

在达敏学校,每当他拿起一张纸,开始撕,刘老师就会说:"王海,不能撕。"

王海跟着她说:"不能撕。"

然后他继续低着头,撕啊撕。那个叫"刘老师"的人就会拿个录音机放音乐,这样他就会停下来,让一个个蹦蹦跳跳的音符通过他的大脑。

"你看,他又开始撕纸了,你快制止他!刘老师不是说了吗,要把他的时间填满。不填满,他一得了空隙,就会开始他的刻板行为。你让他去刷牙。再撕下去,上学要迟到了。"

王海还在撕啊撕。每撕一下,纸就发出"哧"的一声,好像在笑。王海跟着它也笑一下——"哧"。

"什么办法都想尽了,什么路都走过了,他还是像以前一样,一天到晚自言自语,撕纸可以撕一两个小时,一会儿哭一会儿笑,随时随地会发脾气。到现在为止,都没有主动叫过我一声'妈',也没叫过你一声'爸'。他嘴里的'爸爸'和'妈妈',都是没有意义的音节。"

王海听到她哭起来,她的哭声越来越大,和窗外"叽叽喳喳""嘀嘀叭叭""呜啊呜啊"的声音混在一起,在他耳朵里挤来挤去,高高低低,乱极了。

他捂住了耳朵。他不喜欢耳朵里那么挤,过高的声音在他脑袋里正进行着一场战争。他要把它们赶走。她突然放低了嗓门,说:"小海,听妈妈话。不生气,不生气。"

接着,她打开了录音机,说:"刘校长叫我多给你听听音乐。音乐共振能对你的大脑前庭进行理疗,促进脑垂体分泌激素,消除你每天不知道从哪里生出来的焦虑感。不知道你喜不喜欢这首肖邦的《雨滴》,你不能发脾气哦。"

"发脾气哦。"他一字一顿地说。

音乐响起来,一个个音符钻进他的耳朵,他放下了手中的纸,音乐柔软的手抚摸着他,他甚至摇晃起了脑袋。

"你又不是他!你怎么知道他叫的'爸爸''妈妈'是没有意义的?"

"你看出意义来了?!我宁可他智商低一点,只要有一点感情的表示。可是从来没有,从来没过。"她的音调又高了,但音乐声把她的声音盖住了。她的声音被关在音乐外。

"对他来说,或许'爸爸''妈妈'也只是两个音节,就像'萝卜''青菜''小葱''大蒜'一样。但他没有表示,不代表他没有感情。"

"他所有的表达只是在重复,机械地重复。他就在我们旁边,但好像活在另一个世界,他是在外太空吗?任我们怎么呼喊,他躲在自己的壳里,似乎没有真正听到过,只发出来似有似无的信号,传到我们这里,都已经变成乱码了。我们就对着这些乱码发愣,以为自己是编程高手,可以破译……"

"或许我们和他都在挖地道,他从那边挖,我们从这边挖。他不知道我们到底离得多近了,我们也不知道他是不是就在不远处。或许只误差了那么一点路。总有一天,会找到的,会连在一起。刘校长不

第二章　孤独的孩子

是说过吗？没有人愿意封闭自己，只是不知道该怎样表达。"

"我已经挖得累了，在我们死之前，能找到吗？"

她在厨房里走来走去，厨房里传来脚步声、流水的声音、火舔着锅发出吱吱的声音，这些声音细细小小的，都被录音机里的声音一口吞了下去。

"你不要说丧气话，我们都绝望了，他怎么办？"

"我们……再生一个吧，到他老了，也好有个照应。"

"把对他的关心和爱分给另一个孩子，你愿意吗？"

"我不知道……再有一个……正常的概率是百分之八十。我也害怕，如果再生一个，等他成人，他要照顾我们二老，还要照顾哥哥，谁愿意和一个有包袱的人结婚呢？这对他不公平。"

"我总想着，小海会不会有一天突然把灵魂找回来，突然变好。"

房间里静下来了，不知道为什么，两个人说话的声音没有了，只有他们的鼻子"嘶嘶"地响着。音符从录音机里流出来，软软的，轻轻的，在王海耳际飘拂，摸得他的耳朵很舒服。

他抬起头时，扫了她一眼，她的脸和眼睛都湿湿的，他低下头，盯着自己的鞋子，继续和耳朵里的音符待在一起。她走过来说："今天外婆生病，妈妈帮小海刷牙洗脸，送小海上学，晚上来接你放学。"

她拉着王海的手进了卫生间。别人身上长着一根根看不见的刺，只要有人一碰到他，他就疼。人越多的地方，刺就越多。他走到人群中，随时有可能被刺到，他就会尖叫，就会把手指啃出血，就会把手上能拿到的东西摔碎。王海不喜欢去人多的地方。但她身上没有刺。他们俩，都没有刺。没长刺的人太少了。

她拿着牙刷让他刷牙，他把杯子里的水喝下去了。他听到她大叫

着"那是生水"。他捂住了耳朵。她拿着毛巾给他洗脸,说他站得像个木偶。她一口口地喂他吃饭,他抬起头看天花板。时间一格格地被填满,没有空出来的时间,让他有一小格地方,可以放置他的焦虑和不快乐。他始终是微笑的,眼睛游离在别处,没有看过她一眼。刷完牙,他把杯子调整好,让它杯柄向里。他的杯子永远必须保持这样一个姿势,不能有一点点变化。

"那天花板上是在放电影吗?他竟然可以一边张开嘴吃饭,一边抬头盯着天花板看。如果可以,我真想变成那块天花板。"

王海听到她的鼻子里又发出"嘶嘶"的声音,接着又有了"呜呜"的声音,听到和她说话的那个他在地板上走来走去,脚和地板摩擦发出"嘎吱嘎吱"的声音,他说:"小青,你不要哭了,他上学这一年多,变化挺大的。这或许是个好兆头。"

车子在学校门口停了下来。"小青,你先下车,我在前面拐角那个修车铺等你。待会儿你自己走过来,下车时动作利索点,如果被熟人看见,就全知道了。"

"我们连送个孩子上学也要怕被人看见,这样偷偷摸摸的日子要过到什么时候?"

她拉着王海的手,又"嘶嘶"地抽起鼻子。她领着他走到班级门口,对他说:"妈妈上班去了,小海听老师话,小海再见!"

"外婆再见!"他回答她。他看见刘老师走过来,对他说:"小海,今天我们要社区教学哦,你来得有点晚了,快点准备,要出发了。"

"唉,刘老师,他刚刚对我说'外婆再见'!今天他外婆没来送他,他还是像昨天一样,和我说'外婆再见'。"

第二章 孤独的孩子

"你不要着急,一步步来。你看,他第一天来的时候,不愿意让我碰一下,好像我浑身长了刺似的,现在他会主动和我握手了。你看他进步多快。王海,今天不能说'外婆再见',要说'妈妈再见'。"

"妈妈再见。"他说再见的时候,低着头看自己的鞋子,他听见她又"嘶嘶"地抽起了鼻子,他听见那熟悉的"嘶嘶"声越变越轻,越来越远。

他走到自己的桌子边,仔细地把椅子挪开来,调整好距离。他把椅子放在最精准的位置上,然后坐下来,低着头看自己的鞋子。那鞋子会是一个宇宙吗?宇宙里十颗大小不一的星星,正上演着各种传说。

"今天我们要去公园学习找厕所,上厕所。王海,我们先复习一下。拿出自己的识字卡片。"

一个柔软的声音从他身后传过来,他重复着她句子中最后两个音节:"卡片。"

2001年11月6日

走出校门去上课

当刘佳芬抬头看王海时,他正一动不动地坐在那里,目光低垂,盯着自己的脚,身体僵硬得好像他身后的椅子。她走过去,握着他的手,手把手帮他从课桌里拿出他的识字卡片。

他一字一顿地说完"卡片",就盯着自己的手掌看,那手掌上或许正摊开一张世界地图,有四大洋七大洲,从南往北纵贯着一条京广铁

路线,自西向东一条是黄河,一条是长江。他看得津津有味,完全忘记了周围的一切。当刘佳芬要求他看她时,他的眼神始终是空白的,没有焦点的,向内的,飘然的。他似乎把她从视网膜里过滤掉了。

他无法读懂人们脸部的表情和每一个动作的意义。

他无法根据环境调整自己的行为。

班主任姚望说:"每次我把彩色笔收拾好,放回盒子,他僵硬的身体好像突然获得了指令,一个箭步冲过来,把笔重新排列好。"

刘佳芬看到过他固执的行为。先是红色,然后绿色,在它们旁边依次是黄色、蓝色、黑色、白色。每次,他都要按这个顺序把它们排列起来,像他第一次在盒子里见到它们时那样,一共六支,他不允许这些笔排列的次序有任何改变。他的铅笔盒、课本和写字本必须放在书桌的固定位置,稍有变动,他就会大发脾气。

在学校里,有很多自闭症孩子。就像世上没有两片相同的叶子,人间也没有两个一模一样的自闭症孩子。他是其中的一个。

这是他来学校的第二年,刘佳芬把他安排到姚望班里,姚望一直在从事自闭症课题研究,而刘佳芬自己做了班上的语文老师。

班级里,一共九个学生,四个是自闭症孩子,他们永远是自顾自地坐着,自言自语,几乎从来不会主动说"我喜欢",或者说"我讨厌"。他们听觉敏感,却对别人的话充耳不闻;他们视力正常,却不愿与人对视,无法读懂别人的表情和动作,无法理解别人的感受;他们的语言能力低下甚至完全丧失,即便掌握了少量语言,也很难与他人交谈;他们的外表与正常孩子没有区别,却几乎不具备任何社交能力。

"每一千个人中,至少有六个人患有自闭症谱系障碍,也就是说一百五十个新生儿中,有一个是自闭症。在地球村的七十亿居民中,

第二章　孤独的孩子

六千七百万自闭症患者像一座座近在咫尺又遥不可及的孤岛，在地球上存在，却又几乎无法与人类社会相沟通。这个数据超过了艾滋病、癌症、糖尿病三种世纪疾病患者的总和。"这是刘佳芬查阅美国一所大学的一份报告获得的数据。她来到达敏学校，和她的同伴们一起小心翼翼地登上这些在地球上渺不可见的岛屿，遇见这千万分之一，他们将披荆斩棘、垦荒浇灌，她梦想有一天，她和她的同事们在孤岛上此起彼伏、绵延不绝的歌声会在整个陆地和海域连成一曲完整的合唱。

一百多年前，交给沙利文的那个女孩子又聋又哑又瞎。成年后的海伦回忆蒙昧未开的童年，这样描述自己当时的情形——"我大部分时间自闭在自己的世界里，对正常的生活反应迟钝"，"1887年3月3日，我人生中最重要的日子——安妮·沙利文来到了我家，她的出现彻底改变了我的命运"。

一个生命如果能改变和支持更多的生命，对刘佳芬来说，那是一件多美好的事情。

"小敏，看老师。"刘佳芬握住小敏的手，指着自己的眼睛。小敏却把脸朝向右侧，斜着眼睛向左上方看，或者把脸朝向左侧，斜着眼睛向右上方看，好像在她的左上方和右上方，正掀开神秘的一角，能让她看到她想要看到的一切。她的眼睛特别大，这加重了她表情的怪异程度。当刘佳芬和她交流时，她自顾自地嘀咕着，好像身边没有任何人和声音。她究竟在眼角看到了什么，如此着迷？

这是第一次，淼淼今天上课能坚持坐在位置上五分钟，以往不到两分钟，他就会站起来不停地挤眉弄眼，自言自语。刘佳芬给他的奖励是一根棒棒糖。吃完后，他突然起身，走到门后的垃圾桶边，从里面找到那张她丢弃的糖纸。

　　刘佳芬几乎在他移向垃圾桶的那一刻就已然知道他下一步要做的事情,一年多的了解,她似乎掌握了他心里的每一个节奏,以及一个节奏后等待的另一个节奏。她跑过去,夺过糖纸,对他说:"森森,这是垃圾桶,垃圾桶里的东西是垃圾,垃圾有细菌,不能吃,吃了会肚子疼,会生病,生了病就会打针。"

　　"打针。"当他看那张糖纸时,眼神不再是游离的。他不愿放弃那上面残存的甜味。她只得拿出纸笔,让他画画,转移他的注意力,让他遗忘那张诱人的糖纸。她说了几百遍?她自己都数不清。不能让他有一次成功,必须发现一次,制止一次。只要有一次成功,就会让他错误地认为放在垃圾桶里的食物和放在水果盘里的食物是一样的。她相信总有一天,他能明白垃圾桶里的东西不能吃。当他愤怒时,就会用自己的头猛烈撞击墙壁。刘佳芬就会飞奔过去,用手垫在墙上,让他的头撞在她手上。她无法制止他,只能等他在撞击之中一下一下地发泄完。她的手掌对于疼痛的忍受能力也一天天在加强。

　　晨晨一天可以哭十几次,陌生人突然出现在门口,他要哭;对面的同学大声叫一下,他要哭;吃中饭时菜里有鸡肉,他从不吃鸡肉,也要哭;中饭吃完了,没事干,还是要哭。哭是他说的"不",老师们根据他的"哭"努力猜测他说的"不"。他哭的时候,说的永远是同一句话——"背书包"。他前脚跨进教室大门,后脚就想背着书包回家,一年过去了,他还没有适应从家里到学校生活的转变。每次他哭的时候,刘佳芬只能握着他的手,教他用食指点着卡片一个个认字,他被新的任务引领,才会忘记他执着的哭泣。她和他每天在一起相处八个多小时,但他每一次凝视她的时间从来没有超过两秒。

　　王海长着一张方脸,白皙的脸上嵌着一双深邃的眼睛,鼻梁高挺,

第二章 孤独的孩子

他甚至还有一对浓密的长睫毛。若把他的照片放到挂历上，那一定是人见人爱的模特宝宝。当他不发脾气，只是安静坐着，不再尖叫，谁能看出外貌如此完美的孩子，竟是一个低功能自闭症孩子？命运把英俊的外表和自闭症同时赋予一个孩子时，似乎是为了告诉人们，它翻云覆雨的手掌里从来不缺乏慢慢滴落的残酷。谁都不知道王海刹那间爆发的愤怒从何而来，甚至没有山雨欲来风满楼的预兆，他一不乐意，就从椅子上跳起来，捂住自己的耳朵尖叫，整个校园都是他残酷的尖叫声，尖叫过后就是不停地啃手指，直到十个手指鲜血淋漓。上课时，她的视线始终不能离开他，一发现他有了波动，她就必须来到他身边，用言语安抚他，让他平静下来，轻手轻脚地拿开他的双手，说："王海听话，不能啃手指。"他一定有自己不高兴的理由，别人无法感受他的压力，所以他只能用自己的方式来宣泄。她必须一步步探索他心中的秘密花园，翻遍一砖一瓦、一草一叶，看看究竟发生了什么事故，让他竟然会这么痛苦。

沙利文一开始教海伦在手掌上认字时，想让她明白杯子和水的区别，小姑娘因为不断重复的举动大动肝火，但沙利文却把她引入花园之中，在喷泉那不断运动的水流中找到关于水的精确概念。和沙利文一样，对刘佳芬来说，与孩子们相处，容忍和等待是一门必修课。

和七岁前的海伦一样，王海依然是一个幽闭的房间，把很多门都关上了，但刘佳芬正凝视和行走于这座房间之外，寻找一道门。她相信一定有一道门为她预留着，等着她去发现。

她要班主任姚望做个个案，一个钟点一个钟点记录，一天一天建档案，从他做的每件事情分析他的行为和情绪。这很难，也很考验耐心，但坚持下去，总会有进展。找到他愤怒的原因，也就找到了打开他

重重心门的一把钥匙。

"孤独症者,就像被困在机器人里的灵魂,他们一生都无法逃脱,在各自的星球上独自生活着。与常人相比,他们无论多么不同,都需要被世界了解,他们与平凡人一样,也是其中的一块拼图。我们眺望一颗颗遥远又美好的星球,看见遥远星球上的孩子,正一个一个降落在地球上,也许,他们只是需要一个好导游,能理解他们的星球,帮助他们认识在地球上的生活规则。或许,我们每个人,都可以尝试做那个导游。"

这是台湾一个导演为自闭症患者写下的解说词。就让她也成为其中的一个导游吧,这个身份确实很像她现在扮演的角色。

她在课堂总是在问"这是什么"——

这是汽车吗?不是汽车是香蕉。

这是苹果吗?不是苹果是茄子。

这是不是鼻子?不是,是耳朵。

这是妈妈吗?不是妈妈是阿姨。

刘老师在试衣服吗?刘老师不在试衣服,在写字。太棒了,奖励答对的同学一个笑脸。

他在睡觉还是在做操?他在睡觉。他在看什么?看电视。他是在打枪还是在看电视?他在看电视。他在写字还是在看电视?他在看电视。他是在看电视还是在画画?他在看电视。这个小朋友在干什么?在看电视。谁在看电视?小朋友在看电视。

给老师说说图片上有什么?关灯睡觉。谁关灯睡觉?小朋友在关灯睡觉……

第二章 孤独的孩子

一个个相同的句式，就是她的导游词。不知道在孩子们眼里，她算不算一个好导游？不停地重复，一句句重复，一天天重复，一年年重复，直到有一天，他们学会在选择之中说出正确答案，并且说"不"。对中轻度自闭症孩子来说，机械记忆并不是难事，找到"不"却是一个艰难的过程。

更多的时候，王海和很多自闭症孩子一样，只会鹦鹉学舌，重复你的话语。

你几岁了？

几岁了。

你十岁还是九岁？

九岁。

九岁还是十岁？

十岁。

你到底几岁？

到底几岁——嗯，九岁。

这是他的回答，永远在重复最后一个词语。只有反复发问时，他才能懵懂而机械地背出答案。当他回答时，眼睛中的焦点又飘向很远。或许在他们眼里，这个世界是假的，只有头脑中的世界是真实的。而人们总是在那个假的世界里，对他发号施令。在他面前，是安装了无数按钮的导航系统，那么多按钮，他不知道自己该按哪一个，才能控制自己在这个假的世界里前行，而不至于摔得鼻青脸肿。刘佳芬正站在他所认为的假的世界里，努力帮他找到每个按钮对应怎样的表达。她反复地问，用各种游戏方式发问，抓住每一个细节发问。直到有一天，他能正确地回答。

今天当她问"我是谁"时,他竟然答对了,说:"你是刘老师。"以前,他要么重复一个词"谁",要么回答"我是刘老师"。这个问题她不知道自己问了多少遍,几十遍?上百遍?分清"你""我""他"三个词对普通孩子来说,是一件多简单的事情。但对自闭症孩子来说,当弟弟说"我吃苹果",爷爷说"我也吃苹果",妈妈也说"我也吃一个苹果"时,那么这个"我"是指爸爸呢,还是指爷爷呢?或者是指妈妈?是指男人呢,还是指女人?是指老人呢,还是指小孩?这是一个十分难以理解的问题,在他们的思维里,同样一个"我",竟然有这么多变化,这足以让他们措手不及——地球上的事情真是太复杂了。

王海终于把"我"和"你"的区分弄明白了。她给他的奖励是让他听一段音乐。

王海手中不停转动着一盒磁带,他喜欢圆的东西,包括磁带里两个圆孔。他也和其他男孩子一样喜欢玩具汽车,但他只喜欢其中的两个轮子。他喜欢它们的方式是不停地旋转轮子,一个小时,两个小时……

当录音机里的乐曲开始流动时,她发现,他嘴角的微笑,也在阳光之下静静地流动着,很像在静谧之中突然响起的另一段旋律。

他笑起来的时候,多像一个正常的孩子。

看得出,他在享受音乐。但是,他依然不能说出:"我喜欢听音乐,我真开心。"或许,他这一生都没办法说出。他说不出的,她必须通过自己的眼睛去寻找。

即使他没说出,作为他的一个导游,刘佳芬已经通过日复一日的察言观色,在他一次次的选择中,知道他一些基本的喜好。当他把手举起,她通过他的表情、举起的幅度和节奏,就知道他究竟是出于喜悦而要拍手，还是因为痛苦而要尖叫；当他张开嘴的那一刹那，她已经从他身体运动的方式，知道他是要推人抗拒还是要手舞足蹈。

因为日复一日地与他们在一起，她对孩子们的喜怒哀乐有一种极其敏锐的直觉，也有着一种特殊的理解和忍耐。

在所有花朵中，她对向日葵有着偏爱。在她的梦境中，曾出现过漫山遍野的向日葵。那梦中的向日葵像她的孩子们一样生长着，而王海便是角落深处的那朵。风来时，每一朵都扭着他们的小腰肢，太阳转动时，每一朵都变换着仰望的方向。在太阳的眼里，无论他会不会通过一只蜜蜂，向别的植物介绍自己，是不是在一阵风中触摸对方的花盘，和旁边的向日葵私语，能不能结出营养丰富的葵花籽，具有实用价值，都一定是一样的美好，一样的芳香。孤独的向日葵之歌，在天地之间，没有多少人聆听，但她愿意留在他们身旁，做一个忠实的听众。

当脾气暴躁的海伦第一次建立单词"water"与流动的水的联系，突然明白"原来世间万物都有名称，每一种事物都能让她迸发思想的火花"，那一刻，站在她身边的沙利文一定像如今的她一样，为一个生命借助她的双手得以觉醒而备感幸福。

今天，刘佳芬要带着他们到校门外去学习。她要把课堂教学和社区教学结合起来的想法，并不是心血来潮。当所有学校都因为担心出校门遭遇安全问题而把校门紧闭时，她却逆流而上。她甚至没有想过逆流而上会遇见不可预知的暗礁，迎面扑来的大浪随时有可能把她一口吞没。

她要把校门打开，让孩子们走出去。当他们的母亲沉溺于苦涩的

命运体验时,她愿意扮演一个特殊的角色,既像多情的母亲一样去爱,又像一个卓尔不群的老师那样去思考,她要在爱中提炼出冷静,早早规划孩子们的未来——比如,像明亮这样的孩子,离开学校后怎么自理?又能去向哪里?

田娟带着身体里日益严重的高血压和亡者的遗嘱,一天天接明亮上学放学,已经坚持了三年多。

奶奶到学校来说:"衣服破了,田老师缝。肚子饿了,田老师买吃的。学习用具没了,田老师添。田老师比妈妈还要好。"

明亮一直在学会新的东西,但他依然不能独立上学放学。唯一一次她和田娟带他们去外面过马路,也是险象环生。

但田娟的自行车后座,并不能驮起他的一生。

刘佳芬常常会想,明亮毕业以后能不能一个人独自过马路?还会不会因为找不到回家的路而号啕大哭?迷路了还有没有人能找到他?找到他会不会把他安全送回家?

这样的问题让她深夜辗转反侧。

并不是每一个陌生人,都是刘佳芬,也并不是每一个陌生人,都是田娟。

每次想到孩子们的未来,刘佳芬都好像从遥远的地方目睹了一场受难的场景回来,突然被扔进现实之中,在浩浩荡荡的人群中,她的孩子们那么弱小、无助,很多孩子甚至连说"帮帮我吧"也不会。这样的想法给刘佳芬送来了连绵不绝的不安,也为她大刀阔斧地改革催生了勇气。

他们终将从校园走出,从老师的百般爱护和时时关注中走出,回到这个以智力正常和身体健康的人群为主的社会。对于像王海一样的自闭症孩子来说，因为在社交方面的巨大缺陷，他们走上社会的道路将比普通智障孩子更加艰难。

"培智学校只负责九年义务教育，嫌他太大；养老院嫌他太小；福利院只接收没有父母的残障儿童、弃婴和没有子女的老人；保险公司不接受残疾人投保；社会保险又暂时没有这一块。"这是一部影片里对自闭症人失去父母后所面临困境的描述。那时候，谁来做他们的导游？当他们的父母老去，又有谁愿意来陪伴他们的风雨人生？刘佳芬无法停止对他们未来的想象，这想象往她心里一天天添加砝码，渐渐地变成了难以言说的痛苦。每想一次，就往这痛苦的土地里浇了一层水。痛苦弄湿了她的思维，她每想到一个法子，都能感觉那潮湿的让她难以自拔的味道。她必须找到法子！如果一切设计是从孩子们的未来出发，一定是对的。她要让缠绕她的痛苦变成希冀，改革的希冀。现在，很多培智学校开始采用他们的教材，这不是一个最好的肯定吗？一些专家们当初怀疑的目光如在眼前，现实已经把它们毫不犹豫地推翻了。

把模拟的社会场景搬到学校来，不如直接去社区中寻找教材。这是刘佳芬的新决定——智障孩子本身迁移能力就差，作为老师，只能减少中间环节，让他们直接去社会中学习怎么自理、如何自立。社会是最好的学校。

出发的队伍有点长。二年级去公园找厕所，三年级去公园认识健身器材，和公园里的普通孩子一起玩，四年级去菜地认识蔬菜，五年级去水果店买水果，六年级去小吃城找店铺，七年级到银行去存钱，八年级去快餐店学习吃饭，九年级去医院学习挂号看病。

那一朵朵高高低低、胖瘦不一的向日葵，正列队准备出发。她获

得的是一块不一样的土地,一块蛮荒之地,一块被很多人遗忘的土地。但就在这块不为人注意的土地上,她要让这些特别的种子同样生根发芽,开出属于他们的花朵。

她接触残疾孩子是因为教育局的一纸任命。十多年前,她在教育局听到她将去聋哑学校担任副校长时,忍住了眼泪。

教育局领导给她的理由是:像她这样年年都是优秀班主任的老师,更适合去聋哑学校,因为那里更需要有爱心的老师。

爱心把她推离了她去城镇小学担任副校长的轨迹,让她走近了一群与她完全不一样的人。这成了她几年后竞聘来到达敏学校的前奏。

如今她不得不承认,这个决定改变了她的人生轨迹。她相信一首诗里所说的,命运之神总是拿着他的板凳,在最穷最苦的人群中歇足,听他们说话,和他们在一起。

一开始是外力的安排,后来竟成了自我的理想和需要,让她甘愿做一个板凳,让孩子们歇脚,让他们在九年的学校生活中,能因为她和她的同伴们的陪伴,而获得生命的快乐和休息。

出校门的日子,对孩子们来说,是节日。平时,父母们害怕让别人知道自己有个智障孩子,害怕他们出去遭遇不测,多半把孩子关在家里。孩子们正像经历一场旅行一样走进外面的世界。

但对老师来说,这不会是节日。

"嗨,你看这么多傻子,都是傻子,傻子大游行,一起跑到大街上来了……"

"快来看这个,长得特别怪,哈,五官怎么都挤在一起的?"

"这口水滴滴答答的,看着就恶心。"

"快看这个,像上了发条似的,在甩手晃脑袋……哦,长得倒好看的,真是聪明面孔笨肚肠啊。"

路人看见这支特殊的队伍,呼朋引伴地聚拢过来。走出校门的队伍得到的第一个"礼物"是一阵阵肆无忌惮的笑声和猎奇的目光。

很多孩子听到他们笑,也跟着笑。

王海和三个自闭症孩子好像没听到,依然盯着他们想要盯的地方。王海一直在摇晃着双手,乐此不疲。

姚望低着头,说:"他们看我们就像在参观一个动物园,刘校长,我能不能回到学校去?"

"你可以想见,孩子的家长承受了多大的压力和绝望。如果我们现在不带他们出去,以后他们真的只能永远待在家里了。"

在学校里,永远都是香樟树散发的宁静和芳香混合着老师们柔和而熟悉的声音,从早到晚,在校园里飘荡。孩子们享受着人生中最美好安宁的一段时光,在学校就读的九年,几乎就是桃源生活。老师教他们吃饭,系鞋带,上厕所,同伴们之间会有愤怒和争执,但没有歧视,没有嘲笑,没有仇恨,没有三十六计。与智力上的缺陷相匹配的是情感上的单纯。暑假分别时,孩子们甚至会抱在一起哭泣,只因为漫长的两个月,他们将无法见面。他们会一次一次给刘佳芬打电话,在电话里她常常听到他们沉默了半天,才说出一句话:"刘老师,在干吗?"

她在电话那头笑,她愿意把这句话读成:"刘老师,我想你了。"

从学校去公园只要穿过一条马路、一个小区就到了。这段短短的路程,斑马线上汽车喇叭声霸气十足地鸣响着,每一辆车都有可能来不及踩刹车,威胁到孩子们的生命;路人七嘴八舌的议论声,像法庭上的

审判。与王海并排站在一起的安安是个轻度智障的孩子,因为癫痫,在服药,脸色蜡黄蜡黄的。他看着刘佳芬,显然是听懂了路人说话的内容和语气里的嘲弄,他说:"刘老师,他们在说我们是笨蛋。"那些话语像一把把看不见的刀,正摩挲着孩子们的自尊;她也得时刻提防一只在路口拐角突然出现的狗,它狼一般的步伐和眼光会使王海和森森心怀恐惧,大声尖叫,一旦尖叫来临,王海爆发的脾气就势不可当,而森森的以头撞墙同样令人手足无措。在自闭症孩子的眼里,或许这地球上的一切都是那么不可理喻,要领悟其中的奥秘,就像人类登上月球去揭秘每一颗岩石的成因,每一座山峦的历史,每一块盆地的发展。

姚望领头走在前面,副班主任殿后,刘佳芬居中。八个孩子,三个老师,正手拉手穿过斑马线,穿过路人异样的目光和肆无忌惮的议论,穿过突然出现的猫狗,穿过他们以后在路上行走会遇到的众多可能性,到了公园。四五百米的路,对于刘佳芬的孩子们来说,是一段充满冒险和不安的长征。

"我们一起去找公共厕所。"姚望的声音听起来有点低落。

孩子们还未开始行动,所有在公园里的老人就聚拢过来。一束束目光,又像探照灯一样照过来。

"看上去,好像是白痴。"队伍走过去了,人们还看不够,再赶上来,继续看,继续嘀咕。

"傻子来公园干吗?真是扫兴!"

在公园中央是一个喷泉。水柱不停地上升、坠落,在短暂的一瞬变成各种形状,又回到池面上。王海突然以迅雷不及掩耳之势,跑到了喷泉旁。

眼看着他的衣服被打湿,刘佳芬追过去,拉住了他,说:"王海,这是喷泉,进去要淋湿的,会感冒。"

他的眼睛里只有那正在运动的水流,只有追随而去的愿望。看得出这是王海第一次见到喷泉,对于一个正常的九岁孩子来说,连喷泉都没有见过,是一件难以想象的事情。但她制止的声音似乎并未对他产生影响。他一意孤行的态度并没有发生变化,这架势,似乎要和喷泉融为一体。

当她以为已控制住他时,他突然用手开始抓站在他旁边的安安。她害怕他发脾气,但担心的事情还是发生了。

"姚望,把安安带到旁边去。"她蹲下来,挡在他和安安之间,说:"王海,不可以抓同学,你如果生气,抓刘老师吧。"

不知道他是听明白了,还是他此刻能抓到的东西只有她的手。他把指甲深深地掐进她的手背,划过一道深痕。

"唉,那傻孩子发神经了!"

"知道要发神经,还带出来!傻子应该留在家里,到外面凑什么热闹?"

"那老师也真是的,知道他要抓人,还不制止,还让他抓。这不是纵容他抓人么?"

"谁知道呢?或许那老师也不太正常。"

她始终微笑着,面不改色,不愠不怒,不慌不乱,甚至不急不躁。她手背上渗出的血痕也丝毫没有影响她对他的微笑,好像那些疼痛不是出现在她的身体上,好像她早已准备好了迎接这突发的伤害。她温和的语调一如往昔,她知道不能提高自己的声音,自闭症孩子的听觉十分敏感,他的那对耳朵就像一双雷达,音调的高低缓急出现些微变化就能影响他的情绪。如果此时她有激烈的表达,只会加剧他情绪的

不稳定。

"王海,刘老师好痛啊,王海,可不可以不抓了呢?刘老师知道你心里难过,但刘老师真的很疼啊。"

她等着他自己慢慢地雨过天晴。她几乎要叫出来了,但努力咬着自己的下唇,不发出任何异样的声音。

他并没有停下来的意思。当他的眼光离她那么近时,她依然看不清焦点在哪里。她的手有多疼,就表明此刻的他有多么的不安。

她相信,他现在一定比她还痛苦。他一定不想伤害任何人,只是不知道该如何表达。当一个不会表达的孩子,生活在一个必须靠语言才能达到互相沟通的世界里,会遇到多少挫折?

她手上的疼痛还在继续。这是他说的"不",只是这个特殊的"不"说得有点漫长。

当他终于放手,停下来时,他看了她一眼。

"我知道,王海也不想抓刘老师的,是不是?王海以后不能再抓刘老师了,刘老师很疼。"她拿起他的手,在自己手背上抚摸,他并没有逃脱。他一直都抗拒和别人的身体接触。他顺从地把手交给了她,他的手被她牵动着抚摸她手上的抓痕,他的许可能不能看成对她的一种道歉?她看着他的眼睛说:"这是伤口,王海摸摸刘老师的伤口,安慰一下刘老师。下次不要把刘老师弄伤了,不可以打刘老师的。好吗?"

他依然是静默的,看着不远处的喷泉,他生平第一次见到的喷泉。该如何让他理解伤口?伤口对他来说,是一个很抽象的东西。告诉他伤口是指人或其他动物的皮肤、肌肉、黏膜等受伤破裂的地方?她知道她将需要漫长的等待。她甚至觉得等待正是她的使命之一,在无数个不眠之夜,一波三折的现实,不仅没有让她心存沮丧,反而让她对这

她始终微笑着,面不改色,不愠不怒,不慌不乱,甚至不急不躁。她手背上渗出的血痕也丝毫没有影响她对他的微笑,好像那些疼痛不是出现在她的身体上,好像她早已准备好了迎接这突发的伤害。

项事业拥有了更坚定的勇气。

她犯难的是,如何找到更有效的方法?

"刘老师,我们回去吧。"

"不行,你继续你的教学。我又不是第一次被孩子们抓。你带他们去分辨男厕所和女厕所。要不我们今天白来了。"

2002 年 4 月 1 日

她曾以为那是最后一天

张小青打开了开关。她知道这一天的来临几乎是必然的。她知道她将闻到那股气息,等候它们布满房间,一寸一寸进入她的体肤。她曾无数次想象过这一刻的来临。刚刚在灶边闻到时,突然觉得胃部一阵痉挛。那一刻,她有点害怕。

但短暂的忍受比这十年的忍受和以后无数个日夜的煎熬应该容易些。小海正坐在她身边,让硬币滚来滚去,他对于硬币的执着似乎明显胜过了对她的依恋。他对圆的东西有超乎寻常的热情。他显然已经忘记了刚才在车上固执的坚持与哭泣。从此不必再按刘校长所说的,当他的刻板行为来临时,设好闹钟,几分钟后让他停下来,把其他事情填充到他的时间中去。他今天可以尽情享受这种旋转,一直到把手停下来,永远地结束这场游戏。

看到他沉醉于自己的游戏,张小青还是泪流满面。命运和她开的

玩笑,真的是太大了,并且好像没有收手停下来的意思。

今天,母亲生病了。张小青提早下了班,坐着公交车,去接他,想在前一站下车去买菜。

"小海,我们下车了。妈妈去买菜。"

他坐在那里一动不动。

"快下车,听话。"

她去拉他,他开始"啊啊"地尖叫着。他的叫声把公交车上所有的目光吸引了过来。

"小海,车上的叔叔阿姨都等着呢,听话,我们下车。"

他似乎是粘在椅子上了,她设法让他站起来,拉他,又担心他发脾气,攻击别人,不敢用太大的力气。她害怕儿子在这么多人面前,把她多年隐藏的伤口生生撕开。一想到这一点,她就不寒而栗。

"你们到底下不下车?"司机开始不耐烦了。

"下的,下的。师傅,我们马上下。"

王海在她的拉扯下,开始尖叫起来。

"有毛病的孩子还带出来坐公交车!"旁边的一个中年妇女急了。

"是的,看样子不太正常,发作了,伤到我们怎么办?"乘客们在等待中开始表达不满。

冰凉的潮水吞吐了她十年,几乎要把她淹没了,但从没有像今天这样众目睽睽。车上的一些人即使没有说话,送给她的,也只是一阵阵白眼。她生下这样的孩子,是她的错误和耻辱。如果要求得到别人理解,除非是他们也和她一样,有一个患自闭症的孩子——这是一个刻薄的想法,但她只能这样想。在达敏学校,不会有这样的责难。老师们作为正常人默默地教育着一些残疾孩子,好像他们是普通孩子。

第二章　孤独的孩子

很可惜,出了校门,她和孩子所面对的就变得完全不一样。

但他不可能在学校待一辈子。

"师傅,我们不下了。我们下一站下车,下一站一定下。"她几乎已经在哀求了。

到家门口的那站,他竟然顺从地下车了。这是典型的刻板行为,每天外婆总是直接带他到家门口下车。所以提早一站下车,是对他往昔程序的冲击,是他所不能忍受的。在这个多变的世界里,他却不能容忍一丝一毫的改变。如果有一天让他自己乘车,司机忘记按报站按钮,或者自动语音识别系统突然故障,会怎么办?对于普通人来说,这样的事再寻常不过,但对一个自闭症患者则意味着这个世界不再是他所能接受的那个世界。这个想法,足以让她对未来绝望。在与人生的赌局中,因为有了他,她满盘皆输。这一站路有多漫长,她努力克制着自己,不让自己哭出来。

老伤疤被重新揭开,变成她的新伤疤。新的痛苦再次来临,让多年累积的痛苦被一一唤醒,纷至沓来。

王海降临到这个世界已经十年。每当别人问起孩子在哪里读书,张小青总是回答:在区中心小学读书。

她不愿让亲戚朋友知道她有一个智障孩子。为了圆这个谎,十年里,她搬了三次家。

没有一个客人在家里见过她的孩子。当客人来家里拜访时,他们已经有了一套十分完善的转移计划。让孩子提早十分钟离开家,张小青带着客人从北门进,王海的外婆带着孩子从南门出。这样就不会有碰面的机会。

亲戚朋友结婚,总是一再叮嘱她把孩子带去。推辞不过,他们把

他带到举行婚宴的酒店。外婆跟着他们一起去。到了酒店,外婆不上去,在大堂里等着。他们一家三口上楼。他们会给王海十分钟的时间。这十分钟里,他们设计的方案是让他喝一杯饮料,和每一个桌上的宾客干杯。平时不给小海喝饮料,这杯饮料一定能让他在十分钟内保持住愉悦的情绪,他喜欢甜的食物,喜欢杯子与杯子相碰时"叮叮"作响的声音,这能让他很好地完成干杯的任务。他清秀的外表总是能让宾客啧啧称赞。他自顾自地微笑,反而让他看上去显得腼腆,好像受人夸奖是一件羞惭的事情。十分钟后,外婆就打电话来,说要接走孩子,赶着上培训班。她像一个戏剧家一样做这个天衣无缝的安排,而他们的表演那么逼真,她有时甚至真的以为,那个举杯的孩子会突然转过头来开口说:妈妈,我这十年是和你开个玩笑哪,现在我的玩笑结束了。我好了。

她也常常在梦中遇见这一幕。在突然要欣喜得笑出声来时,就醒了。包围她的黑夜,和往日一模一样。而这时候,梦里的微笑没有任何转折和过渡,就变成了满眼的泪水。因为哭的次数多了,有时候,她甚至忘记了黑夜中那冰冷而熟悉的眼泪是她的。

单位里,女同事们在办公室里最喜欢谈论的就是孩子。比丈夫,比孩子,是女人永远的话题,仿佛她们能从明争暗比中获得源源不绝的乐趣和激情。她在旁边做听众,听着听着就忍不住流眼泪,一流眼泪就只能往外跑,一边跑一边说:"啊,我胃疼死了,疼死了,我要到厕所里去吐一下。"

厕所将成为庇护她的安全地,她偷偷躲在门里哭,忍住了声音捂着自己的嘴哭,一次次冲水掩盖她吸鼻子的声音,她甚至能感觉到肺部因为忍耐而产生的疼痛,这疼痛和下水道散发的秽污之气夹杂在一

第二章 孤独的孩子

起,好像囊括了她所面临的生活,让她痛不欲生。但她的哭不能让别人听到,她要等完全平静后,走回办公室,好像什么事情都没有发生。这一天回家后,她照例会趴在床上把忍了一天的情绪爆发出来,像从前一样哭得撕心裂肺。丈夫就陷在沙发里,一根一根地抽烟,烟灰掉了一地。

有一天,当她正在哭泣时,母亲在旁边陪着抹眼泪又嘀咕:"我们只做好事,做了那么多好事,还要给我们这样的孩子,那一定是我们上辈子没做好人,这辈子来报应。"

张小青哭得更厉害了。

老母亲突然扑在她身上,说:"我把他带走吧。"

"带到哪里去?外星球吗?"

"到一个没有人认识的乡下。我活着,天天照顾他,我死了,把他一个棺材装去。你们俩重新开始好好生活,再生个健康的孩子。"

她没有回答,有多少次了,她就想着,如果没有他,她的生活会怎么样。她的生活一定不会是这样。现实是一场噩梦,并且无法醒来。

母亲把她的沉默当成了肯定,真正有了归隐山林、自生自灭之意。她开始打电话联络一个住在老家山村的远房亲戚,找那里的住处。

几天后,母亲说:"都安排好了。老家姑婆的女儿答应租房子给我们住……"

"如果你没有了,儿子也没有了,我活着还有什么意思?"她听到整个房间都是自己的呜咽声,像一辆救护车哀伤急迫的叫声。

她留下他,是绝路,失去他,是绝望。

她闻到了煤气的味道。她回想第一次见到他的情景,他长得那么白净、清秀,眼睛长得大,丹凤眼,像她;鼻梁长得笔挺,像他爸,上天

送她一个安琪儿,她觉得太幸运了,在手术台上时就忍不住笑出声来。但三岁时,他的种种异样,他最终被确诊为自闭症,她到处寻医问药。他越长大,面临的问题越多。他甚至不如普通的智障孩子,那些孩子会有基本的表达,而他从来没有说过自己的想法,他喜欢什么,不喜欢什么,从来都不会用嘴说出来。她了解他的唯一方法,就是不停地观察与猜测。有时他一觉噩梦醒来,就尖叫,有时候,水滴到他,也尖叫,在马路上听到汽车喇叭声,依然尖叫。她买来鸡蛋给他补身体,他却一个个把它们扔碎,一边扔一边笑。七岁时,他和另一个孩子一起玩,从身后抱住对方,把对方摔倒在地。她知道这是他在表达对同伴的喜欢,他平时不喜欢别人抱他。但那个孩子接收的信号却并不是如此,等张小青远远看见两个孩子在一起玩闹,就急着跑过来劝解时,那个孩子已经把王海打倒在地,他脸上挂着血痕,却还躺在地上笑,他以为同伴也用特有的方式表达对他的喜欢。张小青能做的只有在她无数的哭泣中再加上一场。越来越多的人看出苗头,察觉她的孩子与一般的孩子似乎不一样。她第二次搬家,离开了这个小区。

  只有当他能顺利睡着时,才是宁静的。她注视着每次好不容易才哄睡着的他,总觉得她与他咫尺天涯,他每天都在她的身边,却又好像和她不在一个世界。她如愿成了母亲,但她不知道为什么会成为这样一个孩子的母亲。她试过无数方法,当所有方法都试遍却没能奏效时,她梦想着医药界能发明出一种特效药,让她的孩子服下一粒,一觉醒来,就能变得和普通人一样。但每次捕风捉影、道听途说的消息到最后都被证明是假的。看样子,她是等不到那一天了。

  如果整个社会是一个大达敏学校,那该多好,她不必担心小海坐的公交车回不了家,站牌变动会有通知,司机会反复检查车上的每一个细节,他会像老师一样,知道车上除了普通人,还有盲人、聋哑人、癫痫患者,也有自闭症人;她也不必害怕那些异样的眼光会投向尖叫的小海,所有人会明白那只是他无法遵守人们共同的情绪表达规则,找不到更好的情绪表达的方式,他们会和老师一样明白王海内心的挫折——他们会明白,这世上,并非所有的人,都像自己一样能自主表达情绪;她不用焦虑她死后,他会无人照应,会有一个公益机构,一个像达敏学校一样的机构会对优胜劣汰的动物法则深表怀疑,用人道和秩序照顾一个弱者的余生。

很可惜,目前还不是。她没有这样的忍耐心等到那一天,生活像一块磨刀石,她的意志已被消磨殆尽。

她曾经对刘校长说过,等我死的那刻,我都闭不上眼,因为我还有一个得自闭症的孩子留在这个世界上。我怎么能放心地死去?

好吧,现在,她把他一起带走,不留他独自在人间受苦。房间里慢慢扩张的气息会结束这一切——这或许是她和孩子最好的收梢……

2003年6月6日

陪着你慢慢走

她说得很慢,几度哽咽的叙述进行了很久,但始终没有微笑过。她侧身坐着,并没有正面看着姚望,只是望着窗户外的天空,似在倾

诉，又似在自言自语。

这是一个为了保守孩子的秘密而选择与世隔绝的母亲，多年来，可以想见，张小青很少有机会向一个朋友或者像姚望一样非亲非故的人倾诉，以致她似乎忘记了面前还有一个听众存在。

"就在那个时候，家里电话突然响了，看来电显示，是我妈。我想在最后一刻听听她的声音，想再也听不到了，也算是个道别，就接了电话。没想到，她第一句就问：青青，你还好吗？或许她对我的选择有了直觉，所以病了还牵挂着给我一个电话。我想我走了，她怎么办？我的心就软了……"

姚望看着她的眼泪流下来，几乎是无声无息的。往事的风吹拂着张小青，让她深陷其中，难以自拔。姚望毕业后，总是一次次面对女性家长的眼泪，母亲、外婆或者奶奶，但每一次当她们哭着把自己的故事交给她，姚望依然无法控制自己。她被哭泣的愿望占领时，就选择陪她们一起流泪。这些受难的女性，太需要一个可以一起悲伤的同伴了。

"我在公交车上遇到一次难堪就受不了，想自杀……小海是我妈带大的，她平时受了多少白眼从来没有在我面前说过。小海三岁时查出是自闭症，我妈自责没有带好他。她觉得出生时好好的，她给他唱歌，就是那首我们小时候听惯了的宁波童谣，我像他那么小时，都记不住。'摇啊摇，摇到外婆桥，外婆正在纺棉花，舅舅正在摘枇杷，舅母正在走人家，枇杷丛里一朵花，舅母戴了走人家。'他虽然口齿不清，这么长的句子，竟能一字不差地背下来。她还以为我们生了个天才呢！其实那是机械记忆不是？就像一台电脑，内存很好，中央处理系统却出了问题。我妈说怎么会得这种病呢，是不是有一次发高烧没有照顾好？她掏出了所有的积蓄给他治病，我们背着他、抱着他折腾了一

第二章 孤独的孩子

年,光北京的医院就去了十多家,一家医院告诉我们有种针,能治自闭症。一万一支,五支一个疗程。我们刚结婚,还背着债,她拿出存了一辈子的养老钱,打了六个疗程。医生开了很多补药,几百块钱一瓶的药,一个疗程就吃二十瓶。结果呢,看上去什么效果也没有。打针吃药治不了,她就到处去找中医、寻偏方,听说针灸有效,坚持了一年,每天他的头上要扎十七根针,背上扎二十根针,还要扎静脉、按摩,小海疼得尖叫,得三个人抓着他,她和我一起在旁边陪着流眼泪,苦头吃尽,也还是没效果。后来,她又听说艾草熏耳朵能治自闭症。每晚只能等小海睡下一个小时后才能开始熏艾,她跪在他枕边,从晚上十一点跪到凌晨一点,一跪就是两个多小时。我这个当妈的都无法办到的事情,她一个五十多岁的老人却坚持着,天天跪,三更起,半夜眠,跪了一年多,当然,还是没有看出效果。再后来,她又听说打屁股能促进肾上腺素分泌,增强智力,就每天打他屁股。能试的法子,她都试遍了。我想,我走了,她怎么办?她爱我,用母爱,爱我的孩子,用双倍的母爱,我却要让她白发人送黑发人⋯⋯我走过去把煤气关了,把窗户打开⋯⋯"

姚望看到张小青的脸上都是眼泪,三十几岁的年轻母亲,眼睛下是两道很深的泪沟,嘴巴上方的两道法令纹刀刻般清晰,四道深痕,使她看上去很憔悴。王海的情绪不太稳定,时不时要发脾气,姚望刚刚拟订的方案需要家长配合,就约了张小青,和她当面谈谈。张小青一直都不太愿意到学校来参加各种活动。她母亲说那是女儿害怕遇见熟人,担心十年的隐瞒功亏一篑。她要强了一辈子,一个孩子却一下子把她渴望的理想生活全部颠覆了。为了减轻她来学校的心理障碍,姚望决定自己到她家去家访。

"他现在看见喷泉,不会再兴奋得难以自控了。社区教学一年多,每次出校门,经过公园的喷泉,我们都告诉他,不能去。他也跟着我们说,不能去。时间一长,他终于明白喷泉不能靠近。"姚望说。

"我们怕被别人看出什么,基本上把他关在家里,他从没见到过喷泉,又喜欢水,看到后兴奋也是自然的。"

"自闭症孩子本来就在社会交往上存在困难,如果你再把他关起来,他更加难以学习怎么在社会上生存。"

"在我怀孕时,对孩子有过很多梦想,我不奢望他成为爱因斯坦,想他如果成不了科学家、建筑学家、画家,也总应该青出于蓝而胜于蓝,当个工程师、大学教授或者律师,再不济,跟我们一样,当个普通的医生或者老师,但是结果却太残酷。我本来想他在记忆上有天赋,总有用武之地,或许姚老师你能帮助我们,能让他上大学,好大学上不了,民办的也行,好歹是个大学。"她的眼睛里突然有了光芒,这光芒像一对钩子,朝姚望甩过来。

"对你来说,他和你最初对孩子的幻想不一样,这需要花时间接受。孩子有障碍,父母先要学会接纳他,在孩子还是婴儿时就要做到。这样才能让他更好地融入社会。自闭症到目前为止,无药可医,并且是不可治愈的,在医学不可治愈的前提下,我们只能靠教育。家庭教育和学校教育双管齐下,才能让他获得进步。但教育不可能让他变成一个正常人,这个你还是应该面对。"对于一个饱受打击的母亲,姚望要给予的,不仅是陪她一起悲伤,更要让她学会面对现实,这有点残酷,但只有面对现实的教育,才是最有效的。为了让孩子能获得更好的未来,她不得不残酷。

"但我想他肯定会越来越好的,说不定会有奇迹,是不是?"

"是的,他一直在进步。现在学校有个高功能自闭症孩子,从来没有在正规学校上过学,是从培训机构转过来的,能背圆周率小数点后两百多位,但是他十五岁了,生活还不能自理。他的父母意识到这一点,所以就转到我们达敏学校,重新学习生活的各种规则。王海不是高功能孩子,所以你得有思想准备。对自闭症孩子来说,最重要的事情不是考大学,而是要学习与人沟通交往,适应社会。"

姚望听过太多自闭症家长的诉说,他们总会不遗余力,死马当作活马医,穷尽一切方法,劳命伤财,四处奔波。一开始花能花的钱,西医不成找中医,中医不成找偏方,偏方不成拜菩萨寻巫婆,在他们盲目治愈的道路上,留下的是和命运竭力抗争的足迹,但除了让一些不怀好意的人发了财,并没有什么成果。

有一次,她带王海去社区教学,路上经过一座寺庙,王海突然双手合十,姚望扶住他才阻止了他当街跪下去。他口中念叨的是:"菩萨,保佑——我——聪明——一点。"要多少次多少年累积的求神拜佛行为,才能让一个自闭症孩子形成见庙即跪的条件反射?没有上百次,也有几十次。从求医到求神,整个家庭确实把世上能想的办法都想遍了,一年年像无头苍蝇一样东奔西跑。

但这能全怪他们吗?

"每次带他去海边,看着潮起潮落,看他到了水里那么开心,我都想和他一起纵身跳下去,那个念头从来没有消失过。"张小青说。

有多少母亲向姚望描述过死亡的图景。她们坐着和她说起种种往事,那不祥的念头,如鸦雀在她们的叙述中围拢过来,她甚至能感觉到它们拍打着黑色的翅膀在她头顶盘旋、久久不肯离去的情形。作为孩子们的老师,姚望不仅要教育学生,也要开导家长,给他们指出相

对可行的方向。真正痛苦的人不是孩子，孩子感觉不到父母的痛苦，所以双重的痛苦都留给了家长，既为孩子没有着落的一生而痛苦，也为自己的命运里有了这样的孩子而痛苦。

"有一个母亲，是个留德博士，和你一样，生了一个自闭症孩子，和你不一样的是，丈夫因为无法接受这样的孩子，与她离婚，后来她创立了中国第一家自闭症服务机构。她说，是孩子，成就了她不一样的人生，让她和他的生命都充满阳光，活得更加精彩。有一个自闭症孩子并不可怕，可怕的是，我们拒绝自闭症人是我们的亲人的生活。小海妈妈，当现实不能改变，我们能改变的，只有自己。"

她依然侧着身子，时不时扭过头来，似要和姚望推心置腹，但她微侧的姿势，又仿佛顾虑重重。"如果能改变他多好，哪怕是个智障孩子，而不是自闭症。我都没办法从他嘴里知道他在想什么。"

这是姚望看到的自闭症孩子的家长。他们之中的绝大多数为了孩子正在付出常人难以想象的代价，爱情、婚姻、工作、爱好、朋友，几乎全部舍弃了，全身心地扑到孩子身上。可即便是这样，家长们还是没有得到正确的信息，甚至连最简单的信息都无从获得。自闭症是一辈子都治不好的，但他们中的绝大多数并不愿意接受这个事实。

作为孩子们的老师，在明知孩子们将终身智障、无法康复的前提下，姚望该用什么样的方式使他们在未来更好地生活？这是她选择特教事业的缘由。她三年前毕业于师范大学的特殊教育专业，母亲是聋哑学校的老师，父亲是大学特殊教育系的教授。她童年的经历现在回想起来，是值得纪念的。姚望的家中永远是络绎不绝的特殊孩子和他们的父母。她的母亲不仅属于她，也属于别的孩子。她总是和那些不会说话的孩子分享着她永不枯竭的母爱。她的刚买的新裙子突然就穿在了聋哑女孩的身上；晚餐的饭桌上身边多了一个共进晚餐的小伙伴，他和母亲不停地打着手势说着他们共同的语言，那无声的交流甚至让她和母亲的有声交谈显得多余；客厅里坐着的一对客人，竟是毕业了的学生和他的聋哑未婚妻，茶几上放着两包喜糖。她也经常跟随父亲去测智商，在角落里和智障孩子们一起玩，那些父母们得到结果后那一个个绝望的眼神像一个个印戳深深盖在她童年的脑海里，他们的哭泣声像一阵阵久远的风，多年以后再次从时间深处吹到她耳旁时，变成了她决意终身不移的信念。

她从小就学会了手语，在与残障孩子刚刚开始争风吃醋之时，母亲便说，爱是乘法，只会成倍增长，不是减法。

她要等多年以后才能理解这特殊的算术，从单纯的醋意中走出来，用自己的摸爬滚打真正理解这句话。当年轻的同事都为接触智障孩子感到措手不及的时候，她却觉得那或许是返回童年的一种尝试。但姚望发现这已不是一个天真无邪的行动，这个承继家庭事业的选择让她刚刚大学毕业就突然成熟起来。

刘校长把四个自闭症孩子放在姚望的班级里，而校长自己又选择做班上的语文老师，那是校长对这个班级的重视。姚望觉得校长的安排是理所当然的。刘校长是众所周知的完美主义者，浑身有使不完的劲，简直可以改天换地，她对工作狂热的态度深深地影响着姚望。没有谁能像校长一样在凌晨三点起床，开始一天的工作。如果她出差，会在QQ上把这一天需要交付的事务留好言，更多的时候，她在伏案写关于教学改革的论文。她的头脑里有一座宝藏，每一个主意，挖出来都闪闪发光。她对姚望说："才尽其用，你有现代教育给予你的最

专业的素养，我必须创造一切可能的机会，让你变成最出色的特教老师。"那句话几乎成为姚望后来为孩子们做每一件事情的支柱。在众多智障孩子中，自闭症孩子的教育问题依然是最棘手的。最棘手的任务落在姚望身上，一定是因为校长相信她便是那最合适的一位，相信姚望可以像她一样执着坚忍，把爱和事业融为一体。每次姚望去参加教学比赛，校长对她说的一句话是："你必须得一等奖，而且是一等奖的第一名，第二名也不行。"然后她会在学校里陪她一遍遍修改教案，她们把这种方式称为"磨课"，既是折磨也是磨炼，校长每晚都陪她一起磨到十二点。她和她从事特殊教育的母亲全然不同，母亲柔情似水又随遇而安，而校长的柔情一旦落在教学业务上，就常常以最苛刻的方式显现出来。每一件与专业业务相关的事情，她都要亲自参与。每一次教学改革，她都把所有的书稿全部看下来，一个字一个字地读。她比谁都内行，比谁都精通。她说："业务交给别人去做，我不放心。你在台上上课，我在台下模拟当学生听课，你不能出现一个瑕疵。"

每一个年轻老师都被她骂哭过，毫不留情。她眼睛很尖，别想在她眼皮底下偷懒。

她交给姚望的四个自闭症孩子，每一个，都是一种挑战。

小敏家离学校有几十公里远，来回不方便，只能住宿。刚来时，姚望叫她的名字，她甚至连跟着她重复一个词也不愿意，这个八岁的封闭世界没有对她作出任何语言的回应。她成天在喃喃自语"Butterfly, butterfly, the butterfly goes down. Butterfly, butterfly, the butterfly goes all round……"，她很小就能把一些英语句子背下来，伴随这个令人惊喜的表现的竟然是另一个让父母大吃一惊的行为——小时候，摔倒了不知道怎么爬起来，沉浸在自己的世界里，一个人转圈圈可以转很久很久而不觉得头晕,在她面前盯着她的眼睛说话,她从来都是视而不见。她的眼珠子似乎被丛生的幻觉带领,一直斜着眼,转来转去,却从不愿在人的脸上停留。

  每个晚上,姚望都会去小敏的宿舍,和她说话,更确切地说,是姚望一个人在自问自答,像演独角戏。姚望把她抱在怀里,然后提高自己的声音,把嘴张得很夸张,小敏才会有些许反应,把她最末的一个词轻轻地重复一遍。自闭症者之所以对别人的话听而不闻,是因为外界的各种声音在他们耳中是浑然一体的,他们无法分辨不同声音的不同重要性,无法把说话声从嘈杂的环境中过滤出来。姚望不能逼她说话,只能建立与她的情感联系。她记得小敏第一次对她露出笑脸的情形,女孩儿的眼光仍然涣散四处,而姚望的双手正在变成她口中那只飞来飞去的 butterfly,姚望的口形奇怪得像个小丑,声音高得让自己疲惫。小敏一定有自己喜欢的东西,只是她从来不会表达出来,她紧锁的眉头舒展开来,她笑了。那一定是让她喜欢的事正在发生。一年后,当姚望有一天对她说:"小敏,到老师这里来。"她竟然真的走了过来。姚望难以掩饰自己的激动心绪,忍不住对着副班主任大喊:"你看,她真的走过来了!她听懂我的指令了!"姚望知道,一旦获得了对自闭症孩子两个以上行为的控制,她对老师的服从能力就会自动地提高。再后来的情形,姚望对她说吃饭、打开书,她都一一照做。夜晚,每次姚望从小敏的宿舍出来,她就会跑过来,抱住她,似乎是在表达对她的依恋。出操时,她也需要搂着老师才能走入队伍中。自闭症孩子因为先天缺少同理心,普遍表现出情感淡漠,但姚望相信那些难以发觉的情感一定是存在的,她从小敏与她的拥抱中找到了确定不移的证据。

  她喜欢玩人民币,那就从一元、五角、一角入手吧,姚望用这些面

值不一的人民币为她搭建一些基本的计算关系。自闭症患者从没有金钱观念,那么就让这些人民币变成玩具,介入到小敏的头脑中,姚望希望小敏有一天能学会用钱购买生活必需品。

森森平常坐在小敏旁边,是重度自闭症,几乎没有语言能力。他刚来时甚至分不清垃圾桶里的东西能不能吃。不知道教了多少次,他终于不再去垃圾桶里找吃的。他已经十三岁了,但因为他的重度智障和重度自闭,被分到低龄班。他来到姚望班级的第三年春天,她必须每天让他的椅子放在后门的角落里,因为只要有人靠近他,他就开始发出怪叫,发生攻击行为。姚望戴了十多年的项链被他一把抓去扯断了。她哭了很久,她对与自己朝夕相处的物品和人都抱有很深的感情。但她却不能怪他,或许她身上的项链在他眼里,是一件极其可怕的事物。在他无法言语的世界里,向他走去的任何人,都有可能被他的大脑电波曲解成一种攻击物。也有可能是青春期的来临,身体分子的变化以山雨欲来风满楼的攻势带给他焦虑和苦痛。姚望把他和其他孩子们暂时隔离开来,并且把自己身上所有的首饰都摘下来。去社区教学时,他走在马路上,整个身子是僵硬的,他必须时刻牵着她的手,好像是要每时每刻都确定自己身处安全之中。姚望也必须握紧他的手,以免他情绪不稳定时攻击路人或者撞墙自残。她觉得自己的手被人需要,她被一个孩子依恋,是她穿过大街小巷中爆发的冷嘲热讽的动力。

发现晨晨书写不错是个偶然的机会,刘校长发现他在写字时能暂时放弃哭泣,安静下来,便把这个信息告诉了姚望。象形文字与图案是同宗同源的关系,姚望尝试着让他从书写过渡到画画。很快,他在画画上的热情取代了他一天哭泣几十次的习惯。她手把手教他画,一笔一笔搭建起图像。从一条简单的水平线，到两条，然后画一条垂直线，两条，再过渡到三角形、正方形、圆、一个盒子的形状。两年后，他画出一只狗，并乐此不疲地画各种形态的狗。每一只狗身上的毛都一根根竖起来，眼睛尖细，放着冷光，舌头长到及地，唾沫满地似血腥，一个人用一条细绳牵着它，狗的大小却是人的几十倍。他从来不会用语言向别人表达自己害怕狗，而一幅画却泄露了他内心的想法。

姚望欣喜万分，那或许是解密他情绪的一条缝隙，她迫不及待地和他的父母分享，让他们在家里创造条件让他画画。她把他的画一张张贴出来，在教室里展示，每个看过这些画的人都会说，这画的是狗还是狼？这恰恰是他心中狗的形象，在一幅画里，他表达着自己对于狗的看法——一头可怖的庞然大物。每次看到狗，他都会尖叫。姚望希望他能画下去，用画把他隐秘的心理图案展示在纸上，这将成为姚望和他的父母走进他内心的一个入口。

每次在校长新开设的社区教学沙龙上，老师们诉说走出校门遇到的冷眼冷语，她听到校长不断重复的一句话是——"不是人们心怀恶意，而是他们对我们的孩子不了解。要他们了解，我们除了等待，还需要努力。"校长坚定的目光一直在告诉所有的同事，她不会改变走出去教学的决定。姚望必须像所有的老师一样，跟随校长的身影，踏上社区教学的改革之路，等待看似平静的海面又一次迎来拍岸惊涛。

姚望把张小青请来，是因为她给王海做了个案，并写了详细的教育支持策略。姚望要把个训方案交给她，一个受过高等教育的母亲运用和理解起来会更有效。她用母子扣做了一个画板，上书"王海的快乐一周"，每个钟点都以图文并茂的形式规划这个钟点该做的事情，所有的时间都被填满了，每件事情都可以被看见，完成一件，撕掉一张贴

纸。这是她要强化的视觉提示，时间一项项以事件的形式排列，如物体被整齐排放于柜子中，帮他完成从时间到空间的转换。根据这种图表，他能按部就班地完成每一个任务，而不会在茫然的时空中感到焦虑和恐慌。她给出的支持策略是——如果一天不发脾气，就奖励听音乐，如果两天不发脾气，就奖励游泳。这是他最喜欢的两件事情。

一年级时，他不会漱口，母亲教他时，他总是把水咽下去，张小青打电话给姚望。姚望对她说，要试着换位思考，以王海的方式理解，把所有的动作细化，变成更加细小的步骤，直到他能接受。首先为了防止他把生水喝下，你要准备凉开水，其次你要放慢脚步，先让他做"喝——吐"的练习，接着过渡到"喝——含——吐"的练习，最后才是"喝——转——吐"，一步一步来。

后来，张小青又来询问绞毛巾怎么教，开瓶盖怎么教。姚望一一告诉她方法，张小青夸赞姚望是"教育自闭症孩子的百科全书"。他成了联结她们的情感集中点，张小青是他的夜晚，姚望是他的白天。她们在一个城市的两个不同地点，像流转的日月，为他共同合成完整的一天。

"我以前和你说过，一年前，我们打算一起上楼梯，他突然回过头来，眼睛往下看，却对我说，妈妈，我们上楼梯了。我把这句话当成了他第一次叫我妈妈，就是这句妈妈，让我觉得我们这些年的劳碌和奔波，不是一场空。"

这一声主动呼唤的"妈妈"，张小青等待了多少年？姚望说："他有主动语言了，这是好兆头。用科学的方法训练他，他会越来越好。"

"有一个亲戚曾对我说：'我的孩子得了白血病，随时有可能因为无法医治而死去，你的孩子至少健康地活着。'我说，我宁可他得了白血病。她骂我冷血。我回答她说，有个绝症孩子，至少在他有生之年还能天天叫你妈妈，而我的孩子从出生到现在，从来没有主动喊我妈妈。但我没想到他会叫了，真的会叫了！"

姚望几乎和张小青同时享受到了王海带来的这份惊喜。

也是在一年前，她开始教王海洗碗。她让他从厨房搬一盆温水到水槽。他端着水，慢慢移动脚步，他的动作依然因为僵硬而显得极不自然。在缓缓前行的道路上，王海突然说："搬不动了，搬不动了。"那句话让她欣喜万分，他第一次用语言向她表达了自己的愿望。自闭症孩子主动表达的重要性，在他的个人发展中是占第一位的。王海虽然口口声声说搬不动了，但他没有放弃。三十米的路，他竟然整整走了二十分钟，说了上百遍"搬不动了"，而姚望也陪着他走了二十分钟，她一直在他身边说："小海，好棒啊。"无论他听不听得懂，姚望都一如既往地给他充分的语言支持。但王海承受这样的压力，竟然始终没有发脾气，或许是姚望和他一起移动的身影给予了他足够的勇气和依靠？

一个学期，每个中午都训练，他终于学会了洗碗。到了学期末的夏天，他还像春天时那样，把短得不能再短的T恤袖子卷起来。她教他的一个步骤——洗碗前先把袖子卷起来，一旦在他的记忆里形成，就无法删除。这是自闭症人的刻板特征，不会因为季节的变更调整任何一个环节。姚望想，对难以接受变化的自闭症孩子来说，这个多变的世界有多么不可理喻。他需要多么用力，才能学会在这个世界生存。

他们的努力和失望一定超过了她。

但他对干净吹毛求疵的态度，他不允许一点点脏物留在碗上的习惯，让他手下的每一只碗都一尘不染，光亮如新。姚望常常想，如果有

更多人了解他们的优点,接纳自闭症人,他长大后该是一个多么一丝不苟的工人?她多么希望他能凭借自己的优点,沐浴到人类社会人人皆可以通过工作确立自我价值的光芒之中。

"你在家也要让他帮你一起洗碗,他洗得特别干净。"

"我从没有想到有一天,他能帮我们干家务……"张小青又开始哭了。她为孩子能考上大学的希望而哭,为十岁孩子第一次叫了她一声"妈妈"而哭,为他学会洗碗而哭,这么多不同理由的哭泣集中在一个母亲身上,那个母亲,是不是和孩子一样也承受着常人难以理解的巨大压力?

姚望带他去社区教学第一天的遭遇,很长一段时间,成为挥之不去的阴影。路人的责问与冷眼,他看见喷泉后的情绪失控,她每次都要抱着制止他跑向喷泉,一次又一次,说得精疲力尽,"每次我都要重复,重复,重复得自己想撞墙",王海母亲张小青的话说出的也是姚望的想法,但有一天他突然明白了"不能去"的指令,又把她一天天聚沙成塔、垒石成墙的意志强化了。那一天,她听见他面对喷泉只喃喃地说一句"不能去",就跟随队伍离开曾让他渴慕的事物。姚望和学校里的老师一样,把每周二的社区教学视为恐怖日,但他身上悄然发生的变化,却正是这恐怖日的产物。不断拓展的生活体验、更加丰富的生活内容,都促成着他良好"语言"的养成。

外出的日子,他想上厕所,他已经学会说"老师,小便"。姚望对他说:"你走过去,去问路边站着的那个阿姨,对她说,'阿姨,厕所在哪里'。"

他愣在那里。她带领他走过去,来到陌生的女士身边,又重复一遍说:"王海问 ——'阿姨,厕所在哪里?'"说完,姚望折回原地。

他重复了一句:"阿姨,厕所在哪里?"

但没等到过路的女士回答,他就低着头转身要走开。

"王海,不能走开,你得等阿姨回答。"

他的眼睛始终没看那位女士,低着头重复女子的话 ——"亭子旁边"。

那女士用惊讶的眼神盯着姚望和她带领的奇怪的队伍。姚望松了一口气,女士尽管有些不解,但始终保持优雅客气的态度,竟然没有发脾气,并作了回答,是她对这支长相奇怪的队伍产生了恻隐之心?

王海询问的结果依然是重复别人的话语,他还是不知道具体在哪儿。姚望就开始分解那位女士的句子:"亭子旁边。亭子在哪里呢?"她和他一起找亭子,然后让他找标志厕所的符号在哪栋建筑上。这是扔给姚望的又一个挑战,当他知道答案,却无法解读语言中的信息时,怎么办?这个"怎么办",她又要花多少年才能解决?

"这些自闭症人努力认识这个星球很久很久,要融入他们在地球的家。但是我们才刚刚开始认识他们的秘密。"[注]姚望早就做好了准备,洞悉他们秘密的过程,一定很长很长,甚至长过她的生命。而她愿意,在既有前人,又有后来者的漫长接力赛中,为他们充当一个驿站。

她相信他们不是冷漠无情的孩子,只是不会自主表达。这几乎是所有自闭症孩子的特质和最大缺陷,所以她一直在利用一切机会培训王海自主地开口说话,说真实的想法。去公园的路上,当他口渴要喝

注:引自纪录片《星星的孩子》。

水时,她买了一瓶矿泉水,故意不给他拧开瓶盖,让他表达——"老师,拧开瓶盖";午睡醒来穿衣服时,故意给他穿一半,让他说——"老师,穿衣服";当他吃饭时,不分给他勺子,逼他讲——"没有勺子"。

正常的孩子就像海绵,会自主地吸收。而像王海这样的自闭症孩子却像一块水泥板,没有一条缝隙。她必须拿起锤子,一下一下,砸开一条缝。

有一次做梦,姚望梦见自己变成了他们,要想说话时,声音却变成了一些重复的词语,难过时,不知道怎么表达,从嗓子里发出的声音变成了令人难以忍受的尖叫,她越着急,听到自己的尖叫声越来越响,她看到人们在和她说话时,脑中出现的另一种图案把她召唤回去,让她忘记了身边的人。她好像被人施了魔法,不能看人的眼睛,一看眼睛,就会害怕。

这是一个奇怪的梦境,姚望把它解释为日有所思。那梦境来到她的夜晚,似乎是为了告诉她,要变成孩子本身,站在他们的角度去理解周围的世界。以生活为核心,这是校长的理念,而对姚望来说,生活现场,是最好的打靶场。她要从瞄准目标开始,一环一环,一直坚持到打中靶心。

为了让孩子们认识橘子,她就带他们去橘园,和他们一起在橘子林里围着橘子做文章,她让他们一个一个闻橘子、吃橘子、说橘子、画橘子,和他们一起对着橘子唱"橘子,橘子,红又红,真像一只小灯笼;小灯笼,圆又圆,它的味道酸又甜"。那些橘子挂在枝头,一遍遍听这群特殊孩子的歌声。

她有时想,如果橘子会说话,它或许也已经学会对孩子们自我介绍说:

第二章 孤独的孩子

"我是橘子!"

她知道她有这样想法的时候,是在不停地重复中感到了疲倦。

但显而易见的事实是,即使比正常孩子认识事物要缓慢得多,孩子们来到不需要任何迁移的自然之中,对事物的认识能力也在加快。那是面对书本无法达到的,"停在纸上,几十遍都教不会的东西,一到物体所在的真实环境中,摸一摸,看一看,尝一尝,他们几天就学会了。"这是校长在听老师们抱怨时说的话。事实总是证明校长是对的。

然而,对自闭症孩子来说,情况却和其他孩子不一样。认识一个物体,并说出它的名字并不难,难的是,摘下橘子,请同伴们分享,或者自己剥开橘子,主动说出一声"好吃"。

单是这个细节,有很多自闭症孩子一辈子都学不会。

他们中的绝大部分人三十多岁了,还在学习如何与人交往,而这样的能力,很多三周岁的孩子已经基本具备。在自闭症的谱系里,能表达自己的人不到千分之一。

人与人的交往,往往是从眼睛开始的。只有通过眼神交流,才能在别人的脸上读到无数种丰富的表情,表情之下蕴含的深意,以及与表情密切相关的语音语调的变化。但他们却天生不会这种眼神的阅读,这对正常孩子来说,在一周岁就习得的本领,却成为他们需要终身攻克的难题。吃再多的药练再多的气功也不能让他们学会突然开朗,主动打开这扇对视的窗户。改善的唯一途径只有教育。

姚望参与到王海的游戏中,把他所喜欢的玩具紧贴自己的脸放置,当他注视玩具时,他将有可能同时与她对视。这珍贵的"有可能"的几秒钟,或许是王海学会眼神交流的一个重要契机。她把和他一起

玩当作表达爱的一个入口。在他还没有准备好进入她的世界时,作为一个特殊教育工作者,她得先行一步,进入他们的世界。直到有一天,她与他足够熟悉,能获得机会邀请他来参观和理解她所处的世界。

这曲折的过程,需要无限的耐心。她抓住一切机会让他看她。她和他说话,要他看着她,她的玩具和奖励物——一粒糖,一盒音乐CD在到达他的手上之前,停留的地方永远是她的脸上。当他看她时,她为他始终保持着微笑。

他或许能在这微笑中读到这个世界对他的关心、善意和爱。

当他果真看了她一眼时,她就会说:"王海,你真棒!"

对自闭症孩子来说,如果有一天他真正学会了眼神交流,从别人的脸上读到表情所包含的丰富内涵,他所面临的很多困境将迎刃而解。

"昨天,小海和我一起睡午觉时把被子拉到我身上,对我说,妈妈,被子盖一点。我差点当着他的面哭出来,你说他是不是学会关心我了?是不是?因为我每天和他一起睡午觉时,用同一条毯子,总是对他说,给妈妈盖一点。他是不是学会关心我了?是不是?而且,更重要的是,当我把毯子盖到脸上,他竟然主动与我对视了几秒。他一定懂得关心我了,是不是?他从生下来,就没有真正看过我。但这一次,一定是的。姚老师,您说是不是?"张小青说。

这或许已经是一个美好的开始了。他迈出的每一步,都是老师们和他的家庭刻苦"蓄谋"多年的成果。

谁说"潜能"这个词只能用在超常儿童和智力正常的儿童身上?姚望看到了王海身上的潜能正在慢慢显现。

谁说那潜能不是人类社会的奇迹?

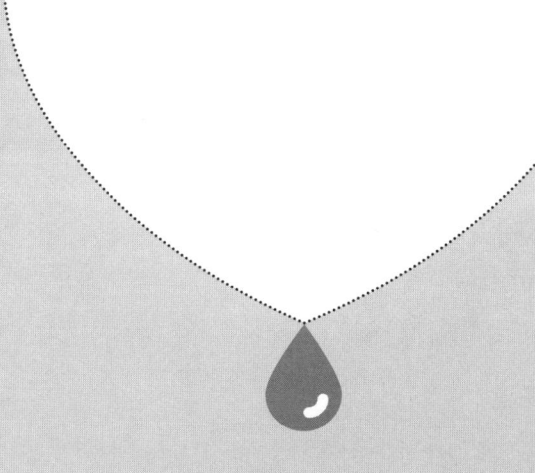

第三章

蜜糖宝宝

张浩

唐氏综合征患者,又称先天愚型,重度智力障碍

出生于医生家庭

入学时,只会说两个字的词语,甚至连自己的名字都说不清

五年级时,他拿着指挥棒,站在了舞台上

在刘佳芬和她的同伴们眼里，孩子们的形象和健康孩子融为一体，并没有什么特别之处。他们和正常孩子一样渴望爱与被爱，渴望自由与被认同。如果不把孩子们看成是智力残疾，而是看成能力和智慧的差别；如果不把自闭症人看成是精神残疾，而是把自闭看成所有人身上可能存在的一种人格特质，以及这种特质在一个人身上的过度放大，那么，孩子们自然能在所有人的眼中找到平等的注视。

2003年9月15日

愤怒的邻居

张浩喜欢星期一。每逢星期一的早晨,张浩会把头伸出窗外,看看有没有下雨。妈妈说,雨是从天上掉下来的。他看雨的时候,就把脖子拧过来,对着天空。如果雨水滴在他脸上,他会不太高兴地说"雨"。如果脸没有弄湿,他就会一边笑,一边结巴地说一句:"妈妈,校——校服。"

妈妈说:"唉,你说话真吃力,连一个完整的句子也说不清。这不能怪你。谁叫你下巴比别人短,舌头比别人长呢?就像一个人想好好走路,总有绳子来绊你。"

刚才,当他仰着头朝天空眺望时,楼上有一张脸也正往下看。张浩的目光和脸的主人相遇了,那人大叫了一声"啊!"就扭向房子里,对里面的人喊:"下面有个孩子,脸长得好怪异,像外星人!从没见到这样的脸,你快来看!"

她这一声"啊",把张浩吓哭了。

妈妈探出头去看,她刚巧探出头来。

"张浩,那是楼上新来的租客,她不认识你,所以有点大惊小怪。你伸出头去,告诉阿姨,她那么想看你,就和她说:'你好!'让她看个够!"张浩止住了哭泣,但当他再次仰望时,楼上那个尖叫的人已经从

阳台上消失了。

张浩觉得一定是妈妈把她变走的。

张浩听不懂楼上的人在说什么,但他不喜欢别人对他尖叫。早上做操时,站在他背后的王海有时也会突然尖叫。每当他尖叫,张浩就把耳朵紧紧地捂住。但他很喜欢不尖叫的王海。王海常常在操场上和老师打羽毛球。羽毛球飞来飞去,如果想逃走,王海总是能用拍子把它捉住。他也想摸摸王海手中的球拍和长满羽毛的球。他相信,那一定是王海养的一只鸟,这么听他的话。

只是他打它的时候,会不会很疼?它不哭,一定是不怕疼。

张浩不喜欢星期一的早上下雨,不下雨,老师就会把一面国旗交到他手上。国旗的颜色鲜红鲜红的,比太阳还要红很多。他双手拿着旗,右手放在红旗上面,左手握住红旗下面,斜扛在肩上。他练了一遍又一遍,班主任钟月在他身边,竖起大拇指,说:

"真帅!"

在他身边,还有三个同学,他们一起走向旗杆。钟老师说,他们都是护旗手。

自从刘校长说——"你看,张浩这个小机灵,节奏把握得这么好,我看他挺合适",张浩不知道什么叫合适,但他星期一的生活从此就彻底改变了。

所有的老师和同学都看着他和他手上的红旗。那种感觉,就像过生日,他戴着生日帽,站在蛋糕前,一支支把蜡烛点起来,同学和钟老师都围着他唱歌。刘校长会给他一个拥抱,对他说:"呀,张浩你又过生日啦!生日快乐!"

第三章　蜜糖宝宝

今天，是搬到新校舍的第一天。当张浩把国旗拉到顶端，国旗在半空中扭来扭去时，他笑了。

他希望每一天都能升国旗，在蓝蓝的天空下，用他的双手开一朵扭来扭去的红花。拉着它的绳子一颤一颤的，他要把绳子系得紧紧的。鸟飞来飞去，红旗也张着红翅膀。不能让红旗跟着鸟飞走了。

张浩发现一个女人不知道什么时候站到了队伍里，她的声音很响，她的手指点来点去，她的样子好像在生气。她正在说：

"你看看，这台下的一群，高的高，胖的胖，瘦的瘦，奇形怪状，有的流口水，有的傻笑，真不明白这么多神经病为啥偏偏搬到我们小区旁边来。你们一来，我们这里风水还会好吗？我们怎么好好休息？发作起来，我们倒霉了，你们负责？"

紧接着，张浩又听到了尖叫声。王海尖叫着，不停地甩头，校长扶住了他的肩膀说："王海不要怕。"

王海继续尖叫着，那声音戳得张浩耳朵疼。

张浩不知道这是什么游戏，王海这么喜欢玩。但他不喜欢，他试过，叫得响一点，脖子疼，把头甩啊甩，脑袋疼。

站在王海旁边的森森也捂着耳朵尖叫起来，他们俩总是这样，像约好了似的。森森跑到墙边，要用头去撞。校长放开了王海，用手捧着森森的头。他的头顶着她的手，撞啊撞。姚老师也跟在校长后面，拉着森森的衣服。

"你吓到孩子了！"甜老师说，她拿着纸巾在眼睛上擦来擦去。

"是他们吓到我们才对。看看他们一会儿尖叫，一会儿撞头，你们能保证他们对我们没威胁？就是你们保证，我们也不相信。正常的老

师会到这种学校来？你们一定是在原来学校不太正常，才来教这种孩子吧？"那个陌生女人说。

"没有谁能保证自己永远是正常人，包括我，包括你。"姚望老师说。她的声音特别大，她抓着的森森还在撞啊撞。

"是的，有人老了，摔了一跤，就得坐上轮椅，等那一刻才明白公共场所应该设无障碍通道，就太晚了。每个人都会变老，人老了，就有可能不会走路，没办法自己吃饭，眼睛看不见，耳朵听不到。每个人，都会变成残疾人。"这是刘校长的声音，她挡着森森的头，声音一震一震的。

"你们这是在咒我吗？"女人说。

"我们孩子是残疾人，可是不能因为他们是少数人，你就可以把他们从生活中驱逐出去。谁都没有这样的权利。"校长说。

王海低着头，在啃手指。

他的手指是什么做的，很好吃吗？红红的东西从他的手指里溢出来。他的嘴巴发出啧啧的声音。他的嘴角弯起了一角，他在笑。

"那就让他们从哪里来回哪里去。我们这里不欢迎你们。"女人说。

"如果每个人都像你一样，那我们的孩子在这个世界上就没有立足之地了。"班主任钟老师的声音很轻，像一条布，被风吹在脸上，抚摸着他。她唱歌的时候，声音大多了，比窗外唱得最响亮的鸟儿还要好听。教室里都是她的歌声，飞过来飞过去。"每一次，都在徘徊孤单中坚强；每一次，就算很受伤也不闪泪光。我知道，我一直有双隐形的翅膀，带我飞，飞过绝望。不去想，他们拥有美丽的太阳。我看见，每天的夕阳也会有变化。我知道，我一直有双隐形的翅膀，带我飞，给我希望……"

张浩看着钟老师脸上一粒粒可爱的黑点点,会跟着同学们一起哼哼:

"给我希望,给我希望……"

钟老师说张浩也有一片隐形的翅膀,这让他和别人有点不一样。

张浩看见淼淼停了下来。校长叹了口气说,可怜的孩子,她站起来,眼睛里蓄着一些水,在滚动。她的眼睛看上去要下雨了。姚老师拉着淼淼的手向教室走回去,姚老师的头发像个黑色的西瓜,罩在她的头上。

张浩看到王海的外婆拎着球鞋,走进校门,在那个女人边上停下来,那双球鞋像一对死鱼,一动不动。她对王海说:

"王海乖,不要啃手指。流血,会生病。"她拉着王海的一只手,刘老师拉着他的另一只手。

"生病。"王海说。

一些陌生的人,都从学校外面围过来。人越来越多。站在校门外观看的人们说:"做这些孩子的老师,也不容易。这样来学校吵闹,真是不近人情。"

那个女人站在人群中央,继续说着话。刘校长招呼同学们回教室去。

七年级的悦悦拉住刘校长的衣袖说:"我们不喜欢她到我们学校来,她在说我们是神经病。"

张浩不知道什么叫神经病,只知道他生病时,在学校,钟老师会送他去医院,在家里,爸爸妈妈会送他去医院。张浩以前生过很严重的病。医生趁他睡着时在他胸前画了一棵树,他醒来的时候,身上裹着

白白的纱布,胸前很疼很疼。

妈妈说有了这棵树,心脏就会变得好起来。

他的心果然没有再生病,妈妈也没有说自己生过神经病。张浩看见那个女人走出去,人群也散了。刘校长路过他教室门时,没有对他说——张浩升旗时好帅。

他听到校长走过教室门口的时候叹了一口气。

刘校长很喜欢笑,她笑起来,眼角有一道道的波浪。张浩会去摸她眼角的波浪,很好看。张浩不喜欢刘校长叹息。

她一叹息,就把夸奖他的事情给忘记了。

2003年12月3日

张浩的助残日

广场上,张浩正站在义卖的桌子前,有模有样地叫卖自己的作品。他那么小,已经三年级了,却比一起义卖的同学还要矮一大截,看上去像是个幼儿园大班的孩子。他说话的声音很轻,喉咙里隔几秒就咳一下,好像里面卡了刺,老是吐不出来,其实是声带先天发育不良。衣服套在身上,却显得空空荡荡,俯身时,开胸手术后的疤痕会露出来,惊起注视的人一身鸡皮疙瘩。那么瘦,那么小,远远看去,像只营养不良的小猫。

但此刻的他是欢乐的,手术和身上的疤痕并没有给他的内心留下多大的阴影。他的叫卖声和无处不在的阳光一样响亮。他来学校三年了，似乎每一天都在发生新的变化。刘佳芬看着张浩，关于他的记忆连成了一片。

十年前，他从命运手中接过新生儿中六百六十分之一的几率，坠入一个医学世家。常人有四十六条染色体，而他却多出了一条。这多出来的一条染色体，就像他多出来的一片翅膀，使他的外貌和智力，与常人迥然不同，也迫使他在控制迎面而来的气流以保持飞翔的平衡性时，要面临那些只有二十三对染色体的人们所不能想象的困难。

他的脑袋比正常孩子小，两只眼睛的距离远远超过常人，下颚短小，舌头特别长，四肢却特别短小。人类的基因不能有一丝一毫的差错，差之毫厘，谬以千里。全世界的唐氏综合征患者都长着一张相似的脸，在人群中，一眼就可以被认出。几乎没有一个唐宝宝智商超过60，一般都在25到50之间，抽象思维能力受损严重。看到他们的第一眼，让每个人都难以忘记。在刘佳芬来达敏学校之前，她从来不知道还有这样一群孩子存在。

是以前很少有这样的孩子，还是有人把他们藏起来了？他们存在的身影几乎成了视觉上的盲点。

她后来才明白，以前没有见过唐氏综合征的孩子，不是他们不存在，而是因为他们大多过着深居简出、不为人知的生活。先天愚型的独特外表让他们父母的自尊屡屡受挫，外人的眼光和嘲笑随时会袭来，他们后退的脚步，除了走向隐居之路，没有更好的选择。在他们之中，一半的患儿伴有先天性心脏病、胃肠道畸形、视力障碍和甲状腺功能低下。

张浩胸前占据他整个身体三分之一面积的疤痕就是他医治先天性心脏病留下的痕迹。治疗室缺房缺留下的那几道巨大的疤痕，张牙舞爪地统治着他瘦小孱弱的躯干。

很难相信，这个二年级时连"1+1"都不会的孩子，如今竟然学会了做手工。现在他嫌自己不够高，双手托举着自制的手工花，站在了椅子上，他对着络绎不绝的人群亮开了嗓子，喊："花，花！"他的脸上也笑开了花。

三个月前，刚搬到新校舍，也是他，成了操场上的主角。他穿着熨得笔挺的校服，在四个护旗手中走得最挺拔铿锵，这是他第一次做护旗手，原来的护旗手毕业了，张浩训练了一年，在上个学期的六月就顺利地接了班。几乎所有的唐宝宝都喜欢音乐，钟月发现他在律动的节奏中总能比别的孩子做得更好，他的笑容是显现在他脸上的清晰语言，被所有老师和孩子注视的机会让他找到了欢乐所在。

和国旗在一起时，他总是很爱笑，一笑，两只眼睛就眯成线，像一对向下的小括弧，嘴巴也弯了，却像向上的大括弧。三道括弧，让他的笑容看上去特别甜。

每个星期一，他忠实的观众们就会站在50米长的塑胶跑道上看着他帮旗手一起把国旗升起来。

这条跑道的一头是围墙，一头是校门，中间一侧摆放着一块石头，写着"恒爱"。那块面向教室的石头，不是冰冷的摆设，是一面镜子，刘佳芬这样做，是要让它镇在每个老师心里。她要告诉他们，爱，对于像他们这样的特殊教育老师来说，不是激情，不是兴之所至，而是一种忍耐与毅力，是细水长流，东流到海，是精诚所至，金石为开，是教一千次都教不会,继续教一千零一次。

在石头边上,五种颜色的油漆在塑胶跑道上描出五朵向日葵,阳光打在跑道上,无边的色彩,让在黑暗中隐匿了一夜的花突然浮现在晨光里。每一朵巨大的向日葵,长着二十一片花瓣。每一片花瓣上,都站着一个孩子。除了生病在家休养的孩子,盛开的九十六片花瓣,以九十六个孩子的形式绽放。

那是达敏学校搬迁后的新校舍,花瓣们会在每一个晴朗的清晨一起唱歌。

刘佳芬喜欢向日葵,在她办公室里挂着一幅画,主角也是尽情吸收阳光的向日葵,是老师们勾勒外形、孩子们在手工课上填色的作品。

在升旗仪式上,孩子们唱的是"起来,不愿做奴隶的人们……",胸前的红领巾,花蕊般迎风飘扬。一双双手,有举在头顶的,有攥紧拳头的,有放在耳际耷拉着的,有握如钩子的,高高低低,奇形怪状。那是他们向国旗的敬礼。

还有很多孩子,没有举起手。他们无法理解敬礼的意义。

王海低着头,盯自己的鞋子,微笑的样子,好像被白天的梦境吸引。

歌声由广播里的乐曲引领着,零零落落,唱得此起彼伏。

即便队伍是这样地不整齐,歌声是这样地寥落,校门栅栏外的目光是这样地让人不安,刘佳芬还是觉得向日葵上盛开的升旗仪式,这支在世人看来哀伤的队伍聚在一起,如同花开一地,铺展成一个完美的小王国。

她叫张浩为"小可爱",每次见到他时,她都会看着他那张奇异的国际脸,夸奖他漂亮的衣服,夸奖他升旗时像小马一样有力的脚步和解放军叔叔般的英雄气,夸奖他才读三年级,就已经学会帮同学洗碗。

她很奇怪,虽然他的智商只有二十几,但他似乎能领悟她所有的夸赞。夸赞声刚出口,她就能看到他脸上出现的三道会笑的弧线。

她就像一个拿着一篮子花朵的路人,当她经过他时,那夸赞之语,是篮中的花朵,她一朵朵佩戴到他小小的灵魂上。

他的灵魂因此芳香四溢。

孩子灵魂里发出的笑声,是对刘佳芬的最好奖赏。一百年前,那个伟大的女性沙利文像她一样,从残疾孩子的脸上读到过珍贵的笑容。沙利文带着海伦来到田间,亲手从种满甘蓝菜的田地里抓住青蛙,让海伦用手"看"它;她在草堆中寻找蟋蟀,让海伦通过蟋蟀鸣叫时后腿产生的震动,感受一只昆虫散发的生命气息;她让海伦触摸棉花,并告诉她这是整个国家南方最主要的作物和爆发南北战争的因素之一;海伦的手中出现了破壳而出的小鸡、鱼儿咬钩时震动的鱼竿和一朵盛开的花朵。一天到晚发脾气的盲女海伦"看"到这一切,终于笑了。

在精神上的共同向往,使刘佳芬跨越时空,与沙利文心神交会,她们用共同的叹息洗濯自己的灵魂,也教育着孩子的心灵。爱和理性随风入夜,润物无声,奇迹暗暗抽芽吐穗,自然生发。

张浩学会了第一个正步走,剪出了第一片花瓣,认识了第一个汉字……

当然,也有人曾对她所说的"奇迹"不以为然——"所谓的奇迹又不能让他们魂兮归来,变成正常人。如果你把这些改革的心思放在超常或正常儿童身上,那应该更加有效。每天对着一群白痴殚精竭虑,究竟会有什么划时代意义呢?"

她心中栽培的奇迹在旁人看来多么微不足道！这些没有良好基因的种子，扎根于土地，那么艰难地顶破寒冬的封锁与包裹，在一块常被遗忘的土地上，探出孱弱的花苞，开出花朵，不也是世上最令人心动的一种姿势？

此刻，广场上的张浩看到别人往捐款箱里投钱，甚至跟着老师向他说了声"谢谢"。那个获得"谢谢"的陌生人眼睛里，没有害怕和排斥，流动着同情与欢喜的波光。

他们大多是来自学校附近社区的居民。但三个月来，学校的邻居们正悄悄发生着变化。

几个月前，当那个充满敌意的女性跑到学校指责孩子们的到来破坏她家风水时，张浩只是回头看看她，继续和同伴一起，把国旗升到顶端。当她指着仰面升红旗的他，评论他的长相时，他虽然收起了笑容，却没有其他表现，看来他并不能完全明白她所说的话。

刘佳芬一直希望他能听懂越来越多的语言，只有在那特殊的一刻，她的希望截然相反，她希望他对这些不明就里的嘲讽是全然不懂的。当她看到他无辜而单纯的眼神没有多大变化，就松了一口气，她不害怕自己受委屈。校长不受委屈，谁来受委屈？

那女人叫骂着，恰巧站在王海身边，尖锐的声音成为对王海的直接刺激，他不停地啃手指，而森森又一次以头抢墙。

她安抚住王海，又抢先一步捂住了森森的脑袋。

自从姚望的"王海快乐一周"计划实行后，他已经很久不发脾气。一个一个步骤环环相扣，设定好他需要使用的时间长度，好像把握住了他秘密的节奏。但那一刻，在他的世界里，这个陌生女性的出现和

愤怒的声音究竟给他带来怎样的恐慌?

只有听任他内心的情绪随着手指上流出的血一点点发泄完。他小小的生命独自承受着在黑暗中探索的惊慌。

等人群散去,王海渐渐平静下来,慢慢走回教室,他的手又举在耳边,五指张开,微微蜷曲,不停甩动起来。手是重要的心理语言,人们相见与告别的肢体语言是握手与挥手,孩子受惩戒时往往打的是手心,山盟海誓时恋人们互道"执子之手,与子偕老",在佛教中,千手观音炫丽的千手表示遍护众生,佛教徒手心朝上叩拜以示虔诚。王海不停舞动的手要说出怎样的自我?

刘佳芬看着他的背影,他的手更像是沉醉于自我时发出的叹息,这叹息是一个谜,等待着她去解开。她走过去,和王海说:

"王海,下次刘老师叫你王海,你必须回答我,看着我的眼睛回答我——刘老师好,如果你答对了,我们击一下掌!像这样,把手举起来,然后两只手掌贴在一起。好吗?"

"好。"

"王海!"

"王海。"

"你应该说'刘老师好'。"

"刘老师好。"

"好,我们击一下掌。"王海举起了手,"啪"的一声。他慢慢长大了,手掌几乎和她的一样大,合掌的那一刻,看上去,合二为一,像一双手。

他露出了一丝浅浅的微笑,好像已把自残的愤怒与忧伤全然忘记了。

第三章 蜜糖宝宝

在学校新的街坊邻居中,对学校表示抗拒的,并非只有那个来学校吵闹的女子。还没开始装修时,成堆成堆的生活垃圾堆在校门口,让学校变成了垃圾场;校舍装修时,几块砖头带着居民们的排斥和愤怒破窗而入;当学校搬迁进来时,一个男人跑进校长室要求学校索赔,理由是学校破坏了风水;一位老人抱怨学校装修加高了房子,影响她休息,会加重她多年的心脏病……

拒绝的理由五花八门,居民们使出十八般武艺,只为了把智障孩子驱逐出"境"。

她不能愤怒,居民与智障孩子之间巨大的鸿沟只有靠她自己去填平。

每一天,她都必须穿过小区的小巷,走到新学校去。最近几个月,她培养的新爱好就是在路上停下几分钟,和学校旁边的居民聊会儿天。从气象预报里可能要下的一场雨到老人菜篮里的螃蟹预示的有客来临,从新媳妇红色高跟鞋传达的欢快脚步到老女婿熟门熟路的节日礼,从老人的咳嗽到小孩子的新书包,国事家事,风声雨声,她保持着固有的微笑,天南地北、花鸟虫鱼地聊着,虽然只有三言两语,看上去,好像他们是她熟识多年的老街坊。

这是那个前来争吵的女子后来看到的情形——张浩结结巴巴地喊他"阿姨好",全然不记得那曾经发生在他身上的嘲笑,期待的眼神像两粒黑水晶在她眼前闪光;学校的礼堂、电脑室、图书室宣布面向居民开放,社区里的选举、打球、节目排演都搬到了学校的礼堂,孩子们的笑声加入到他们的欢声笑语之中;站在学校的栅栏外,就可以看到突然有孩子脾气失控,开始攻击老师,老师们不但没反击,仍然面不改色地忍受孩子们的"刑罚"——牙齿咬、脚踢、掐脖子、抓头发,一边

安抚他们说"老师很疼的",一边静等暴风雨过去。

刘佳芬在学校里教孩子练习怎样微笑着和邻居们打招呼,这是学习社会交往的绝佳时机。她抓住一切机会要把社会上出现的每一个契机都变成课堂。现在张浩和同学们在广场上接受别人的捐助时,对每一个驻足停留的路人叫得这么亲,这么甜,是从那时候开始的。

为了更好地融入新校区的环境,她设立了社区教学沙龙,一是为了让老师有倾诉的地方,二是为了让他们找问题和成果。但老师们诉说时,显然把沙龙当成了诉苦会。

"刚开始去超市,孩子们看见糖果和零食,就往嘴里塞。王海从没去过这样大的超市,不让他吃,他就尖叫,就满地打滚,其他孩子也欢天喜地在那里拆包装,挑吃的。我们俩只好一个劲儿向超市的管理人员道歉,然后兵分两路,一个原地看住孩子,一个去赔钱。现在每次去,王海和其他孩子知道得付钱才能吃东西,不闹了,倒是保安紧紧盯住我们,防贼也不过如此。买完东西去收银台,学生有时在口袋里翻了半天也翻不出钱来。好不容易翻出钱来又不够,收银员只好找到管理人员,重新解开电脑密码,消除已输入的商品价格,后面排了长队的顾客都在抱怨,工作人员和后面的人们看见我们,除了白眼,没有给过比这更好的脸色。"姚望为了社区教学哭过很多次,往事让她激动得落下泪来。她低着头,一头学生发垂下来,刚巧遮住了流泪的脸庞,她每天像一个妈妈一样,照顾十个孩子,其实自己还是个刚毕业不久的孩子呢。

"我们带孩子们去游乐场。华华平时都关在家里,从来没有坐过滑梯。我鼻子敏感度比较强,感觉到了异样。一看,大便已经从华华的裤管渗出来了。大家都在指责我说,傻子还带出来,也亏你们老师想得出来。既然带出来,也不看好。我不知道自己从哪里找来了几张塑料纸和报纸,包住孩子的下身,副班主任一点点把滑梯擦干净。我扛起华华,从游乐场跑回学校,一公里的路,我也不知道哪里来的力气,都不敢把他往地上放,怕弄了一地,又遭人白眼。那时,那么多人看着我们,如果地上有条缝,我真想钻进去。"这是田娟的声音。她刚刚送走了明亮这一个班级,明亮去了工疗站,麦苗青了又黄,一茬又一茬,田娟重新做了一年级的班主任,新的班级又是重度班。

"我们去小吃城,没一家能进得去,什么都没吃,倒是吃饱了一肚子的气。摊主不卖东西给我们,每句话里都是傻瓜长,傻瓜短,说傻子晦气,到他们那里吃东西,会把真正的客人吓跑。赶讨饭的,也不过如此。孩子们虽然听不懂,但似乎有所感应,都围到我们旁边,张浩害怕地看着我,几个孩子也不敢说话,我当时真想哭。我从小到大没被别人这样侮辱过,而班里的孩子受了别人的侮辱,有几个还傻笑着,什么都不懂。唉……"钟月倒是没哭,她脸上的雀斑一粒粒散布于眼圈下,似乎是黑色的泪滴凝结了,使她看上去更显忧郁而憔悴。

几乎所有的老师都在等她一句话——好吧,既然这么困难,我们不带孩子去社区教学了。就让他们在学校过九年世外桃源的生活吧。

"是学校让你们受委屈了……但我们做了这一行,就要有这样的心理准备,受委屈是我们的分内之事。过去我们关起门来办学,只求平安,孩子们走出去后,我们受嘲笑,担风险,但和以前相比,孩子进步大吗?我看到了,你们也看到了,现在孩子们走到外面不怕不慌,学会了很多生存能力,平时也再没有出逃的孩子。只要是对孩子有利的,我就不会改主意。"

多年后,当她参加一个培训游戏时,会想起她此刻说过的话。

那是一个倒下去的姿势,当她准备仰面倒下时,她身边站着的都是她的同伴,姚望、田娟、钟月、李华……

那一刻,她想,即使没有人接住她,她大不了也只是摔一跤。

没想到的是,在她倒下去的一刻,同伴之中,有人拉住了她的衣角,有人抱住她的腿,有人搂住了她的腰。

她没有摔倒。

"你看,刘校长,你倒下去时,还戴着玉镯子。如果摔碎了,怎么办?"

"有你们在,我从来没有想这么多。玉镯子也是身外之物,碎了就碎了。如果做一件事情,畏首畏尾,怕摔跤,什么事也干不成。当初社区教学,孩子们只要发生一件事故,我们就会承受巨大的压力。但我只想着,走出去,对他们一辈子都有好处,能让他们学会生活自理,将来有更好的生活,我就是九头牛也拉不回来。只有把安全工作做得最细,其他的,诸如玉镯子、金项链的,都不那么重要了。"

当老师们在社区教学沙龙上倒苦水时,刘佳芬从来不说自己的旅程也和他们一样,每走一步,要么是碰一鼻子的灰,要么是临头一盆冷水。她想让学生去学校附近的宾馆参观,宾馆不接纳;她求保安让孩子们进入学校旁边的高档小区去观赏花木,保安铁青着脸说,我们这是最高档的小区,你们这些孩子还是不要进去了吧。为自己的事情,她从来不求人,为了孩子,她却四处请求。

刘佳芬对同伴们说的是迷雾之中透露的些微曙光。

第三章　蜜糖宝宝

　　她曾偷偷实行过一个跟踪行为。跟随一个孩子,不让他发现,盯着他在红灯前停下来。当绿灯亮起来,他犹豫地迈开脚步,那一刻,她攥紧了拳头,她想喊他的名字,让他小心,飞闯红灯的自行车正从他身边擦过,但话到嘴边又咽了下去。当他竟像惊涛中的孤舟飘摇靠岸,顺利到达马路对面时,刘佳芬摊开紧攥的手掌,手心掐出一道道指甲痕。谁也不知道她为何在马路边上自顾自地笑起来,她看到的一幕足以安慰最近一两年来受到的委屈。谁能想到如此有秩序感的他竟是个脑瘫孩子呢?读一年级时,还要老师一口一口手把手地教吃饭,而现在新的能力像星辰一样照耀着他的未来,意味着从今后他能在正常人设计的道路上按常人设计的规则自在行走,这多么令人激动。突然降临的喜悦就像听到自己的孩子第一次喊妈妈,看到他蹒跚着迈开了生命的第一步。

　　她不知道让孩子们走到市中心的中山广场上去是不是一种冒险行为,会不会再一次招来冷嘲热讽。但广场的主角应该是所有人——老人和孩子,男人和女人,正常人和残疾人。孩子们的身影出现在一群谈论国事家事的退休老者、几对牵手散步的情侣和正在练习广场舞的人群中间,在刘佳芬看来,老弱妇孺、各色人群咸至,不分贵贱,既可在此歌之咏之、舞之蹈之,又可散步集会、思恋休憩,是孔子也向往的情形,也是一个广场本来应该有的情形。

　　于是,花了几个月做的手工作品此刻跟随老师和孩子们的步伐出现在广场上。孩子们扯了一面旗帜,摆了一个摊,义卖手工作品。手工花的花瓣用贝壳和蟹壳做成,张浩的班主任钟月去一家家饭店讨食客们吃剩下的壳,把里面剩余的肉洗净晒干,用来做原材料。几个外

观奇特的贝壳做成的风铃,有着异域血统,它们来自澳大利亚,是刘佳芬远涉重洋看留学的女儿时带回来的,很奇怪,她的思维万变不离其宗,她总是能在一切接触到的事物中找到与孩子们的交集。花杆子用树枝做成,一位七十多岁的老父亲到山上去捡来,精挑细拣,一捆捆背下山,只为了他的女儿刘佳芬一句话——"孩子们要做手工,城里找不到合适的树枝,精细动作可以刺激智障孩子的大脑神经发育。"多年以后,刘佳芬看到这些已经在省里和全国获奖并被收藏的手工作品的照片,看着这些在山野中茫然死去的树枝在一群智障孩子的手指下复活,就会想起父亲微驼的后背与这些枯萎的植物之间曾经经历过的美妙关系,父亲总是不假思索地为她驮起她渴望的东西。他背来的树枝支撑起一束束特殊的花朵,再也不会凋零,在她多年后一次次凝视时,它们借助孩子们的双手保持住永远盛开的姿势,成了父爱的代言。而那时,父亲已经不在人世。

十八岁那年,她在选择事业时犹豫不决。

"或者去教书,或者去公社,做计划生育工作?"她问。

"做老师。百年树人,是积德行善的好事。我不想看见一个女孩子满街跑着去捉大肚子。"

她后半生的轨迹,就因为父亲的一句话发生了完全的改变。

钟月的手工活特别好,张浩是钟月手工组的新成员。他总喜欢盘着腿,懒散地消磨时光,这是很多唐宝宝的通病。拨一拨,动一动,不叫他,他不动。但他还是愿意听从钟月的安排,被一些图片所吸引,活动起他又粗又短的手指来。训练一个孩子做手工,往往需要六七年。张浩年纪小,钟月让他先从基本功学起。三个月后,他才握住了剪刀,在布上沿着事先画好的弧线试着剪出圆形。看着一块布变成一片花瓣,是一年后的情形。

今天是世界助残日,特殊人群的特殊日子,如果不是钟月和孩子们在广场上挂起了横幅,路人不会知道这一天是什么日子,更不会知道,全世界残疾人为这一天拟订了一个口号——"我们自己的声音",只有在发声时遇到了挫败,才会说——要自己的声音。而广场毗邻市政府,它有足够的胸怀去包容居委会大妈的扇子舞、舞蹈家的应景之舞、歌者的军歌和情歌、诗人的吟风诵月、学生的袅袅童音,它有足够的空旷允许三教九流、风霜雨雪成为它的客人。

广场,也应该同样属于她的孩子们。

张浩正站在广场上,左手举着自己贴的布贴丝绒花,右手手指点着图案,朝围观的人们发布他的独立宣言:"我做!我!"

含糊不清的发音并没有造成理解上的困难,围在摊边的人们都听明白了张浩的话,知道这幅待价而沽的作品出自于这个长相奇特的孩子之手。

包围着张浩和同伴们的社区街坊中,站着刘佳芬熟悉的一位女性。她叫吕雪芬,是孝闻社区的书记。她正和街坊们一起围在孩子们的义卖点前驻足称奇。梅花、玫瑰、向日葵……老师的奇思妙想和学生并不灵巧的双手珠联璧合,让所有人都很难相信这些作品竟出自于智障孩子之手。人们纷纷捐款,甚至那位曾经拒绝孩子们踏入大门的酒店经理也听从了吕雪芬的动员,来买学生的手工作品。刘佳芬看到学校和街坊们之间的坚冰正在融化,搬迁风波已风平浪静。事情的结果果真如她最初所说的——"没有无缘无故的恨,也没有无缘无故的爱。既然我们能那么疼爱孩子们,一开始是因为过度的怜悯,现在是

他们本身的可爱。要相信,他们终究也会被别人所爱。"

吕雪芬递过来500元捐款,塞进了义卖箱,这位女性的母性情怀在学校之外,与她遥相呼应,成为她的支持。当刘佳芬因为连续不断的冲突,向社区管理层求助时,吕雪芬马上开始一家一户去了解情况,消除街坊对孩子们的敌意。学校里出现了她和社区干部的身影,他们的手上拿着玩具和水果,孩子们欢天喜地跑到他们跟前,一个个像约好了似的,大声喊"老师好",伸开双手要拥抱他们,好像他们已经认识多年;端午节,小区组织包粽子活动,她叫了孩子们来,老人们手把手教孩子学习包粽子,老老少少站在一起,有说有笑,像一家人。

在共同的笑声中,街坊已经抛弃最初的看法。

一只受伤的小象,往往不会被象群抛弃,每一只母象,即使没有血缘关系,都会像它真正的母亲一样保护着小象;在狮群的生存法则里,如果捕到的猎物足够整个狮群吃的话,那受伤的狮子不会挨饿。

人类的法则一定高于动物界。

她要回去做关于生涯教育社区化的课题,沿着小路走回学校。走出广场时,她又回转身来,看站在广场中央的孩子们,他们没有遇到以往的嘲讽和排斥,这是第一次。在12月3日这个特殊的日子,他们被正常人群包围着,沐浴在同情的光辉里。这是个好兆头。

"我们生活在残疾人之中,残疾人也生活在我们之中。不要把我们和残疾人想成两种不同的人。一些人认为正常人要先过好日子,残疾人可以先不管,或者认为,普通人都管不了,还怎么管残疾人?我觉得这就是把普通人和残疾人对立起来了。其实我们每个人过了60岁以后,都很难说是否完全健康。疾病和灾害,随时可能造成新的残疾人口。谁能保证自己永远是健康人?所以,当我们把残疾人的权益保障好时，就等于是把自己的权益保障好了。"这是中国特教第一人陈云英女士的话，刘佳芬记下了这些话，每次她到超市去，到广场去，为孩子们能在那里活动争取时，她就把这些话传达给身边的每一个人，让他们也明白，爱护弱者和残疾人，就是爱护自己。

她向学校走去，冬天的风吹得紧，风声与身后孩子们的笑声融合在一起，在她心里刮起了一阵隐秘的风暴。

她行走的小巷像一条细小的枝丫，从它出发，可以连接城市中心的各条道路，每一个走在路上东张西望的人，打着响铃骑车的人，坐在车站发呆的人，都像是街道上抽出的绿叶，还没细看，她就与他们擦肩而过。她处于这些转瞬即逝的绿叶丛中，想找到其中那些残缺的孩子，但在人来人往的道路上，很少能遇见残疾人。这些年，她的身体里住着两个阵营，一边连接着最初的童年，那时，残疾人的身影几乎是不存在的，好像他们的存在只是一个遥远的事实；另一半连接着后来几十年的特殊教育生涯，她与他们朝夕相处，她每一天的生活都是与他们的交集。

此刻，她的两边好像融成了一体，那种割裂感突然消失了——"我得走出一条别人从来没有走过的路。也要让我的孩子们享受以往的智障孩子没有完全享受的生命质量。沙利文虽然用一生塑造了一个盲女的奇迹，但我的目标不是一个，是一群，和未来的无数个。"

在寒冷的街道上，她内心秘密的想法，让自己也有了暖意。

2005年12月3日

手工课与指挥棒

这是特别的一天,在塞内加尔首都达喀尔,一名身患残疾、双手拄着拐杖的学生在体育课上踢足球;美国纽约一个特殊学校的看护人员正把一个无法坐起来的孩子推到教室里,他的全身只有眼珠和手指能动,但他依然躺着和同伴们一起聆听老师上课,当他表示"要"时,他就眨一下眼睛;在另一个地方,中国毗邻东海的城市宁波,一个唐氏综合征孩子的手上正拿着一根指挥棒,站在舞台上,画出一道道优美的弧线,掌控着旋律的跌宕起伏。在他身后,几百位观众爆发出热烈的掌声。

四年前,张浩来学校的第一天,钟月拉着他的手走进班级的大门时,并没有想到这双手会有这么多的可能性。

钟月可以算学校的元老。在她来达敏学校的第十五年,迎来了张浩。这十五年里,她送走了一届又一届的学生,又迎来一批又一批智障孩子的童年。隔壁班的一个女学生毕业了,十年后,她的儿子代替她,以宿命的方式重温她曾经度过的九年时光。她班上两个轻度智障的学生一起拿着喜糖来向她宣布结婚喜讯,这一刻,她虽然忧喜参半,还是从他们孩子般的脸上,看到爱情像江南的雨水一样,无所不在。一个总是能得特奥会冠军的男孩,在二十岁时死于脑瘤,年轻的生命像流星划过天际，但对他的记忆总让钟月有种错觉，终点线上那个熟悉的身影又回来了，正冲在最前面。一个孩子得到了工作，她在工厂里看到了穿着蓝色工装的他，他从流水线的工作中抬起头看见她时，二十多岁的小伙子像个孩子一样跑过来，大声呼唤"钟老师，钟老师"，厂房里都是钟鸣般的声音。

　　铁打的营盘流水的兵，就在四年前，钟月握住了一双新的手，这是与常人完全不同的手。他的手掌特别宽，手指却特别短，小指缺少一个关节，向内弯曲。手掌的横向纹路只有一条，不细看，好像手掌断成了两半。她握着他的通贯手走入他的班级时，并没有想到就是这双手，会让主人的童年发生巨大的转机。

　　有这种通贯手的主人在达敏学校并不鲜见，有人叫他们"唐宝宝"，或者"蜜糖宝宝"，好像他们是甜的。事实上，他们从出生那一刻起，就注定要用一生的时间和苦涩的命运作斗争。在这条崎岖的人生路上，关于他们的关键词几乎都是不祥的。他们的寿命比正常人短，他们的最高智力大都只有四五岁孩子的水平，可能患有先天性心脏病、白血病；青春期以后，很可能遭遇抑郁症，四十岁以后患阿兹海默病的几率高，记忆丧失、智能持续低下、人格变化等症状很有可能是他们在经历生命最后一站时书写在病历上的日志。他将在离开人世之前把他原本就不丰富的记忆一点点丢失，直到忘掉自己。

　　从生到死，他们都得和身体里那条多出来的染色体抗争。

　　很多孩子，会在成年之前就死去。

　　她不知道那最后的日子什么时候会来临。她拥有张浩的时间是张浩在学校的九年。

　　在细胞分裂过程中，基因准确地控制着器官的长成。或许是为了表明那精确之中可能存在的错误率，上天把修补的机会留给了像她一样的正常人。这是钟月的想法。

　　她和他在一起的九年，一样是缤纷多姿的世界。她要让他的手触摸到的世界，并不比正常孩子单调和灰暗。

　　一双手，可以有很多故事。当人类直立行走进入高等动物行列时，解放出双手去制造工具，就打开了人类进化史上最重要的一页；当孩子们伸出双手要求母亲拥抱时，就拥有了他进入社会的第一张通行证。

　　于是，钟月带领张浩的手，让它触摸窗台上的一株含羞草、一条难以驯服的鞋带、一块布做的花朵、一面炽热如火的国旗和一根在舞台上引领音乐、闪耀银光的指挥棒。

　　钟月不仅是他的班主任，也是学校的手工老师。公鸡无须学习就会打鸣，小象出生一小时后就会走路，鱼儿天生就会游泳，但人类从站立到奔跑，从在山野歌唱到进入商务大楼办公，这无数能力的习得几乎都必须靠后天的模仿和练习。张浩手指的运动，无疑会刺激大脑的发育。再优秀的运动员，也没有穷尽肌肉的潜能，最聪明的爱因斯坦，也有百分之九十左右的大脑没有得到开发。虽然张浩的手指那么粗短笨拙，但人类的肌肉丰富细致，有无限的可能性。这恰恰给了钟月一个机会，去挖掘在他的手指与大脑之间蕴藏的巨大财富。

　　二年级时，几个孩子翻看报纸，一张图片上画的是一碗面条。一个孩子，用两个手指作筷子，在图片上假装捞面条吃，吃了一会儿，还邀请同桌也捞一点。她马上表扬了他们，并给他们在墙上加了"笑脸"图案，说："你们竟然会使用想象力了，想象这是一碗热气腾腾的面条，还学会与同学分享,真棒!"她还没说完,就看到张浩一把抢过图片,对着面条,开始伸出舌头舔。

他还分不清想象与真实的区别。就是这样的孩子,钟月要让他学会做一朵逼真的假花。在他第一次学习握剪刀之前,她教他学习怎么夹夹子。

她用自己的手,捏着他的手。打开,合上,但一松手,他就不会夹了。

再捏着他的手指,细化成两步走,先练打开,反复练,再练合上,继续反复练。但一松手,他还是不会。

无数次的重复练习,原本就是打开孩子心智的一个通道,这对于钟月来说,是习以为常的事情。几天后,张浩对自己无法获得的能力失去了耐心,对无法征服的夹子充满了敌意。他气呼呼地把它扔在地上,回到座位上,盘起了双腿,拿了积木玩 —— 唐宝宝骨骼柔软,很喜欢盘腿而坐。

"你把夹子捡起来!"

他的耳朵似乎把她的声音屏蔽了。

"如果不捡起来,你贴在墙上的笑脸没有了,午餐时要发的苹果也没有了。"

他看了她一眼,继续面对他的积木。

"如果你捡起来,说明知错能改,老师不扣你的笑脸。就算你欠我一个,下次还。"

他放下他的双腿,慢慢走过来,突然又中途折返,他的眼睛里突然噙满了泪水,几乎是气愤的语气:"不会!"

他泄气甚至哭泣时,一定是她错了。

十五年的特殊教育生涯给了钟月足够的经验,但在专业方面,要

用时总找不到头绪。她不是特教专业科班出身,是半路出家,只能买来特教书籍,一边学,一边教。

她甚至跑到姚望办公室,说:"六十岁学跌打。我们这些老东西,不学习不行。"

"钟老师的耐心和经验才是我们要学的呢,您竟然为了给他们准备学手工的材料,能吃上几个月的黄蚬。"

"人家都觉得我们特殊教育这一行是最没含金量的教育。其实,越是特殊的教育,越需要专业的知识。你看我十多年的经验都派不上用场了。"

"是支持策略没有细化的问题,一下子从手把手教直接过渡到让他独立夹夹子,重度孩子是很难接受的。"姚望说。

"那我用什么方法支持他?"

"一开始手把手捏住夹子,学会开合,这是全面支持。然后老师只用拇指和食指捏住他的食指和拇指,学习开合夹子。这时,老师和学生距离稍微拉开一点,做好放手的准备。这样学生会有一点自主意识,就感觉要靠自己用力了。最后,老师再退开一点,手势和语言指点——你自己开合夹子。他能做到了,马上表扬和奖励,学生的学习劲头就上来了。"

只要示范一遍,就能让幼儿园小班孩子学会的一个细节,要让智障孩子掌握,却要把这个细节种成一棵大树,每一个树梢都要严格分析,是不是能百川归海,达到最终目的。

在一条路上行走时,成人总是行色匆匆,对孩子说:"快点,快点!"他们关注的,只是尽快到达目的地,而跟随他的孩子,会被一条小溪、一片打着卷飞下来的落叶、一根被丢弃了的树枝所吸引。对成人来说,那些无用的东西,却成了孩子眼中的珍珠。几天前的她,多像一个领导者或者裁判者,一心只想着一蹴而就。

所有的孩子都喜欢游戏,在游戏中,孩子们卸下了压力,摆脱束缚做回了自己,隐藏的潜能就会显现。她想,就让这个学习行为,变成一个游戏,或许能事半功倍。

当他顺利打开夹子时,她就把纸送到夹子上,说:"哎呀,真厉害,夹住啦!"

"哈,没夹住,让我逃走了!"听了她的话,他扁平的脸上,上挑的那对小眼睛又眯成了两条线。

接着,她扶着他的左手控制纸张,在右手开合的瞬间,挪动他的左手,把纸送入夹子张开的嘴上,"咔"的一声。

"咦,夹住啦,好棒呀!"

"哎,没夹住,逃走了!下次一定抓住你!"

玩得乐此不疲。她正把自己放低,和他一样低,用他的视角看这次学习。此刻,她与他融为一体了。

然后,她援助的手从游戏中撤退了,剩下语言支持着他。

"你自己玩夹夹子的游戏。老师看着,给你加油。"

三天时间,他沉醉于这个游戏,直到能百发百中,每一次,都夹住纸。当经验使成人的感官变得麻木时,谁也不知道一个看似乏味的游戏,竟能给张浩带来这样持久的乐趣。

钟月记得儿子四周岁时,没人教他,他自己就无师自通,用木夹子夹了卡通小狗的衣服,拿到阳台上去晒。谁能想到这样简单的行为,其实也是经过大脑神经无数次学习和反射的成果呢?当大脑因为先天的发育不良,而无法顺利地模仿学习时,就需要找到方式,激发那隐

藏的力量。

学会夹夹子,需要环环相扣,精心设计。对智障孩子来说,学会在这个需要无数技能的世界生活,将面临多么大的难题。

接下去,是教会他握剪刀。会用夹子用力,只是握住剪刀的一个铺垫。

先剪直线,然后转弯,半圆,圆形,三角形。而她必须在纸上打底,画上从直线到三角形的所有轮廓。

一年后,他剪出了第一片花瓣。他甚至比普通的智障孩子还要慢一点。即使是在手工组中,他也是特殊的一个孩子,但钟月并不想放弃在他手上的实践。

手指的运动会直接刺激大脑的发展,钟月正努力寻找着解决他手上出现的问题的答案。

对她来说,迷上手工,或许是因为刘佳芬看到她和孩子们完成第一幅作品后脸上的惊讶表情。

校长说:"连我都做不了!你和孩子用几根毛线、几块布竟然能做得这么好?孩子的父母们知道了,肯定高兴坏了。"

或许正是这句话,让她变成了"破烂王"。

每天晚上,她都会去散步,散步的主要内容是到一家家饭店讨食客们吃剩的贝壳。一个人去,怕难为情,就领着七岁的儿子,给自己壮胆。

"孩子要做手工,需要贝壳,家里吃不了这么多。谢谢你们。"

时间久了,就熟门熟路起来,店里的服务员早早把贝壳留好了,等着她和孩子一起出现在门口。

"你家孩子要做那么多手工?"

"其实不是我的孩子,是我学校的学生。"

"啊?原来您是老师!您真有心!"

"我是达敏学校的老师。"

"那样的孩子也能做手工?"

"当然能。下次送你一幅他们的作品,惊掉你的下巴。"

"给那样的学生当老师,不容易。您放心,只要有好看的贝壳,我都给您留着。"

婆婆拿来了河蚌,表姐托熟人带来一大包从海边捡来的贝壳,小妹买了海螺送给她,刘校长去澳大利亚看女儿,也没有忘记随带贝壳回国。

钟月吃了一个夏天的黄蚬,只为了得到它们的壳。她要把它们打碎了,让孩子们做一条中华龙的龙身,去参加全省特殊学校美术大赛。龙鳞要保持层次感,需要颜色渐进变化,她就去菜场一个个挑。

卖海鲜的,总是打趣她:"难得见人买黄蚬专挑壳好看的,而且,天天来,天天挑壳。"

葱油黄蚬、韭菜炒蚬肉、黄蚬丝瓜汤……即便是这样推陈出新,变着花样换口味,儿子在吃了几个月后还是说:"妈妈,我不要吃了,真的吃不下了。"

她继续买,一粒粒贝壳,经历海咸河淡的往事,从四面八方来到她的手上,获得了新的使命。

她把肉挖掉,洗干净,用热水泡过,晒干,上清漆,一步步做好原材料的准备工作。

张浩就是在这样的原料上,用并不灵巧的双手,开始了创作。那是一幅名为"龙腾中华"的作品,老师勾勒了两条龙,一条在海面仰视,

一条在天上俯瞰，张浩的任务是和另一个孩子一起把打碎的黄蚬壳一片片贴上去。精细的动作考验着他的耐心。两粒纽扣做龙眼，两条铜丝做龙须，蛟龙上天入地的形象就在孩子们手下呼之欲出。他只完成了龙尾，他一片片贴在已经勾勒好的轮廓上，一片片黄蚬壳，变成了层层叠叠的龙尾。

钟月看到作品成形的那一天无法掩饰自己的激动，这激动在刘佳芬那里，获得了成倍的增长。她说：

"谁会相信孩子们的手，在你的调教下，也能做出这么美的作品啊！"

如果普通孩子的大脑可以比作一个鱼米之乡，稻米流脂，塘鱼肥美，种什么，收成什么，那么，张浩的身体就是穷乡僻壤，寸草难生的地方，太需要找到一把开山斧避水剑，来抵挡洪水猛兽般向他们迎面奔来的困难。钟月想，如果说她也有一把无形的斧子，那就是耐心。一双小手，注定是缓慢而迟钝的，但那深藏的潜力一定存在，而且，让它们投入到做手工、托举红旗的事业中，可以忘记他难以忘记的事情。

最初的两年，夏天午后，她总是蹲在张浩身边，在他的一双手上包两条纱布。

他的两只小手在包扎后似乎消失了。

她想起儿子三个多月时，她也是这样，用纱布把他的手包起来。小小的脸上都是奶癣，尖尖的指甲一抓，就是一个血印子。

她拍着枕头对张浩说："天气太热，戴手套会热，就用纱布给你做个手套，透气，又能把手指都藏起来。"

他举起手，嘟着嘴说："不要绑。"

"好好睡,不能再吃了。再吃,身体里的营养会全跑光,你就会长不大。"

张浩看着她,并没有抵抗,而是顺从地躺了下去,准备睡午觉。在九个睡觉的孩子中,他那么小,好像是童年把他留住了,不肯放他走。

趁着别人不注意时,他就从枕头里抠棉花吃。她发现时,跑过去要夺走他手上的棉花。

他却抢先一步,吞了下去。一边吃,一边说:

"真甜。"

母亲李也悠带他做了检测后的结果是缺少各种微量元素。他总能在涤纶、木头桌椅和塑料整理箱之间闻到棉花的香气,并且准确无误地找到它们的所在。

为了让他睡得安稳,她想尽了一切办法,劝说、批评、和父母沟通。但那枕头的针脚总是无法避免被拆开的命运。

棉花对他的吸引力,几乎是与生俱来的。

"当一个教育者要着手进入孩子的心灵和思想,他必须化成他们本身,承受他们身上所承受的苦痛、压力和绝望。他必须和他们融为一体。"这是刘校长常说的话。那么就需要钟月想象,这朵棉花是一块德芙巧克力,每天放在口袋里晃荡。或者是一个冰淇淋,一支棉花糖,就在枕边散发着香气,萦绕他的鼻际。

她能采取的办法除了劝说,就是每天中午午睡时,用软布绑住他的手。而在他醒着的时光,只有当他的手有事可做时,他才会忘记那四季飘香的棉花。钟月寻找他喜欢的活动,让他产生自我控制,忘记这个特殊食物对他产生的万有引力。

当她试图用手工的热情感染他时,很显然,张浩缓慢的手指只是

一种参与，并没有多少主动的热情。但让她感到安慰的是，当手工组的孩子为自己做出的作品欢呼雀跃时，张浩脸上的喜悦也显而易见。只是钟月并不满足于此，她想，或许还有更好的途径，让张浩可以真正地投入其中。

喜欢律动是很多唐宝宝的共性，每次听曲子，张浩虽然不懂乐谱，也不会乐器，却能很好地掌握节奏。

"看着他听音乐时摇头晃脑打拍子的样子，我总想起那个叫舟舟的智障指挥家。"刘佳芬经过张浩班级的教室门口时说，"我经过你们教室，常看见他在角落里模仿着指挥，有模有样，还真像那么回事。"

"刘校长，我发现，你的记忆力特别好，每个孩子有什么动静，都逃不过你的法眼。好像你心中为孩子们建了一所档案馆。"

"我看他升旗时对节奏的掌握都特别好。要不叫陈怡训练下，说不定我们也能培养出自己的指挥家呢。"

舟舟的道路对张浩来说，是难以复制的。一个唐氏综合征孩子不识乐谱，没有深厚的音乐修养，却先后指挥过八百多场音乐会，足迹遍及亚洲、美洲、欧洲、大洋洲的二十多个国家和地区，成为家喻户晓的明星。

舟舟的舞台人生闪烁的人性光辉远远超过了音乐本身的意义。一个无意中发现他的纪录片导演张以庆，改变了他的人生。每次站在父亲乐队的一角无师自通、独自指挥的舟舟，打动了导演的镜头，也通过他的镜头，打动了无数人。

钟月看着张浩小小的身子正半张着嘴，吐露着半块小舌头，沉醉于音乐的节拍里。或许他也正需要一个这样的导演，发现自己。她和校长能不能成为发现者？

第三章　蜜糖宝宝

钟月不知道自己在电视上看到的一幕能不能成为张浩的翻版,当舟舟在中国残联的春节晚会舞台上把一段段旋律翻译成无数神奇的弧线时,打动了残联主席邓朴方,他上台拥抱这个只有五岁智力的二十二岁小伙子,忍不住感慨:"一切生命都是伟大的!"钟月听到刘校长最近总是重复这样一句话——"阳光下,一切生命都是平等的!"第一次见到他们时,钟月觉得他们是特别的,所以老是给予他们特别的关注与爱护。天长日久,她和刘佳芬的观点竟然不谋而合——渐渐地,在她们眼里,孩子们的形象和健康孩子融为一体,并没有什么特别之处。他们和正常孩子一样渴望爱与被爱,渴望自由与被认同,如果不把孩子们看成是智力残疾,而是看成能力和智慧的差别;如果不把自闭症人看成是精神残疾,而是把自闭看成所有人身上可能存在的一种人格特质,以及这种特质在一个人身上的过度放大,那么,孩子们自然能在所有人的眼中找到平等的注视。

张浩即使能学会指挥,也无法再复制舟舟的奇迹,用一根指挥棒震撼全世界,但或许能让他享受舞台的快乐。钟月交给他一支铅笔,让他模仿电视上指挥家的动作,音乐老师陈怡来指导,告诉他哪里是重拍,利用他天生对节奏的敏感,从二四拍、三拍子开始练起来,起拍,收拍,反反复复地练习。

那是和爱菊艺校的孩子们一起进行第一次排演的情形。台下坐着的观众,除了老师,就是爱菊艺校的学生家长。

张浩和他的同伴们排练完了,来到台下,一个个冲他们喊:

"阿姨好,叔叔好。"

"好孩子,演得真好!"

张浩拉过身边总是在教他的那个女孩,结结巴巴地对她说:

"朋——朋友!"

女孩的母亲回过头来,对音乐老师陈怡说:"我总担心,你们这些孩子不正常,会打我们的孩子,所以不太放心,过来看看。没想到他们合作得那么好,你们学生竟这么有礼貌,和我想象中的智障孩子完全不一样。"

"其实,我们学校的孩子家长也有这样的担心,怕别人嘲笑,怕被别的孩子欺负。事实证明,大家的担心都是多余的。"钟月看着张浩,"你看,我们那个拿着指挥棒的孩子,谁能想到他的智商只有 25 呢!"

"当我看到女儿在帮助他时,我心里为我的小不点儿骄傲,她平时像个公主似的,我们全家都得围着她转,没想到,一遇到你们的孩子,倒像个很有爱心的小老师。"

"这其实是进行融合教育的良机,我们这些孩子是培养正常孩子爱心的资源。而与正常孩子一起表演,让我们的孩子获得了人格上的平等,这是树立信心的良机。用时髦的商业用语来说,那就是双赢。"这是刘校长的声音,她的想法总是让钟月感到惊讶。一个表演,在钟月看来,是为了锻炼孩子们的能力,她却想得更远,在心里画好了设计图。当老师们开始在起跑线上迈开最初的步伐时,她已经在终点告诉道路上奔跑的他们,如何更好地规划路线。钟月觉得那跑道是圆形的,无数条半径,都只通向一个圆心。那个圆心,就是孩子们。

"听说你们达敏学校成立了教育协作理事会,需要社会支持。我开了家旅社,如果你们要找学习场地,尽管和我联系。"女孩的母亲说。

一桩桩往事在钟月的心中连缀成张浩的成长之路,钟月的视线被此刻的舞台占据,2005 年的这个助残日,钟月和同事陈怡看着舞台上经历过无数彩排的张浩,正迎接他人生中的第一场演出。那一根指挥棒闪着银光,变成了对他人生的祝福。他已经忘记棉花很久很久。他似乎知道了,作为一个指挥家,吃棉花这个行为有损于他备受瞩目的形象。

经久不息的掌声向舞台涌去,钟月看到坐在观众席上的李也悠,满脸都是泪水。

2005年12月3日

小小指挥家

他穿着燕尾服,细长的指挥棒连接着粗短的手指,李也悠从没想过会有这样一天,他站在舞台上,而她自己作为嘉宾,坐在第二排,观看他的表演。黑色的背影随着旋律有节奏地颤动,她从来没有觉得他的背影如此美好,一招一式,像一只骄傲的燕子,用悦耳的节奏在雨后的傍晚一声声鸣叫。

李也悠的心提到了嗓子眼,晚礼服是向群艺馆借来的,张浩人瘦,裤子就有点大,他过会儿就要用左手提一下,以免裤子掉下来。表演整首《感恩的心》用了七分钟,从启幕到闭幕,李也悠的眼睛始终没有离开过舞台,盯着他粗短的右手引领着整个表演团队的节拍,又害怕晚礼服让他分心,破坏他掌控的节奏。她默默地在心里喊了一声:宝贝儿。她在心里那么喊的时候,眼圈马上让她喊红了。

在他身边，葫芦丝的声音如泣如诉，吹奏的那个高个儿孩子叫王海，在音孔上按压的手指好像有了灵气，引领着音符们奔涌而出，这十个演奏高山流水的手指，与沉醉时痉挛般舞动的双手，竟出自于同一个主人。两年时间，那个一激动就要尖叫自残的孩子，学会了吹葫芦丝。这支发源于云南傣族的乐器，到了江南一个自闭症孩子的嘴边，用圆润质朴的声音成为他的陪伴，接受他的抚弄，他陷入孤独之时，它也沉静不语；他倾诉时，它替他发声，音色变得轻柔细腻，绵长悠远。在声声丝竹之中，往事一桩桩，正被娓娓道来。

"我来自偶然，像一颗尘土，有谁看出我的脆弱。我来自何方，我情归何处，谁在下一刻呼唤我。天地虽宽，这条路却难走。我看遍这人间坎坷辛苦，我还有多少爱，我还有多少泪。要苍天知道，我不认输……"二十个孩子站在一个舞台上，十个孩子是达敏学校的，他们在唱歌，十个来自于爱菊艺校，他们在为达敏的孩子伴舞。

这是智障孩子和有特殊艺术才能的孩子共同合作的一场演出，主角竟是张浩、王海和他的同学们。为他们配舞的，都是爱菊艺校极具艺术天赋的孩子们。

李也悠每次听到这首歌，都想哭。作为一个输在起跑线的家庭，说不认输，说扼住命运的咽喉，实在是被逼上梁山的行为。他确实是个偶然的礼物，上天不选别人，偏偏选了她，将独一无二的他赐给她。

张浩四个月大的时候，做护士的李也悠发现张浩不会抬头，从来不会笑。每次吃饱了就睡，睡醒了就吃，不哭不闹，无声无息。当她怀着日积月累的不祥预感把他带到儿科去检查后，明白了原来这个偶然的礼物一打开，里面装着一个将伴随她终生的悲剧。

"你中五百万大奖了，他得的是21-三体综合征。"医生很快开出了诊断结果。

"什么叫 21-三体综合征?"她学过护理,见过很多病人得过各种各样的病,但她听不懂这个专业术语对于孩子意味着什么,急迫的心情已经没有心思去计较医生语气里的嘲讽。

"就是先天愚型,一种严重的出生缺陷病,主要表现为智能障碍、体格发育落后和特殊面容,就是平常说的傻子吧。他可能会在未成年时便夭折。"

医生的话,像一阵冰雹砸下来。伴随彻骨的寒意一起来临的,是她的一阵耳鸣。因为抱着孩子,她才没有腿一软,在医生面前倒下去。

"我看遍这人间坎坷辛苦,我还有多少爱,我还有多少泪。要苍天知道,我不认输……"李也悠伸长了脖子,盯着张浩在台上的每一个举动,他第一次穿上的礼服变为他的干扰时,他手中的指挥棒依然没有一丝一毫的偏差。他显然有点着急,但还是镇静地应对突然出现的岔子。他此刻的表现,多像一个正常孩子!

就这样,她注视着他全身心投入表演,他在台上演出七分钟,她在位置上纹丝不动地僵了七分钟。

十多年前,在确诊的那一天,她抱着襁褓中的他,僵立在医生面前,像被冻住了一般。

"这种病有药救吗?"

"这不是身体残疾和器官病变,智力上的先天残疾,你自己也算半个医生,应该知道,药物没有多大的改善作用。"

从医院回到家里的道路,已经是去时路,不同于来时路。医生的话像命运的判决书,判了他们家一个无期徒刑,她和丈夫周一鸣接下

去要等待的是不得不执行它。他们关在房间里，不开灯，不说话，不吃不喝，她听到房间里除了黑暗就是哭声，哭累了，停下来，掉入半睡半醒之间，醒来，继续哭。

几个月后，在经历过无数次哭泣之后，他们决定拒绝上天给的这份"礼物"，商量着把他扔掉。他不该来到她的家庭，她和周一鸣从北方小城来宁波闯荡，好不容易把工作安定下来，一个做医生，一个做护士，又攒钱按揭买了房，就等一个孩子降生，把家给画圆满了，没想到，他的到来却让这个家的梦想从此豁了口。他俩都学医，但受精卵的发育和成长显然不会因为他们学的专业而被安排得万无一失。据说那个使她受孕的夜晚，在张浩的第21对染色体上多出了一条染色体，以致今后他将成为与他的父母截然不同的人类。这在很长时间里让她对和丈夫再怀一个孩子的想法彻底失去了希望。

舞台上，张浩在指挥，自闭症孩子在演奏，脑瘫的、癫痫的和后天脑损伤的孩子在唱歌，眉清目秀的少年舞者用小鹿般敏捷矫健的身体在跳舞。这是校长的主意，她说要让正常孩子和残疾孩子在一个舞台上演出。她设计的这个舞台让李也悠想到原始森林的布局，只要有土地，低矮的灌木和挺拔的乔木，都可以找到属于自己的根基。此时的舞台，她的儿子在为一群学有特长的孩子做指挥，光是这一幕，她这一生就会不断地回忆，再也不会忘记。

李也悠为这一天等待了多久？普通孩子四个月时就长牙了，而张浩一周岁时都没有出牙。她每天都掰开他的嘴巴看，在他十三个月大时，她终于看到了那颗刚露出尖角的乳牙。他在十二个月时才能坐稳，别的孩子那时候已经蹒跚学步。他十七个月大才迈出了第一步，人家

舞台上，张浩在指挥，自闭症孩子在演奏，脑瘫的、癫痫的和后天脑损伤的孩子在唱歌，眉清目秀的少年舞者用小鹿般敏捷矫健的身体在跳舞。这是校长的主意，她说要让正常孩子和残疾孩子在一个舞台上演出。

第三章　蜜糖宝宝

已经会跑了。他三周岁才第一次喊出了妈妈，别的孩子很多都已经开始练钢琴、认字、学国际象棋。他的任何一次成长都要远远晚于同龄人，而她除了等待别无他法。到了上幼儿园的年龄，这所幼儿园说他的心脏有杂音，我们不能收，那所幼儿园说我们人满了，收不了，更有甚者，直接说不收智障孩子。他的脸摆在那里，脸形奇特、目光呆滞，看一眼，就能明白那不是个健康孩子。入学无门，不得已，她带他去了北方老家上幼儿园，托家中的老人照看他。

半年后的一天，他脸上的瘀青是沉默的，不能说出它们的来历。他大声哭着，用手比画来比画去，奶奶以为是幼儿园的小朋友欺负他，他那样的孩子在外难免受同学欺负。邻居家的孩子来汇报："领导来幼儿园检查，老师让他躲进小床里不要出来。他不听，偏偏跑了出来。"

"那他脸上怎么回事呢？"

"他不听老师的话，老师拧的呗。"

婆婆怕他俩担心，自己偷偷抹眼泪，却在电话里报平安，每次打电话，她都说："你放心，他长胖了，在乡下野，比关在城里好。"

李也悠知道这件事情，是在几个月后，她回家探亲。

"孩子可怜，吃了亏，只会哭。回来时，嗓子也哭哑了。问他，却什么也不会说。老师这么做，肯定也是吃定他根本没法告诉大人。我们孩子虽然傻，但哪个娘不疼儿？"婆婆说。

李也悠踏上了回宁波的火车，铁轨两旁，失去了所有叶子的树木和老房子倒退而去，似一个长长的告别，在他们身边，多了一个人。她不愿意再把孩子交给一个要把他藏起来并且时时会体罚他的老师。一个灵魂里充满了命令的女性，除了叫人服从，不会有更高的道德。

而她的命令本身又是错误的。想到张浩那么小,却早已历经世态炎凉,当她想大喊一声"为什么"时,列车撞击铁轨的声音把她唇边刚刚发出的第一个音节吞没了。

她和王海的母亲张小青坐在一起,张小青始终戴着口罩,她对李也悠说,天冷感冒了,怕传染人。

从进剧院大门到孩子们的表演开始,张小青始终没有摘下口罩。

现在既没有"非典"散布的死亡阴影,也不会有北方的沙尘暴时时来袭,李也悠天天在医院给高烧病人挂针,除了护士医生,难得见到一个戴口罩的。

李也悠猜测,或许,张小青是怕露脸,怕被熟人认出来。

李也悠也曾躲避过路人的目光。王海俊秀的外表,让人难以相信那是个智障孩子,而张浩那张特殊的脸,让人一眼就可以识别。据说他是被上帝咬了一口扔给她的一只苹果,她不想吃也得吃,用那些指指点点的人的话来说就是——"那孩子一看,就是一张傻子脸"。从确诊那天起,她不明白为什么会发生不幸,却确信不幸将会在以后的日子里不断发生。

但她不喜欢扮演一个躲藏的角色,她常说"霉运也是一种运",她并不欠这个世界什么,生下这样的孩子的几率,就像买彩票一觉醒来变成百万富翁,走在路上一不小心被车撞折了腰。她摸到了一副臭牌,只是没办法重新洗牌。

后来,她总是把头抬得高高的,她去哪里,就把孩子带到哪里。

这也是刘校长给她的启示,她说要给孩子们创造尽可能多的机会,去接触社会,把生涯教育社区化。

无药可救,只能用教育的方式去改变。

每次外出,总有人盯着张浩看,遇见了,迎面多看几眼还嫌不够,再折回来盯着看,看完身后,再看前面,那一双双眼睛好似要探个究竟的 X 光。她就把张浩推到那人眼前,对他说:"没看够是吧,我把孩子放您跟前,让您一次看个够!"

那看热闹的,多半会被她这架势吓跑。

李也悠从回忆中折返,就听到掌声雷鸣,像大风入林,撼动着林中的每一棵树。张浩转过身来,向观众谢幕,陈怡正站在台下右角的一处阴影里,给张浩以动作提示。刘校长和班主任钟月坐在第一排的左边位置上,当她们朝他和王海跷起大拇指时,张浩的脸上又露出了那熟悉的笑容。李也悠坐在观众席的正中央,这是为特邀嘉宾留的位置。她突然明白了张浩身上的奇妙之事为何会发生,三个角落的女性组成了三个点,像最稳定的三角形,让这只趔趄着飞不起来的小鸟,有了滑翔的支点。都说他多出来一片隐形的翅膀,所以失去了重心,无法自由飞翔,但现在是谁把另一片翅膀安在了他的身上,让他重获平衡?她看到晚礼服下,那一片片初生的羽毛正在长成。

台上的张浩一直在笑,他爱笑,他的笑容很少能讨别人的欢喜,但李也悠喜欢。自从他六个月时露出第一丝笑容,他的笑就成为她最想从他脸上阅读到的信号。在很多人眼里,他的脸上呈现的任何表情都显得可怖,哪怕是在李也悠看来那样令人心疼的笑容。但这个下午,当他像一个真正的绅士那样,依次向中间和左右两侧的观众鞠躬时,掌声随着他弯腰的动作一次次响起来。他的左手有意识地提了一下裤子,但人群中没有一声嘲笑。李也悠从来没有想到过他的人生还能

迎来掌声。

她突然听到身边传来了擤鼻涕的声音,张小青把口罩拿了下来,拿出纸巾,抹自己的眼睛。

她没有把口罩再次戴上,而是把它放回了包里,直到曲终人散。

张浩今天能站在台上,接受那么多掌声的赞叹,证明着她四年前那个决定的正确性,正是李也悠在山重水复所求无路时的这个决定,让张浩的人生轨迹有了彻底的改变。

那天,门卫张师傅站在门口,把孩子从电瓶车、自行车上抱下来,有家长开车送孩子来上学,他也一个箭步走过去,把车门打开,把孩子抱下来。

她说:"师傅,你对孩子真好啊。"

他说:"我担心孩子在对面来车时开门,那多危险。"

校门口,站着的还有刘校长。那时候,她还不认识李也悠,小年龄的孩子走过去,她都会给他们一个拥抱。

校长抱着这些奇形怪状的孩子,浅浅的笑容完全不是礼仪性的,那么自然而深情,并渗进了眼角的每一条细纹里。

张浩走进达敏学校的第一天,刘校长也像她拥抱其他孩子一样拥抱了张浩。这是李也悠第一次看到一个非亲非故的人拥抱她的孩子。她那被神抛弃的孩子。她抱完他后,双手捧着他的脸,像捧着一弯明月,她问他叫什么名字。

张浩没有回答她。入学的第一年,他没法说出自己的名字。

剧院的灯亮起来,王海走到张小青身边,胸前捧着葫芦丝,手指还按在最后一个音节上,他低着头。张小青伸开了双臂,说:"小海,真棒！妈妈可不可以抱抱你？"

王海看了她一眼，又低下头，轻轻地说："可以。"

他们拉着手走出剧院大门的那一刻，张小青也没有记起把自己的口罩戴上。

或许，她改主意了。

张浩还没走到李也悠跟前，就远远地喊了她一声"老妈"，大声地说："我要当——当指挥家，长——大了——挣钱——给你用。"

"衣服太大了？影响到你了？急死妈妈了！"

"只——只有一——一——根——指挥棒，我有——有两只手。没事！"

人去楼空的剧院都是她和孩子的笑声，她笑啊笑，一直笑出了眼泪。

她在泪水中看到了过去的自己，当她用不幸的有色眼镜审视周遭时，她看见每一个在路上盯着张浩看的人，都恨不得冲上前去，吵一架。但这个下午，那困扰了她多年的愤怒突然消失了，在回来的路上，一个长相奇怪的孩子竟然还穿着晚礼服，足以又一次引起别人好奇的目光，她对张浩说：

"你看，人家在看你，都觉得你穿着晚礼服的样子特别帅！"

张浩仰起头，说："帅！"

她很久没有给任何人写信，但这种不相见却能倾诉衷肠的古老方式却让她克服了表达情感的障碍。她要告诉刘佳芬，她给她的生活带来了多么大的转机。

刘校长：

看到他站在舞台上，我哭了，但从没有这么幸福地哭过。

让张浩来达敏学校，成为我们家庭自他出生来做得最对的一个选择，我们家的生活从此不再一片灰暗。

入学前，他只会说数字8。我常问他，"这有几样东西？""8。""那有几个数？""8。"反正他的数字概念就是8，所有物品的价格也一律是8元。入学后，有一天，在家和我做小超市游戏，他以"20元"的价格把球卖给我，他第一次有了数字变化。二年级时，他可以做10以内的加法了。以前我担心这样的孩子不会写字，现在他已认识了一百多个汉字，可以阅读简单的绘本图书了。更叫我开心的是，他的汉字写得很工整，我常常表扬他你的字比妈妈写得漂亮。孩子潜能的开发，缘自老师辛勤的付出，也缘自他们的专业水平。

三年级时，孩子回到家，叫我们一声"老爸！老妈！"当时我看孩子的眼神，怯怯的。我读懂了他的意思，因为他还拿捏不准这个词是不是可以替代"爸爸，妈妈"。我紧紧地搂着孩子，说："儿子，再叫一遍！"他大声地叫了我一声"老妈"，我激动啊！他三岁的时候才会叫"爸，妈"，那时我们夫妇俩都高兴得几个晚上没睡着，现在他换成这么俏皮、新潮的叫法了，我又怎能不激动呢？我欣喜得无以名状。那一年，他又把布贴花带回了家。他的手学会了用剪刀剪花瓣，还学会了把花瓣粘在布上。他的作品，挂在我家的客厅里，每个客人来，我都要说一遍那是他的作品。没有钟月老师的悉心指导，一步步反反复复教，他的手指怎么肯动？虽然，他做的手工没有别人的好，但他在学校的时光是他最快乐的时候。一到双休日，他就说，我不要在家休息，要去达敏上学。

第三章 蜜糖宝宝

四年级,又有一个惊喜的发现,他会问"为什么"了。那天,接他回家的路上,我给他说沿途的风景,路过什么小区,什么桥啊,当他看到天水家园时,他指着房子说"好看","那我们买这里的房子好不好?"他说"好",我说"这里房子很贵的,我们没有这么多钱",他说"我有公交卡",我回答他说"公交卡里的钱不能买房子的",他突然问:"为什么?"他居然问出了为什么,他有了自己的疑惑,有了自己的思想。他问得也有道理啊,平常我们也是在刷卡买东西的,他的卡怎么就不能刷呢?这个"为什么"简直就是天籁。

我怕孩子出去时走丢,反复教他记爸爸的电话号码,但几年下来他只记得一个亲情号。学校的教育方式提醒了我,你们要求我们绘出家庭周围的主要建筑、公交车站等简图,让他记家庭地址,记公交路线。就这样,每次看到806路车他都会兴奋地说"806,二院下车,走过去,达敏学校"。那时,这是他说得最长最连贯的一句话,和学校有关。足以证明学校在他心目中的位置。

宁波电视台拍摄关于学校的纪录片,记者特地来我们家采访我。记者不知道我家的地址,也坚持不和我们联系,而是对我孩子说"你给叔叔指路,找到家后奖励你"。这是现场考核。他们不是从学校而是从中山广场出发,开始的路程,他是很陌生的,但他脑子很清晰,一转弯,他就记起来回家的路,一直给记者导航,"转弯,前进",绿灯跳出就指挥——"出发"。结果是顺利到了家,不仅没有走一点弯路,还绕过一个红绿灯。后来,达敏的家长都在传:"有位孩子路认得很好。"我听了,很骄傲啊。我们曾经多么担心他找不到回家的路。这是学校生涯教育的成功。

刘校长,您对每个孩子都了如指掌,总是能比我们家长更早发

现他的优点,所以几年前让他当了护旗手,您知道他喜欢音乐,现在又让他去试着当指挥。我做梦也没有想到他有一天能站在舞台上。当他站在舞台上时,我忍不住发问,那是我的孩子吗?那个天生愚型的孩子?

  看着孩子的点滴进步,我们是那么开心。那么多感动,我说都说不过来!从他断奶开始,除了米饭,他什么菜都不吃。以前在幼儿园,挨饿是常事。入学没多久,我了解到学校中午是吃面条。回家后,我问孩子是不是又没吃饭,孩子告诉我"蛋炒饭","谁给你的啊?""钟老师。"多好的老师,当时我就感动得掉了眼泪。以后的日子,钟老师因为我孩子挑食,有多少回自己掏钱给孩子买过面包,又有多少回特意去食堂另做一份蛋炒饭,还会常常备点零食塞给孩子。其实一个面包、一碗蛋炒饭,很普通的食物,但体现了老师多么细腻深沉的爱,这怎不叫我感激涕零呢!多少年了,我们叫他吃肉,他死活不肯吃。钟老师用了一个新方法,别人吃饭没有五角星,他如果吃鸡腿就能加三颗五角星,一个细节竟让他第一次开始吃鸡腿,现在他说:老师说我长大了,要吃肉肉、鸡腿,还有菜菜。他以前还有异食癖,趁人不注意时,他就从棉衣里抠出棉花,偷偷吃掉。老师千方百计,帮他改掉这个坏习惯,不知从什么时候起,他已经不再吃棉花了。

  社区是课堂,生活是教材,公民是教师,这是您的教学理念。你们每周二上午都带孩子到社会上去教学。比如上和义大道玩具城、上超市、上银行、上医院等,孩子们已经得到过历练,不用担心我们这样的"傻"孩子会乱拿东西,不付钱就开吃,他们可以做到把不要或不能要的东西放回原位,这和正常的孩子无异。今年的儿童节,

第三章 蜜糖宝宝

您送给孩子们一个最大的礼物,就是成立了教育协作理事会。为了让他们更好地获得社区的资源,您找到学校所在地鼓楼街道孝闻社区党总支书记吕雪芬一起商量,你们动用了一切私人关系,成立了教育协作理事会,很多单位和好心人成了其中的一员,孩子们在社会上找到了支持他们的课堂。您总能和我们想到一块儿,他们终将要在社会上生活,让他们能适应社会生活,是我们最大的愿望啊。

刘校长,您就是我们的恩人。不是您领头羊做得好,哪会有这个充满爱心的专业团队?哪会有我们的今天?

我想,等我老了,我也不会忘记今天他在台上燕子一样好看的背影,我看着这个背影,就感到春天来了。我生了个令家族蒙羞的孩子,谁能想到他有朝一日会给我们全家争光呢!

我听说过这样一句话,老吾老以及人之老,幼吾幼以及人之幼,您就是这样的人。

您对别人家的孩子的爱和勇气支撑着我写这封信。大恩不言谢!

李也悠

李也悠写完信的时候,夜已经深了。房间里,张浩熟悉的呼吸声像停在黑夜里缓慢扇动的一对翅膀,在温柔地起伏。她想:

如果当初把他抛弃,她又会有怎样的悔意?

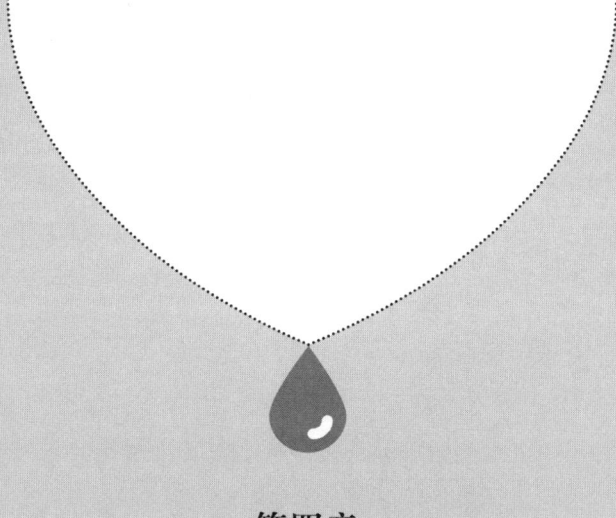

第四章

"问题"女孩的特奥之路

崔晓雅

出生即被生父母抛弃,后被领养,轻度智力障碍

三岁时,因意外造成永久性脑损伤

入普通小学随班就读两年后,因无法适应那里的学习和生活,转入达敏学校

后获全国特奥会冠军

"天才儿童教育,无须动员就有人去做,这是锦上添花的事情,而残疾儿童的教育是雪中送炭,救人于危难的事情,更需要有人去做。"这是几年前,刘佳芬参加的一次全国特殊教育会议上陈云英女士说的话,

如今被岁月反复论证,她在信服的同时自己又有了新的诠释。在她心里,这件救人于危难的事情并不是牺牲,牺牲是忍受,对她来说却是享受……

特殊教育让她把一个女性的潜能激发到了极限。而且,她得到的爱,并不比付出的少。

2006年5月15日

突发事件

这是操场上五朵向日葵同时盛开的早晨,九十六片花瓣在唱《义勇军进行曲》。此刻,阳光照例会打在他们身上,在向日葵上勾勒出他们参差不齐的影子。这些影子手拉着手,围成一个圈,随着节奏在摇摆,十五六岁的男孩子们,很多已经长到了一米七十多,女孩子们也已经亭亭玉立,有几个长得比刘佳芬还要高。但他们一边摇摆一边微笑的样子,还像当初第一次看见他们时一样,像一群天真无邪的小孩子。

当太阳照耀这些花瓣时,刘佳芬注视着这些歌唱的影子,在茫茫宇宙中,他们贴于地面,与正常孩子的影子并没有什么不同。是不是在阳光的眼里,就像在她的眼里一样——残疾人和普通人只有差异,没有对立?

比如,这样的早晨,太阳在同一时刻,关注大地上所有的生命。达敏学校的孩子们和普通学校的学生们一样,升旗、唱校歌、晨练,迎接早晨的到来。一样的早晨,一样的节奏,一样的童年。

当孩子们迎接他们的早晨时,作为一个每天在凌晨三四点钟醒来的人,刘佳芬此刻已经有了倦意,但只要孩子们出现,那就是早晨的重新开始。张浩带着他的国旗,缓慢地经过孩子们用身体围成的葵花园。

张浩自从拿上指挥棒后,就成了孩子们眼中的明星。

这个瘦小的唐宝宝成为明星的那个夜晚,李也悠的信,把一个母亲的全部信任交给了她。其实刘佳芬也感谢这个母亲,她的信让刘佳芬感觉自己被人需要,是一件幸福的事情。"天才儿童教育,无须动员就有人去做,这是锦上添花的事情,而残疾儿童的教育是雪中送炭,救人于危难的事情,更需要有人去做。"这是几年前,刘佳芬参加的一次全国特殊教育会议上陈云英女士说的话,如今被岁月反复论证,她在信服的同时自己又有了新的诠释。在她心里,这件救人于危难的事情并不是牺牲,牺牲是忍受,对她来说却是享受。是像张浩一样的孩子,引导她寻找真理,并让她把心里的爱和无私全部释放出来了,这是对她的成全。

特殊教育让她把一个女性的潜能激发到了极限。而且,她得到的爱,并不比付出的少。

她甚至觉得自己从王海身上得到了爱的反馈。

过年时,爸爸妈妈带王海去了趟韩国。

刘佳芬问,王海,韩国好玩吗?你去过哪些地方?

他把手放到书包里,拿出一沓照片,指指自己穿着韩服的照片,说:"韩——国!"

照片上的小男孩踏在异国的土地上,表情很自然,微笑得恰到好处,不像以前,每次拍照他都要把头往前伸,眼睛瞪得像一对铜铃,看上去表情十分怪异。

他借助照片,用手指指着凝固的场景,向她描述他的旅途,这一张张照片让他终于明白了过去和现在的区别,时间在他脑子里从一格一格放置的空间形式,还原了流动的本质——他明白了,照片上的事情是已经发生过的。

出国之前,为了能成功办出护照,全家对他进行了排演。

爸爸拿着照相机,妈妈在旁边指导该怎么坐,怎么笑,怎么使用眼神,拍完了以后不能去抓相机,不能傻笑,不能尖叫。外婆拿着他最喜欢的巧克力在旁边等候。如果笑得好,表情自然,各个动作要领都做对了,就奖励一粒巧克力。

"刘校长,他的残疾证做的是精神残疾,他爸妈怕他长大了,会被拒绝签证,就想着现在还小,不仔细看,看不出咱们王海有问题,他难得投胎来做一次人,让他也享受一下别人能享受到的东西,不能亏待他。"外婆说。

"你们待孩子真好。就是普通孩子,父母、外婆像你们这样去爱孩子的,也不多。"

"他已经这样了,只能对他好一点,补偿他。为了拍那张可以出国的照片,我们排了几十遍,你看,他现在在照片上表情自然多了——可是,我们有时也想,他去韩国有什么意思呢?他又不懂的。"

"普通人出国也是走走看看,上车睡觉,回家全忘。只要开心就好。"

"也只能这样想。他来到我们家,变成这个样子,是他倒霉。"

"外婆你要这样想,他这样来到你们家,你们这么爱他,他有多幸福,如果换到一个没人爱他的家庭,他更加不幸啊!"

"这倒也是,只能这样想了。"外婆又开始抹眼泪。王海还在翻着照片,似乎是在向刘佳芬展示他难忘的过去。

"刘校长,办完护照后,我拿给他看,说这是护照,我们小海要去韩国了!你猜,他怎么说?他说,给姚老师看一下,刘老师看一下。我就愣在那里,他竟然有自己的想法了,并且会说出来了。"

　　刘佳芬看着王海一天天长大,都说他这样的孩子来自外星球,可是他突如其来的表达,是一个多么意外的礼物,用于送给地球人的她。她得低头看王海的照片,才能掩饰自己眼中即将溢出的泪水。

　　现在洋溢在刘佳芬眼角的感动是孩子们在向日葵跑道上爆发出的生命力。升旗仪式结束了,他们在操场上做球操,王海的球拍得很好,姚望为了帮助他康复,制订了详细的运动计划。他一边拍,一边一直在微笑,好像在那只球的运动中,他看到了别人看不到的风景。几乎所有的孩子都天生喜欢球,连重度脑瘫的小宇,也跟跟跄跄地向球扑去。自闭症孩子晨晨一直在怪叫,这个春天,爱哭的他完全判若两人,老师让他坐在操场边晒太阳,不让他靠近同学,他一举手,老师就说"不可以推同学",他就顺从地放下了手。他最近的画,底色都是红色,一张张好似要烧起来了,似乎正透露着他进入青春期后焦灼的情绪。患癫痫的莎莎为了控制病情,一直在服药,人瘦了一圈,蜡黄的脸色仿佛在大病之中,运球的速度甚至不如一年前,但她还是努力地跟着球走到终点。她的同班同学崔晓雅双手交替拍球,一路运球,绕过了一个又一个向日葵,一连可以拍一百多个。她用鹿儿一样轻快的步伐,画出在运动中获得的快乐。

　　在刘佳芬的眼里,这是清晨最美的时刻。为了让孩子们通过训练双手来加强手指锻炼,促进大脑康复,她请音乐老师陈怡和体育老师刘林一起合作设计了球操。

　　他们俩是很好的搭档,都从外省来到宁波。陈怡活泼,刘林内秀,但一把心思扑到孩子们身上,都会忘了自己。刘佳芬心里有个"小九九"——一对疼爱智障孩子的夫妻,一定会生活得幸福,她要创造机会让他们多在一起。前段时间,他们俩一有空就在琢磨怎么编球操的动作要领,形影不离。

球操结束时,孩子们陆续往教室里走。人群中突然传来一声尖叫,"啊,崔晓雅,崔晓雅!"这是莎莎的喊叫。紧接着,晓雅仰面倒了下去。

田娟刚巧在她身后不远处。她眼疾手快,一下抱住了晓雅,用身体支撑着她,以免让她后脑着地,引起难以预料的后果。

她大喊着:"快!我闪了腰了,闪了腰了!"

刘佳芬一听到声音,就一个箭步跑过去,扶住晓雅僵硬的身体,刘林见她体力不支,飞身过去,把晓雅搬到楼梯拐角一年级的教室,让她平躺在桌子上。她脸色青紫,把牙关咬得咯咯响。

"崔晓雅!崔晓雅!"刘林大声叫她的名字,她没有任何反应,眼神是空洞的,好像灵魂突然被抽走,只剩下一副躯壳。

刘佳芬把左手的大拇指根放进她的嘴里。晓雅处在无意识的情况下,很容易因为痛苦,把自己的舌头咬伤,甚至咬断。

她松开紧咬的牙关开始吐白沫时,刘佳芬的手上已经留下了两排密集的血印子。她把晓雅的头侧向左边,以免呕吐物呛到气管,引起窒息。刘林拿来湿毛巾,擦拭着满是秽物的嘴角。

毫无疑问,这是癫痫发作的典型症状。

虽然老师们对很多孩子突然犯病有充分准备,每一个班级的两个老师都必须时刻注意着孩子的一举一动,一个老师上厕所,另一个必须留在班级里,照看这八九个孩子。但晓雅此刻的情况却出乎所有人的意料。孩子们因为脑部发育不好,一大半有癫痫,很多靠药物维持着,所以发作的不多。但晓雅从来没有这样的症状,怎么会突然

发作呢?

她陷入了昏迷,刘佳芬一遍遍掐她的人中,希望能唤醒她。

"老师,晓雅怎么了?"晓雅的同学成吉拉着女孩的手,焦急地问。班主任刘林坐在沉睡的晓雅身边,说:"崔晓雅是我们班里最聪明的姑娘,眼见着越来越好……"

几分钟后,桌子上发出一声长长的叹息"哎——",那一对清亮如黑宝石的眼睛,似从很深的睡眠中醒来,笼了一层雾翳,显得茫然,刚才还雀跃的精气神一下都消失了。

"崔晓雅,你知道发生什么事情了吗?"刘佳芬问。

她摇了摇头,用无力的眼神看着围在自己身边的老师。

成吉在她身边,走来走去,问刘佳芬:"校长,她怎么了?"

"你去拿杯水来。"刘佳芬说。

成吉的右手捧着一杯水,他的左手勾着,努力张开手指捡起了晓雅不省人事时掉在地上的发夹。

刘佳芬接过水,说:"晓雅,把水喝了,躺着,不要起来,休息下。"

癫痫是脑部不正常的放电,每发作一次,也就意味着脑损伤一次,智力便会倒退一次。父母和老师在崔晓雅身上苦心经营多年的发展,可能因为突然出现的癫痫,回到原地。对那个多灾多难的家庭来说,刚刚拨云见日,转眼却迎来又一次打击。

智障孩子有很多都患有癫痫,刘佳芬尽管见惯了孩子们发病,她还是不愿意把患癫痫的判决和晓雅联系在一起,她一直都没有发病的任何先兆。病魔怎么会突然又找到她呢?

每次学校举行表演活动,她都是台上的"当家花旦"。她朗诵的声音让台下在座的家长都忍不住惊叹——真难以相信,那一口标准的普通话,那朗诵时自信的身影,竟是个智障孩子!她的歌声和节奏感也不亚于普通孩子,她常常穿着一件白衣裳唱《隐形的翅膀》,愉快的脚步公主般优雅自信。那个时候,刘佳芬为她感到自豪,她说:其实对所有的孩子来说,没有什么是不可能的,哪怕她智力残缺。刘佳芬早为她制订好了预期的目标,让她上职高班,学一技之长,让她能找到一份工作,像正常人一样生活。

刘佳芬当初办职高班,磨破了嘴皮,踏破了铁鞋,就是想为轻度的孩子谋一条出路。那时,毕业班孩子的家长们跑到了校长室,恳求她:"刘校长,能不能再读两年?毕业后没有工作也没处去,请保姆看着,也花不起那个钱。"

"讲讲文明程度,为什么普通孩子能读高中,我们的孩子也是人,怎么就不能?"家长的想法很简单,就是想把孩子寄养在学校。

"达敏学校是区属学校,只能办九年义务教育,高中由市教育局办。我去过区教育局,仔细询问过相关政策,但区里没有办职高的权限,所以也是有心无力。"刘佳芬说。

"区里没办法,我们找市里,我们在这里的五六户家庭,集体去上访。"

"你们不要去,我会在市里的两会上提议案,今年宁波提出要实行十五年基础教育,我们现在提案让智障孩子也享受职高生活,是个机遇。这个事情我来做。"

2002年的宁波正用它前瞻的目光开始考虑参照发达国家的经验,从基础教育入手,在全国率先进行一系列教育制度的改革。先是九年制义务教育全部免费,同时普及从学前到高中的十五年教育。于是,刘佳芬关于要办职高班的议案就在两会上提交了。

但议案的结果是"学校目前还没有条件成立职高班"。

山重水复疑无路,等待刘佳芬的,一面是要去上访的家长和等不起的学生,另一面是办班的重重困难。

"不能搞职高班,就办培训班,先办两三年,解决孩子们的燃眉之急。"此路不通,另择他路,刘佳芬的提议得到了全体班子成员的同意。

没有钱,没有教师,没有经验,教育管理体制又不一样,一个个困难摆到了面前。没有场地,就把原来的商场模拟教室改成职业培训班的教室。没有钱,甚至到通途路去社区教学,连坐公交车的钱也没有,只能老师自己掏钱。两个培训班,一个家政专业,一个园林专业,没有专业老师,只能请志愿者来教,志愿者没法来的时间,老师们边学边教。所幸的是,一些专业老师来前也说要报酬,但来了学校看到孩子们就不再提钱字。

一个个白天,她四处游说;一个个夜晚,她为推动建立一个集幼儿教育、义务教育、职业教育为一体的智障人士终身教育体系而辗转反侧。

2005年,正是宁波在全市范围内推行按比例分配安排残疾人就业工作之时,宁波市的比例是百分之一点五。市政府又规定,在企业安排一个智障人士,可以抵两个残疾人。这条消息,对智障孩子们来说无疑是福音。两个培训班的十个孩子全都被一家理事单位企业招去,就业的新闻登上了媒体的重要版面,新闻传递着刘佳芬和她的同伴们巨大的欣喜,也传递着一个崭新的事实——智障孩子也可以和正常人一样,有一份属于自己的工作,过上朝九晚五的平凡生活。

但教育部门很担心,这样的培训班名不正言不顺——一没经费,二没师资,三没理顺关系。

孩子就业的成果摆在了面前,刘佳芬又开始提案。当时的分管副市长看到后,就叫市教育局每年补给职高班十万元经费。就这样,政府用特别的方式正式批准了这个"非法"职高班。从此,孩子们在学校的时间又延续了三年。

这三年,刘佳芬要想尽办法训练孩子们的技能,让他们所学的内容与以后的工作接轨。

媒体很快就获知了这一令人惊讶的消息,采访她时,她说:"政府和社会的支持,让我们感到在发展特殊教育的道路上,我们并不是孤军奋战。当你一心想做一件事情时,全社会都会和你想到一块儿。我想,每个人都享有基础教育权,无论是重度,还是轻度,都应该读职业技能培训班。受教育权是人权之一,哪怕我们的孩子不能就业。"

"老师,我没有力气,是不是生病了?"崔晓雅问。

"没事的,回去让妈妈带你去看下医生,马上会好的。"刘佳芬看着女孩,身体仿佛被掏空了的袋子,她此刻多么害怕晓雅会因为突发的疾病而失去工作的机会。

"我和你一起等许阿姨来。"成吉始终站在晓雅身边,他把发夹从左手换到右手,不方便的左手理顺她的头发,右手打开蝴蝶发夹,让它重回到她的头上。

崔晓雅此刻的眼神是迟钝的,当疾病完全控制她时,那段记忆对她来说是空白的。

几年前,当晓雅以主持人的身份出现在台上时,她那一口标准的普通话响彻全场,黄莺般美妙的声音掌控着整场汇报演出的起承转

合,在一个节目中,她还成了孩子们的领诵——"人之初,性本善,性相近,习相远。教之道,贵以专……"她原来就读的普通小学校长恰巧受邀坐在台下,刘佳芬看到他转过身来说:"真难以相信,她就是我们学校的那个崔晓雅。你相信吗?当老师从讲台上的粉笔盒里拿粉笔时,那里面竟突然跳出一只癞蛤蟆,整个走廊回响的都是老师的尖叫声。没想到现在,那只癞蛤蟆竟变成了白天鹅。"

刘佳芬记得崔晓雅转来达敏时他说的一句话——"你要当心,我把一个大麻烦转让给你了。"

"所有的孩子都是礼物,不会是麻烦。"这是刘佳芬心里的想法,但她没有说出来。

她接收了这个女孩,第一次和她说话,刘佳芬要靠近她,崔晓雅却刻意向后退了一步,与她保持一段距离。

"崔晓雅你好。"刘佳芬要去拉她的手。

"不要叫我!不要叫我!"晓雅向她吼叫,甩开了刘佳芬的手。

"崔晓雅,老师叫你,是要和你做朋友,今天穿的裙子很漂亮……"她还没说完,女孩儿就叫道:"我不要表扬,我不要表扬,我要批评!"

"崔晓雅,不能这样对老师大吼大叫,要学会有礼貌哦。"

她又朝她喊:"我不要批评!我要表扬!"

第一个月,她像所有令老师们大伤脑筋的孩子一样,会出现在校园的任何一个地方,除了教室。刘佳芬站在办公室的窗台往下看时,总能看到她要么是在校园里和班主任刘林你追我赶,要么是同班的几个男同学双手架着她,回到教室。那一刻,她脸上写满了自豪之情,众星捧月的感觉使她一天比一天更热衷于自己制造的新游戏。在普通小学,学习跟不上,没有同学和老师关注她,她引起关注的方式是捣乱,现在换了一个环境,她继续捣乱,甚至变本加厉,让所有人都关注她,围着她转。

当她被迫回到教室,教室就又成了她新的战场。她不停地开关电灯、开关电风扇,用手拍桌子,弄出各种响声。

她似乎要成为人人关注的焦点。整个班级因为她的突然加入,变得鸡犬不宁。

紧接着,孩子们每天都会发现自己的东西不知所终。有时是一块饼干,有时是一支漂亮的铅笔。这些消失了很多天的东西总会在崔晓雅的书包里重新打照面。即使每个同学指认这些物品是他们的,她也并不承认这些东西是她偷拿的。

"唉,我们拿她一点办法也没有,可能是她爸妈对她有愧疚,把她宠坏了。如果哪个孩子触犯她,那孩子第二天的书包里就会出现各种各样的脏东西,一块包着唾沫的纸巾,一条假蛇,一包泥土……她真的像'粪缸里的一个桅,想吃吃不了,想甩甩不掉'。照理这样的话,不该说,但我找不到更好的句子来形容她。当别人的书包出现不该出现的东西时,她的书包也出现了不该出现的东西,什么都有,从一包纸巾到一块橡皮,都是别人的。为了怕她干扰别人,老师只能把她安排到最后一排,反正她对上课也没有兴趣,智商也跟不上。"这是她原来就读的普通小学校长对她的介绍,在他的介绍里,她已经是一个完全被放弃的角色。事实似乎很快证明了校长所说的话。但"放弃"这两个字,从来没有在刘佳芬的心里出现过。

一个脑瘫孩子无法说话,走路每时每刻都需要扶持,到四年级还

不会握勺子，无法测出智商，只能由保姆跟读着，和孩子们在一起学习生活。那要被父亲放弃的生命，却由母亲苦苦坚持着。

"刘校长，我让他妈还是把他扔了，让他自生自灭，但他妈不肯。人家孩子养着好歹会叫你一声爸妈，我的孩子从出生到现在连一声爸都没叫过。但他妈妈不舍得，说他活一天，她就要和他在一起一天。"孩子父亲的抱怨，说出了一个规律，母亲从不轻易放弃自己的孩子。

作为校长，一个与智障孩子没有血缘关系的陌生人，似乎是因为目睹了诸多家庭的苦难，让她也从来没有放弃过一个孩子。那没有语言功能的孩子在慢慢学会走路，当孩子们运动时，他也忍不住伸出手去触摸他们手上的球。这一刻，对他来说，是一种生命的赐予。如果她促成了这种赐予，那也是她的获得。

崔晓雅在整个班级甚至学校中，都是智商最高的一个。她又怎么能放弃呢？

"其实，孩子犯错误时，往往是她无所事事时。她智商比其他孩子高，要不你试试寻找她的兴趣点。"刘林第一次做班主任，不像女老师那么细心，又还是个单身汉，没有养育女儿的经验，他束手无策时，只能向刘佳芬求助。

"她就喜欢运动。你看她每天早上练球操就特别欢。"刘林说。

"这或许是个入口。世界上没有两片相同的叶子，也没有一个完美的人。孩子的错误是生活的一个组成部分，虽然在她身上，错误占的比率有点大。"

"我试试看吧。很显然她并没有意识到自己的错误。"

"正因为没有意识到错误，她才无所谓。但是发挥孩子的优点是改正缺点的最佳方法。"

孩子的成长，就像翱翔天际的飞机，如果不通过导航系统接收地面指挥台的指引，就会失去方向；就像成人在陌生的公路上开车，没有路牌，只能一次次把车停下来，询问路人。因为没有指示正确方向的标记，崔晓雅习惯了自由飘荡，最终不知道什么是正确的方向，什么是误入歧途。刘佳芬希望自己和同伴们能充当导航和路牌，能帮助崔晓雅从偏离的方向回到正道上来，让她有一天在荒芜离乱的心间，长出鉴别对错的幼芽，来证明在黑暗中结出的果实，也可以和白天结出的果实一样平起平坐。

那一定是一个漫长的过程。崔晓雅来学校的第一个学期末，她的母亲许琴收到了晓雅人生中的第一张成绩单，每一门都有评语，每一张都有分数。许琴对刘佳芬说："今天，我才明白原来我的孩子也可以享受和正常孩子一样的待遇，也可以有一份成绩单，而且我第一次发现，在老师眼里，她竟然有这么多优点。"

孩子母亲的幸福，是对刘佳芬的最大鼓励。孩子自己有智力障碍，大多无法感受到歧视，也不会为未来感到痛苦，但家长们会，他们无时无刻不在受着煎熬。有一个孩子家长说："像我们这样的家庭，哪敢想什么未来，走一步算一步吧。"

但刘佳芬不能走一步算一步，她说"向前走一步，是一步"。她要求老师们进行个别化教育，每个学生按接受能力的不同，得到独一无二的试卷，每个孩子都享有独一无二的考核评语。一个班级八到十个学生，就要设计八到十种不同的考试。这样的方式把每一个老师都折磨坏了，他们除了在白天全身心地扑在工作上，还需要常常把工作的热情带回家，他们像一个个艺术家，抱着点墨成画的心思精心设计着每个孩子的成长方案。老师们普遍认为，爱就像一场流行性感冒，很

快传染给了每个老师。

某一天晚饭时，丈夫和刘佳芬在探讨宁波市会不会造地铁来缓解日益严重的交通问题以及中国男足能不能找到另一条通道来挽回他们日益狼藉的声誉，她突然回答说：

"我觉得一定可以找到一条通道，重新塑造崔晓雅那孩子。真是可惜了，智商处于正常智力与智障的临界点。她普通话说得特别好，歌也唱得不错，还喜欢运动，完全可以扬长避短，变成一个好孩子的。"

很显然，刘佳芬是那个得感冒最重的人。作为她的丈夫，他应该已经习惯她几乎每天凌晨三四点醒来坐在床上，打开电脑，开始一天的工作。键盘"嗒嗒"的声音成为他从凌晨的睡梦中醒来时最熟悉的旋律，那在键盘上飞的手指尽管已经五十岁了，依旧拥有着毫无磨损的激情。他一定知道，当她走神凝思，那多半是想着她日夜牵挂的学生了。

"原来，我说了半天，你的魂还是在学校。"

"当然，在你的地铁造起来后，我还得增加一课，先教会我的孩子们学习乘坐地铁。可以肯定的是，在你的男足出线之前，我的孩子们一定会有人真正喜欢上运动本身，或许比任何一个男足运动员更加喜欢。你说是吧？"

从看到崔晓雅的第一眼开始，刘佳芬就用教育者的敏感体察着一个孩子的内心世界。几年来，一面是普通学校环境的漠视，一面是母亲超乎寻常的深爱，复杂的外部世界重新塑造着她，她乖张的行为与其说是行为问题，不如说是她精神饥饿，想引人注意。

第四章 "问题"女孩的特奥之路

一年前,当崔晓雅像一个真正无畏的女英雄般站在全省特奥运动会领奖台上时,刘佳芬没想到自己的预言——一定会有孩子真正爱上运动——竟然在她身上得以实现。她那么喜欢运动,这小小的乒乓球把她完全改变了。

对于运动,那个从特殊孩子身上获得最初教育灵感的蒙台梭利说:"如果儿童在运动中没有智能方面的含义,也没有人对他们的运动进行有效的指导,那么,他们在运动时就会感到厌倦。"所幸,乒乓世界搭建起一个丰富的城堡,里面有智慧与毅力,有师爱与友谊,春风化雨地改变着固执的女孩儿。

每次,崔晓雅到省里去参加比赛,刘佳芬都会在台下陪伴,把手都拍疼了。那是传说里的场景——约翰见到弥赛亚后说:"他注定成长,而我将退到幕后。"

她总是在台下默默地祝福着晓雅:

"我的孩子,没有什么是不可能的。"

当崔晓雅用天赋唤醒了自身时,此刻的癫痫病魔又叮上了她,像叮上一个软弱无力的幼兽。刘佳芬看着女孩儿,如果她能对那个像拦路之虎般突然出现的病魔恳求:放下我的孩子吧,她此刻一定愿意哀求它,因为女孩儿身上的新生力量,刚刚绿意葱茏,无力承受一场冰雪。

2008年7月8日

特别的女儿

"你要相信,在我们的孩子身上,没有什么是不可能的。"这是校长几年前夸赞女儿的话。为了这个意外赐给她的女儿,许琴愿意等待那些令人惊喜的可能,一天,两天;一月,两月;一年,两年。每当她陷入绝望的谷底,以为那是永恒的黑暗之时,那可能的晨曦就会重新把女儿照耀。

现在,电视上那个叫葛根夫的蒙古族智障孩子正接过奥运火炬开始奔跑,最初的圣火,是一道熊熊燃烧的命令,火炬到哪里,哪里的战火就会熄灭,和平之花重新绽放于人类用战火制造的废墟之上。今天,在北京奥运会众多身份各异的火炬手中出现这样一个特殊的身影,她把这一幕解读为——每一个人都可以喜欢运动,智障孩子也有机会登上领奖台。那个孩子也是十八岁,和晓雅一样大,也喜爱乒乓球,和晓雅一样爱。他是代表所有喜欢乒乓球、喜欢运动的智障孩子在奔跑,像正常人一样,把象征生命顽强和社会平等的火苗传递。

他是代表她的晓雅在奔跑。

1960年,二十三个国家和地区,四百名残疾选手参加了在罗马举行的首届残奥会,那时乒乓球就被纳入了比赛项目。2000年悉尼残奥会上,智障运动员首次被允许参赛。因为女儿,她对这些历史了然于胸。那一个洁白的小球,本来是让她锻炼身体、促进康复的,怎么会想到能让她成为全国特奥会冠军、东南亚残疾人乒乓球比赛冠军呢?

屏幕上,葛根夫奔跑的样子像晓雅一样稚气未脱,因为女儿加入智障孩子的行列,她看见这样的孩子,都会一阵心疼,仿佛他们都是她散落在世界各个角落的亲人。

此刻,崔晓雅正站在镜子前看自己,她看着自己的时候很专心,好像镜子里是她的闺蜜,临行前要深情道别,她甚至对着镜子笑了好一会儿。

"晓雅,不要对着镜子笑。"许琴走过去,摸了摸她的脸。

晓雅顺从地把笑容收起来了。然后把自己的发夹拿下,又夹好,再拿下,寻找更好的角度,再夹好。几天前,女儿与一家超市签订了劳动合同,每天一大早就起来打扮自己。她长大了,知道一个夹子的角度会影响她的美丽。

为了这个十八岁还像孩子般天真的女儿,许琴等待过三年。这三年中她想过无数的可能,但她每天能做的事情只有一件,就是给她讲故事。每个早晨,许琴都会读一则童话,昨天是《白雪公主》,今天是《海的女儿》。三年,她读完了一本又一本童话书,读完了,再重新循环读一遍。每次,当她用悲哀而低沉的声音读着《海的女儿》的结尾——"太阳从海里升起来了。阳光柔和地、温暖地照在冰冷的泡沫上。因为小人鱼并没有感到灭亡。她看到光明的太阳,同时在她上面飞着无数透明的、美丽的生物。透过它们,她可以看到船上的白帆和天空的彩云……"每次读到美人鱼变成泡沫的那一刻,她就忍不住哭泣,说:"雅雅,妈妈每天在等你啊,你什么时候能睁开眼睛看看妈妈?"

这样的话,许琴重复了一千多个日子。三岁时,晓雅被发现一动不动地挂在卫生间窗帘的塑料绳子上,因为窒息而嘴唇发紫,已经不会动弹。

谁都不知道事情是怎样发生的,但她把悲剧的酿成完全归咎于自己。急救后,孩子还像往常一样睡着,她的呼吸和心跳还在,她的血液还在体内流动,但她却不能再哭笑,不能再东奔西跑,也不能再喊她妈妈。医生劝许琴放弃,对她说:"她已经成了植物人,或许有一天能醒过来,或许永远醒不过来。醒来后也有可能因为现在的脑部缺氧造成永久的脑损伤,也就是说,是永久的智力障碍。我劝你们节哀,还是放弃吧。"

许琴和丈夫没有放弃。他们卖掉了一套房子,用作治疗女儿的医药费,等着她有一天醒来。

女儿再不能像以前那样,拿着勺子,把饭吃得满脸都是,她总是刮着女儿的鼻子,喊她"小花猫"。现在,许琴通过鼻胃管每四小时灌食一次,晓雅不会主动喝水,也是用鼻胃管缓缓注入。许琴并不怕忍受艰苦,上世纪五十年代出生的人,哪一个没有经历过吃糠咽菜的日子,更何况现在只是照顾一个婴儿。但她不能忍受活蹦乱跳的晓雅,像一棵植物一样,安静地接受一切,不悲不喜,不再有任何的表达。那个因为美人鱼的故事而哭泣的早晨,和以往的每一个早晨没什么区别,但她却看到女儿的眼睛翕动了一下,然后她的手指也似乎轻轻地弯了一下。

她睁开眼睛的那一刹那,成为许琴记忆中最温暖的场面,死神夺走了她已经长到二十岁的亲生女儿,终于把她在四十多岁时领养的女儿还回来了。许琴听到她轻轻地喊了一声"妈妈"。许琴一下子被喊得号啕大哭。

十年后，许琴再次来到医院，想得到一个确诊。医生说："是癫痫。这有可能是她三岁时脑部缺氧的后遗症，也有可能是当时一些药物对中枢神经产生的副作用。"

"但她一直都没有这样的病，体育也特别出色，体质很好，怎么突然会犯病呢？"

"十六岁，正是青春期，对于脑损伤的孩子，青春期发病也正常。"

"她以后还会犯吗？多久会犯？"

"这个说不准。有些一年一次，也有两年一次的，很多是一年多次，也有更频繁的。"

"她在东南亚残疾人乒乓球比赛得过金牌，她最喜欢打乒乓，我不知道没有乒乓她会变得怎样，她还能再打吗？"

"癫痫病人需要休息，最好不要做剧烈运动。适当的运动，应该可以。"医生模棱两可的回答并不能为崔晓雅的未来指明方向。

旁人怎么能明白这只小小的球对女儿的重要性呢？自从班主任刘林把乒乓球带入她的生活后，她慢慢卸下了身上的刺，好像完全变了一个人。或许那变化来得更早，从第一学期拿到成绩单时就已经悄然开始。

"一个让人喜欢的女孩，国旗下讲话、主持人，都是她，她的确很棒，站在台上时，自信满满，与刚来时完全不一样。看着她一天天在改变行为上的问题，相信聪明的崔晓雅会变得更完美。"

那样的评语，似乎是在赞美人中龙凤，每一个句子都饱蘸深情，竟是出自一个男老师之手。"聪明""棒""完美"，这样的词语似乎早已与自己的孩子绝缘，她以为那是属于另一个世界给那个世界里的孩子

的专有评语。在普通小学的两年,晓雅已经基本和这些正面词汇不沾边,像一个失去所有羽毛的鸦雀,形象和处境令人尴尬。但刘林老师的语气是那样真诚,让她不得不相信女儿身上正在发生的变化。女儿的问题一直是令她头疼的事情,她的本事就是可以让所有人都为她头疼。逃课、偷拿人家东西,这些不光彩的事情她都做过,而且一直坚持每天做。但每次许琴想狠狠教训她时,就想起她那么小就经历生死苦难,她也就忍下了怒气。她想那不过是孩子一时好奇,懂事了,就会自然而然地消失。

但刘林并不这样认为,他说:"人生的大厦必须从一块砖做起。"这个从体校毕业的年轻男老师,只用了几个月,就把她两年养成的习惯改掉了。晓雅的书包里总是会出现别的东西,在普通小学时,许琴问她为什么偷拿别人东西,她说,他们欺负我,我解解气。许琴也没那么在意,没想到一时好奇,却成了习惯。转入达敏学校,她背回家的书包里总比上学时背去的内容物多。她总是相信她的话,是老师奖励的,或者小伙伴送的。越来越多的人关注达敏学校,爱心人士都买了礼物来送给孩子,她书包里出现代表爱心的各式物品也不奇怪,没想到那些东西代表的却是她的贼心。想到"贼"这个词,她觉得崔晓雅深深地伤害了家族的荣誉和她多年来对女儿不离不弃的情感。家里虽然为女儿看病花了很多钱,但一直也算是小康之家,她想要的东西,基本都会满足她,许琴无法明白拿别人的东西究竟给了她怎样的满足,因为她根本很少使用这些物品,甚至从她拿回来的那一刻,她就已经忘记了它们的存在。这些持续不断的问题后来竟然都没有了。许琴想,这是乒乓球的功劳。

那只乒乓球是在她转入达敏学校后出现的。

不知从什么时候起,在家时,只要有空,她的手上一定拿着块乒乓板。刘林老师说,乒乓球可以最大限度地调动身体的每一块肌肉,改善神经系统的灵活性,而且,或许能通过游戏重新获得她已经失去的友谊。她迷上了乒乓,有时对着墙壁练,有时拉着父亲去小区的活动室练。她好像生平第一次全身心地去专注于一件好事,把自己完全交给了像她一样难以捉摸的小球,她甚至能在小区的活动室和正常孩子打,谁都看不出游刃有余的她是个智障孩子。那一天天递增的热情慢慢取代了在校园闲逛和在教室偷窃的热情,完全占领了她的心灵。

那是她拿着拍子挥洒自如的样子——身体微微弯曲,目光坚定,乒乓球在她手下画出一道道优美的弧线,旋转着,淘气地躲避对方的追打。正手、反手、推挡、扣球,一招一式,像模像样。她娴熟的样子,像一个专业运动员。

"我不是她的对手了。"她练了一年后,父亲已经自叹弗如。

许琴从没有想到女儿会站在领奖台上,还能代表中国去高雄参加东南亚残疾人乒乓球比赛。她拿回来的奖牌放在手上沉甸甸的,细腻的纹路凝结着女儿挥舞的手臂下小球画过的无数弧线。在这些弧线中,她第一次在球友中找到了朋友,友谊的陪伴是父母之爱无法取代的。以前,许琴没想到的事情都是接二连三的灾祸,她的亲生女儿在二十岁时死于车祸,她思女心切,领养了晓雅,一次意外又使养女变成了植物人。祸不单行的日子,许琴曾想过一死了之。但十多年后,许琴认为不可能的事情都变成了喜讯。她把养女站在国际领奖台上的照片放在床头柜边,天天看,它成了每天清晨与第一缕阳光一起来到许琴眼前的物品。

她希望女儿用意志锤炼的光芒能让她的精神有所依托，也能反哺学校对她的爱。晓雅以前从来没有让谁为她自豪过，但她通过一个乒乓球做到了。她在福利院领养她时，知道的唯一信息是——出生一个月，就被抛弃在一条长凳上，身上除了写着生辰八字的纸条和裹着的褓褓，没有多余的线索能证明她来自哪里。似乎从那一刻起，她就注定无法享受血缘的爱，而要在陌生人中找到父母与老师，让他们用爱为她构建人世间最深沉稳固的关系。

一个细节，可以改变一个孩子的一生。知道她喜欢上打乒乓球并一路过关斩将成为宁波市特奥领袖时，校长四处打听哪里有专业教练，可以无偿为孩子们来上课。她的劝说打动了一个在青少年宫培训少儿乒乓球的专业教练，他愿意成为学校教育协作理事会的成员，每个星期给孩子们上一次课。谁都不知道校长是怎么找到教练，让忙于培训挣钱的教练能牺牲时间和金钱，来到达敏学校奉献技艺。刘佳芬总有这样的才干，让所有人为她无限的爱所感动，并加入到她的事业中来，多庞大的队伍——孩子学种花草，有退休了的园林专家教他们，很多地方高薪请他，他说要颐养天年，不去，校长一去，他就来了；孩子们要去宾馆学习怎么打扫房间，宾馆经理实地手把手地教；孩子口齿不清，校长那个当普通话测试员的朋友就会教他们做舌操；孩子要学习清洁工作，就会有家政公司的清洁工来教他们怎么使用玻璃擦，怎样有条理地打扫整个房间；如果有什么地方要去教学，却找不到熟悉的人，政府官员就马上会去协调，为他们开绿灯……

在地球上，或许只有宗教才能让各种职业各个阶层的人，忘记了身份，忘记了地位，忘记了报酬，胸怀共同的信仰，心无旁骛，围在一起。许琴想，刘佳芬的宗教就是爱，无言的爱像一块磁铁，让所有内心沉实的铁都受召唤,与她融合成在全世界都难得一见的独特阵营。许琴读到过报道,专家是这样说这个阵营的——

"达敏学校以社区化教学为突破口,来实施自己的理念。这个趋势,对中国特殊教育未来的走向,是很有参考价值的。"

每个星期四下午,教练都会风雨无阻地来教所有的孩子练乒乓,崔晓雅是其中最拔尖的。教练就把她作为示范,向孩子们拆分每一个动作,她成了小伙伴们的小老师。

那时,刘林老师也已经不是她的对手,只能给她当陪练。专业教练的专业方法,让她如鱼得水。乒乓球是熟练活,也是技术活,从眼睛跟球到步伐控制,入了师门,她打得越来越有章法。

她出现在各种赛场上,从学校到全市,直到去参加全省特奥会。那坐在台下的啦啦队队长总是校长,人们都以为她是孩子的母亲,他们并不知道每一个学生参加特奥会,校长都会无一例外地出现在赛场上:孩子们跑步,她在塑胶跑道边上助跑;孩子们参加田赛,她就在旁边喊加油。

"我比孩子们还紧张。"她总是这样说。

在许琴陷入对往事的回忆中时,晓雅换好了衣服,背着包,打开了门,说:"妈妈,我去上班了。"

这是晓雅上班的第三天,许琴总觉得,这样美好的早晨,好像是个梦。女儿竟然有了一份属于自己的工作。谁说所有的孩子都要上北大读清华,研究火箭关心人类呢?如果能力所限,能养活自己,不也是一种幸福?

　　她的癫痫第一次发作后，许琴像等待厄运一样等待着它的第二次来临，让她庆幸的是，病魔迟迟没有来临。崔晓雅无法割舍自己喜欢的运动，依然选择下午打乒乓球。当她又一次为参加比赛进行严格的赛前体检时，她还是通过了。

　　此刻，电视上的葛根夫正把手上的火炬传递给一个普通运动员。许琴想，晓雅的身体也和他们一样，做着超越自我的努力。她冒着可能爆发癫痫的风险，投身于运动。许琴记得去年上海特奥会的主题是"你行我也行"，她觉得女儿一点也不比电视上的他们逊色。女儿和他们一样，用全部的身心为一件事情流汗并乐在其中。正如她现在，全身心地在超市里学习怎样包装猪肉。

　　她穿上鞋子，说了声"再见"，又扭过头来说："妈妈，猪肉竟然可以分一百二十多种。我把肉品的编号写在纸条上，昨天晚上背了很久。"

　　"我想，那不会比你打乒乓球更难。"许琴抱了抱崔晓雅，像她十八年前在福利院第一次见到她的那一天一样。

2008年9月3日

一只乒乓球带来的奇迹

　　走近了，她的眼睛盯着手上的包装纸，把一次性盒子装的猪肉裹好，放进冰柜里。刘林甚至能听到保鲜纸在她手上嘶嘶响着，十分顺从地接受她的剪裁。她忙碌地走来走去,沉醉于自己的事业中,没有发现刘林和同学们正站在她身边。

她的脚上穿着刘林为她买的鞋,白得像雪。

那是她三年前出发去参加东南亚残疾人乒乓球比赛前,刘林送给她的礼物。

他说:"好马配好鞍。"

聪明的她竟然听懂了,说:"马到 —— 成功。"

后来,马到成功的她就穿着这双鞋踩在了高雄市的土地上,与来自东南亚各个国家的智障孩子对决,登上了冠军的领奖台。

说是刘林买的鞋,其实是陈怡挑的,刘林不会给女孩子买东西。陈怡说:"小姑娘穿白色好,她唱歌时也可以穿,白色百搭,唱歌打球,一鞋两用。"

晓雅是他们俩共同的"财富"。

他们俩一个教她练乒乓,一个教她学唱歌。在分享着晓雅给他们带来的惊喜的同时,他们俩也成了一朵花上的两片叶子。

陈怡要上公开课,不会做课件,他跑过去,帮她一起设计。陈怡班住校的学生生病了,她抱不动,半夜里孩子的家里人又联系不上,她一个电话打过来,他就咬着牙从暖被窝里爬出来,骑着自行车赶到学校,陪她一起带着学生去看病。

有一次半夜,陈怡班上的一个唐宝宝发高烧,流鼻血,她抱不动孩子,刘林就替她背着孩子上医院,一个带孩子看急诊的老太太总是朝他们看。

"这孩子,好像 ——"她无法忍住自己的好奇心。

"他是唐氏综合征孩子。"刘林说。

"很可怜,唉,你们这么年轻的……"

"我们不是孩子的爸爸妈妈,你弄错了。"陈怡的脸上冷冷的,甚至都没回过头看老太太一眼。

"那你们是……?"老太太的好奇心就像一根藤上了墙,停不住脚步了。

"老人家,你真喜欢打听事。我们是他的老师。"陈怡低着头,脸涨红了。刘林知道,她的脸红,是天空晴转多云要生气的预报。

"你们良心真好啊。他爸妈呢?"老太太这是想打破砂锅问到底了。但陈怡扭头就走,刘林跟在她身后,悄声问:"你怎么了?"

"我不是担心别人误会我们是他的爸妈,我就是不喜欢对别人的事情特别感兴趣的人。这样问话是不礼貌的。你想想,如果我们俩真是孩子的爸爸妈妈,会怎么想?有多么难过?"

这一句"爸爸妈妈",让刘林涨红了脸。她正抱着孩子给他打试验针。陈怡长得很好看,他总是看她在舞台上和孩子们一起表演节目,晓雅演女儿,她演妈妈。这么深的夜,她抱着别人家的孩子,好像是自己的孩子,难怪别人误会了。她的睫毛一闪一闪的,每隔一会儿就用手试试孩子的体温,看他有没有退烧。她的样子让刘林的夜晚变得不平静起来。

或许他们之间的爱情就是从那个陪伴孩子的夜晚开始的,而爱唱歌又爱运动的孩子们,成了把他们联结在一起的纽带。

在学校里,孩子智力缺损越大,运动能力越低。让一部分身体素质好的孩子在跑步、篮球等一些剧烈活动中寻找乐趣,让其他的孩子在羽毛球、乒乓球中寻找到锻炼自己的新天地,是学校体育课的主导思想。王海每天中午的内容就是打羽毛球。自闭症者的协同能力往往较差，每次只能将注意力集中在一件事情上，眼睛观察时，手和脚就难以做出精确动作。羽毛球等小球运动需要手眼协调，球打来时，眼睛必须盯住球看，判断球的运动路线，手和脚再做出相应的动作，这有助于改善自闭症者的身体协作能力。谁也不知道一个简单的打球动作，需要大脑多少次的传感工作。王海一开始甚至不会其中的一个分解动作——弯腿跳。刘林就拉着王海的手一起跳床，让他感受跳的感觉，并告诉他这就是"跳"。然后，让他弯着腿从一个台阶跳下来，克服他对弯腿跳的恐惧心理。当他终于弯起了腿时，刘林让他连续跳两三次。经过持续的训练，王海才学会了连续弯腿跳起来。

当王海终于会发球时，他举起球拍的方向永远只有一个，他不懂得变换姿势，也很难接住从不同方向飞来的球。刘林反复地教，王海的父亲王勇辞别了海员生活，找了离学校最近的一家办事处工作，每天中午从单位赶过来陪儿子打球，风雨无阻。练习了四五年后，王海已经能带着刚刚来学校读书的自闭症同伴小路一起打羽毛球了。

安静的球场上，只听到拍子"噗噗"击打羽毛球的声音，两个自闭症孩子的交流通过一只羽毛球无声地进行着。那只羽毛球，好像他们之间的信鸽，飞来飞去，建立着彼此的联系。他们总是形影不离地在一起，无须对话，就悄然建立起友谊。

打羽毛球、吹葫芦丝是王海最喜欢的两件事情。打球时，是刘林在一步步教他，让他控制僵硬的身体在运动中获得旋律；吹葫芦丝时，是陈怡在陪他，让他在手指的运动中找到音乐的美妙。当刘林问王海喜欢什么时，他会凑到跟前，凑得很近很近，说，王海喜欢打球，喜欢葫芦丝。

他会说自己喜欢的事物了。

而刘林和陈怡一样喜欢这个叫晓雅的女孩儿。但他第一次叫崔晓雅拿起乒乓球拍比陈怡让她开口唱歌,要难得多。

乒乓球是相对轻松的运动,可以最大限度地调动运动者身上的每一块肌肉,也可以让运动者体验与不同的对手对垒的乐趣。对于像崔晓雅这样的中轻度智障孩子,打乒乓球可以提高注意力,可以让她听到或许穷其一生都难得听到的掌声,这难得的成功体验会使孩子的心灵变得自信。而脑瘫和重度智障的孩子从抛球接球开始,到弹起乒乓球,再用球拍拍球、托球,把步子迈得小一点,一天天坚持,能提高他们的肌肉力量和手腕关节的灵活性。在练习打乒乓球以前,他们连路都走不稳,经常是鼻涕、口水一起流,擦也擦不完。手把手教孩子们练习时,他们的鼻涕会碰到刘林的手上,口水会沾在他的胳膊上,刘林拿布擦下,好像那是一件平常的事情,他不想让孩子们感觉到自己的不适。

小小的乒乓球,刘林把它当作一味药来用,让孩子们通过它来调节情绪,锻炼意志,强身健体,促进孩子们的康复,而孩子则全神贯注地把老师的治疗方案当成自己钟爱的游戏。

"崔晓雅,你过来打球。"那时,她站在乒乓桌边一动不动,用她惯有的戒备的眼神看了他一眼,又低下头说:"我不会。"

"没关系,你颠颠球就行了。"他知道她自尊心强,那么多人看着她,她怕自己打不好,面子上过不去。

刘林晃动着拍子,招手让她过去,说:"晓雅,可好玩了,你来试试看,你那么聪明,一学就会。"

她只管摇头。第二天,还是如此。当第三天刘林这样说时,她才金石为开，慢慢移动了脚步，向她的新事物走去。

在刘林的回忆中，她那一刻缓缓移动的脚步和此刻在超市里奔忙的脚步合在了一起。她杂乱无章的生活就在缓缓移动的步伐中开始变得井井有条。

那时，他教她分解动作，她跟着模仿。必须要外力引导，孩子才能培养起独具特色的运动习惯。刘林愿意自己就是那牵线搭桥的外力，帮她形成自己的喜好。

似乎是集体活动的魅力，让她对乒乓球发生了持久的兴趣。也是从她第一次拿起球拍那天起，她迷上了小球。培养意志力需要不断地训练，她练得左手食指磨出了血，就贴上创可贴继续练习，时间长了，食指上整个指腹都盖上了一层厚厚的茧子。

一年后，她的拍子甩得如行云流水。每一板球都需要从脚掌、腿、腰、手臂乃至手腕到手指次第着力，那是身体里每一块骨骼与肌肉一起听从大脑指派集体谱写的旋律。她控制着自己的重心转换、拍型和挥臂速度，像控制着身体的交响。

那一刻的女孩儿，焕发出的美，和任何一个正常孩子一模一样。

运动是一种创造性的力量，也为晓雅灵魂里潜藏的优秀带来了源泉和养料。

学校要选特奥领袖，晓雅是候选人。她理解每个同学手上都有一张选票，他们是不是喜欢她，就决定他们会不会投她的票。这是刘校长让孩子们知道的民主集中制，让孩子们在集体中，理解一张选票所代表的民主。或许很多人会说，一张选票和智障孩子能发生什么关系呢？但她要创造一切机会，让孩子们和其他所有公民一样，接受现代文明的元素。学校教材中有一块内容是认识菜场、商场等场所，在这

些生活必需场所中,还有一个地点显得有点特殊——认识什么是量贩 KTV。

校长说:"我的孩子们为什么不能去别人都去的地方唱歌呢?"

为了获得选票,崔晓雅在告别自我,进行自我约束。她教其他孩子练习乒乓球,几乎到了诲人不倦的程度,也不再想方设法地在班级里搞恶作剧。渐渐地,叛逆的女孩儿重新获得了同学的信任。

她如愿当上了特奥领袖。

她似乎明白,领袖这个词代表的是鹤立鸡群,是以身作则,是领头羊,并不是所有人都能当领袖。这个词,是对她身上出现的美的肯定。一只小球,让她找到了自己独特的生命节奏。

在普通小学时,因为她成绩落后,以及由成绩落后带来的忽视和冷落,她的智力和情感受到了压抑,她的生活失去了乐趣,所以她转而去寻找别的刺激方式——偷盗、捣蛋,并想以此寻找关注,发泄愤怒。但是,来到新学校,校长为她找来了乒乓球教练,给她当陪练,比赛取得的荣耀和在全体同学面前发言的机会让她感到了生命真正的进步,把她从悲伤与孤寂的黑夜中拯救出来。

几年后,她站在了领奖台上,会心的笑容像持久爆发的运动之火上升起的一缕青烟,那样的自然绵长。那一刻,她好像真正属于了自己。

现在,她穿着红色的工作服,拿着托盘,正考虑着把包装好的肉放在哪一层货架上。第一栏是猪心,第二栏是猪肝,第三栏是带皮腿肉。她把手上的肉放在第三栏,犹豫了一下,又扭过头,看了看和她一样穿着红色工作服的中年男子。他朝她点点头,说:"没错。"

几年后,她站在了领奖台上,会心的笑容像持久爆发的运动之火上升起的一缕青烟,那样的自然绵长。那一刻,她好像真正属于了自己。

冰柜里，一盒盒猪肉码得齐齐整整的，都出自于她的手。

和她一起工作的，都是和她一样年轻的小伙子大姑娘，一律的红衣红帽，与她一起在流水线上度过青春。她成了正常青年中的一员，在那群年轻人中间，她看上去一点也不像一个智障少女。她全神贯注地学做这件事情，忘记了此时超市里的喧闹，好像当初沉浸于接发球时，她的眼睛里只有飞舞的小球。朋友们常常开玩笑说刘林是男保姆，但如果孩子们都能像崔晓雅一样，逐步适应社会生活，这个男保姆的称谓就是对他的赞誉，何乐而不为呢？今天，他带了新一届职高班的孩子来学习买菜，他们的任务是买番茄和鸡蛋，回去学做番茄炒蛋。专注的她此刻并没有发现他们的到来，也不知道她的学弟学妹们正用和她以前同样的方式，来到校园外认识社会，重复她曾经度过的学校生涯。

那时，她刚从普通学校转来，班级里每个孩子都丢了东西。打开她的书包，那不属于她的东西都出现在了里面。这已经证明了事实，但她并不承认那是她偷拿的。她看似满不在乎的眼神里似乎闪烁着难以察觉的惊恐，刘林虽然有点于心不忍，但知道自己不能姑息。他把她叫到一边，说："晓雅，老师知道是你拿的，为什么要拿呢？"

"我没拿——我只是喜欢，拿来看看。"

"就算是你喜欢，不经别人允许，拿来看，也是偷。偷，是很可耻的。"

她的眼睛红了。

"在这件事情上，我不管你出于什么原因，你都必须做两件事情，一是立马把东西还给同学，二是向同学道歉。"

也就是从那天起，刘林和她的母亲许琴商量后，制订了一个个别

化教育计划,让每一个教育步骤都担负起责任来。每天的家校联系本上都写上今天她获得了哪些奖励物品,让父母回家检查书包和口袋,如果有多余的物品,父母必须严厉批评。每周对她进行一次心理咨询,和许琴通一次电话,寻找适合孩子的教育方法。他用代币制方法矫正她的行为,如果一天没有偷拿东西就奖励一颗五角星,一个星期集满五颗就可以获得家长的奖励或者爸爸带出去玩一次。

三个月后,她很少再把别人的东西带回家,但仍像一个大病初愈的人,行为还不太稳定,时好时坏。一个学期后,再诱人的东西在她的眼前出现,都不再成为对她的诱惑。她的偷窃行为彻底消失了。

但遗留的困难还很多,比如让她能在上课时间待在教室里,待在教室里时能不捣乱,不捣乱的时候能专心学习,专心学习的时候能坚持五分钟以上⋯⋯这些事情,放在她身上,没有一件是容易的。看上去,她像是一个不会真正难过和真正快乐的孩子,她的全部心思不是在捣乱,就是在准备捣乱。她没办法集中精力完成一件事情。

让她打乒乓球完全是为了让她合群。

谁能想到,她通过运动改造了自己呢? 刘林走过去,崔晓雅正抬起头来。她看到了他,大声喊:"刘老师!"她用手指指着自己身边冰柜里摆放整齐的一排排猪肉 —— 她引以为豪的事业。

此刻,她的笑容,和站在全国特奥运动会冠军领奖台上时一样灿烂。

刘林想:等待她的,是像打乒乓球一样的新生活,需要她几百次、几千次的训练。她手上佩戴着永恒的荣誉勋章,就是年轻的手指上,厚厚的老茧。因为这些茧子,他相信,她的命运交响曲会一直用她自己的双手弹奏下去。

多变的女孩儿,她正穿着工作服忙碌着,造物主并没有因为她智力的缺陷而给她分等级,现在,她破茧成蝶,加入普通青年的行列。

2008年9月10日

超市女工崔晓雅的工作日记[注]

我从达敏学校毕业了。今天是教师节,在学校是"爱生节",老师们会给我们吃蛋糕。其实,没有蛋糕吃,我们也知道老师是爱我们的。

回想小时候,我上的是普通小学,一年级时,成绩还不错。后来,装满了痛苦的回忆。因为拖班级的分数,经常遭到老师的批评,因为不合群,经常受到同学的白眼,我的课桌永远在班级的最角落,我对读书产生了恐惧!在学校里也越来越沉默……

后来,妈妈将我带到了达敏学校,说那里更适合我。那时候的我以为是一次转学。可是到了这里,我发现我的同学们和原来小学里的同学们有些不一样,我有点不高兴。但是,我喜欢这里的老师,她们是那么的耐心,她们对我,对我的同学们是真的好,我被表扬了,我能站在台上唱我最喜欢的歌,我做了特奥领袖,我有了那么多的朋友……我永远不会忘记,拿到第一份成绩单后我兴奋得一夜没睡觉!

注:本节内容根据学生日记改编。

刘校长还发现了我说话很好,不仅让任课老师在课堂上给我开口的机会,还找老师教我朗诵、演讲。以后每次有客人到学校,代表同学们讲话的肯定是我!一次,我在城隍庙向来自全国各地的教授介绍了宁波小吃,我得到了他们的表扬。我那时是多么开心啊,全校同学都会羡慕地看着我,大家都很喜欢我!

我从来不知道读书是这么的快乐。

一次偶然的机会,刘林老师发现了我的另一项特长——打乒乓球,他让我课余多练习,给我做陪练,校长还从青少年宫请来了乒乓球协会的教练对我进行专业的训练。慢慢地,我也喜欢上了我的同学们,我们一起上课,一起玩,在课堂里,我们一起唱歌,一起跳舞,高兴了,我们还拥抱在一起,我知道他们也真心喜欢我。后来,我还去北京参加全国特奥会,拿了乒乓球单打金牌呢。

很快,我从一个小姑娘长成了一个大姑娘,我进了职高班。在职高班里,课程可不一样了。第一个学期,学校请来了陈老师教我们家政,她教我们怎么擦玻璃、吸尘、铺被单。后来还请来了李老师教我们园艺,种青瓜、番茄、毛豆,还有各种蔬菜,可好玩了!在职高班,刘校长还亲自带我们去汉通酒店学习叠餐巾、摆餐具,带我们到披萨店去学习招待、点菜。

两三个月前,刘校长还告诉我一个好消息,说把我推荐到了欧尚超市,那是我们学校的合作单位[注]。刘林老师带我去面试过了,体检好了,他告诉我,过几天就可以去上班了,我非常高兴。今年毕业的同学都找到了工作。

注:即达敏学校教育协作理事单位。

那天，刘林老师一早就到了我家，因为我要到欧尚去报到。我也起得特别早，我要仔细地准备一下。出门之前，刘老师还告诉我上班该如何打扮，提醒我带好相关的证件。看来，上班不是一件麻烦的事情。走在上班的路上，经过一条大马路，以前老师教过我们过马路要走人行横道线，但是我和刘林老师在马路边等了很长时间，这些车都像飞快的刀子一样飞了过去，我不禁担心以后我自己一个人上班的时候，要是下夜班，我怎么办呢？来到了欧尚，这个超市离我家不远，可是今天我不是和妈妈一起来买东西。刘林老师陪着我办好手续后，肉食部门的莫经理就带我来到了我将要工作的地方，仔细交代我要做的事情，还有一些重要的注意事项。肉食部门每天早班是四点，经理十分照顾我，让我每天早上九点上班，并且提出今后有空他会亲自教我的。看到经理对我很好，我对今后的工作充满了希望！就要在这里上班了，我还是有点兴奋。

几天后，是单位的入职消防培训，来上课的同学（哦，应该是同事）蛮多的。老师拿来了灭火器，教我们怎么使用，还有教我们在火灾的时候该怎么办。我觉得这些内容在学校里老师们都教过我，老师问的问题几乎都是我回答的，老师还表扬了我。那些同事们，他们的老师难道不教他们这些吗？

第一天上班时，我比规定的上班时间提早了一个小时来到单位。领导告诉我一个好消息，说我不用上夜班，这可真的是好消息，我就不用怕在下夜班的时候过那个大马路了。开始上班了，今天师傅交给我的任务是学肉品的包装，还有把这些包装好、打好标签的肉品放到冰柜合适的位置。师傅手把手地教我包装，这种包装方法似乎和家里用保鲜膜盖碗大不一样，还有好多的要求，不干不知道，还真难。把包装

好的肉品放进冰柜,就更麻烦了,师傅说单单猪肉就分一百二十多种,这上哪里找啊。上班,看来不是件容易的事情。

　　我只有多练,多背,才行啊。我不想给达敏学校、刘校长、刘林老师丢脸。每天中午,顾客少,我就抓紧时间练包装。

　　师傅们会经常帮助我,看我在练,经常会来指导一下,那个胖师傅手把手地教我好几次了,看得出,他们都是好人。

　　上班两个月了,看来一切都很顺利,我已经可以熟练地包装了,肉品的编号我也记得差不多了。我和师傅们的关系越来越好,我可以自己干自己的事了,他们也可以忙他们自己的事情,不用总是边忙自己的事情边还要照顾我,他们也可以轻松一点了。

　　再过十天,就是我的生日,我马上要二十岁了,我要用自己的工资,给自己买个好看的生日蛋糕。

　　我可以用我的手来养活自己了。

第五章

愤怒的花朵

柳莹

女，未足月早产儿，重度智力障碍

情绪起伏大，易激惹

出生时生母只有十八岁，出生后即被遗弃，与养父母生活在一起刘佳芬希望城市每一个角落的人都能听到孩子们未说出的心声:"我不是笨,我是学得慢,请给我时间,再加一点点空间。"

2008年9月15日

特别的一课

守候在车站的孩子们，像电线上的麻雀，叽叽喳喳说个不停，互相交换着对这个世界的看法，有些孩子，互相听得懂，交流甚欢，有些孩子，各说各的，但并不妨碍他们在谈话中获得乐趣。李华想，无论是桥头上的农夫，还是议会上争得面红耳赤的政客，无非也是采取这样两种交谈方式——要么互相沟通批驳，要么自说自话。

这条熟悉的线路，多年来，它载过孩子们上学和回家，也载过坐过站迷过路的孩子重返学校，甚至，它也熟悉他们独自偷跑的足迹。

只是自从社区教学走上正轨后，几乎找不到偷跑的孩子了。倒是一群一群的孩子结伴着来去，开始他们每周一次公开的"旅行"。

公交车驶过来。在孩子们的眼里，它或许就像一匹高头大马，要带他们去远方。车子来到他们跟前，发出轻轻的刹车声，是它停下脚步，打着欢快的响鼻，邀请孩子们上车去。孩子们喊着它的名字——3路，3路，像呼唤着爱马的名字。去社区教学，对他们来说，似乎不亚于去浪迹天涯、周游世界。

李华走在最前面，拉着柳莹的手，上了车。姚望走在队伍中央，两个副班主任走在最后面。两个班级，十六个孩子，姚望的九年级去医院学习看病，李华的七年级去银行学习存钱取钱。

孩子们秩序井然地上了车,娴熟地投币或刷公交卡。上了车,也不吵闹,像在城市生活的每一个人一样,约定俗成地遵守着共同的行为规范。他们一步步在向城市生活靠近,这是个很好的迹象,老师们重复几百遍、耳提面命的事情终于内化成他们的行为。李华想不到让同事们怨声载道、叫苦连天的社区教学,如今却完全地改变了孩子们的生活质量。她曾以为孩子们上不了大学,连就业也是其中的极少数,他们甚至都无法养活自己,怎么谈得上生活质量呢?刘校长说,生活质量是通过内心的幸福感来衡量的,而不是靠世俗世界对个体的价值判断。

李华惊讶于校长对孩子平等的注视,所有人都有权利享受幸福,所有人的幸福都是自己心里的一种感觉,孩子们也一样。而老师们要做的是,在他们走出校园、走向社会的道路上,训练他们适应社会生活的能力,扫清那横在幸福之路上的诸多障碍,让他们最终融入社会。教育协作理事会成立一年多来,成员达到了一百多家,今天去的银行和医院,都是理事会的成员。

在队伍中,她最担心柳莹出现情绪波动,所以时刻拉着柳莹的手,让那沉默的女孩儿挨着她坐。

十四岁的脸庞已经长开了,一会儿看着窗外,一会儿瞟一下李华。雪白的皮肤上嵌着一对黑宝石般的眼睛,脸上覆一层细细的绒毛,像刚刚成熟的桃子顶着一层细腻的果霜。她低下头时,长长的睫毛在脸上画出一道黑色的弧线。

柳莹的外貌美丽得像一个梦,她常常一个人坐着发呆,脸上泛着清冷的光。但几年前,看似温柔如羊羔的她随时会掀起一场暴风骤雨,用脚踢、用手抓、用牙齿咬任何靠近她的人,像一头随时准备投入战斗或正在战斗的狮子。她有着十分特殊的"癖好"——脾气上来的时候,对老师穷追不舍,出其不意地攻击女老师的胸部,让老师们疼得直流眼泪……

那本是多年前的历史了,没想到,不知道什么原因,现在柳莹又返回到十岁时的状态。想到这些年的努力付诸东流,柳莹又回到原地,她以后如何在这个高楼林立的城市里找到自己的乐园?沮丧的心情让这个晴好的早晨也显得不太明亮。

医院到了,九年级的孩子一个个下了车,车上还剩下姚望和王海。

王海紧紧抓住了扶手,低着头,不肯下车。姚望拉他,他的手好像粘在了扶手上。

"都怪我,事先忘记和他说了,我们要去医院,这条线路是去他家的,他一定是以为还没到家。"姚望焦急地说。

车上几十个人静静等着。

"他怎么了?"司机问。

"我们这孩子是自闭症,他不肯下车。其他几个孩子都在车下等着了,麻烦你再等等,我劝他下车。"

李华走过去,说:"王海听话,姚老师不是要带你回家,是要去医院。"

"去医院。"他回答道,像往常那样,盯着自己的鞋子,但依旧纹丝不动。

"王海,同学们都下了车,在等你,姚老师也要下车,你不可以一个人留在车上。"姚望继续劝说。

"不可以。"这是王海的回答。谁也不知道他此刻在想什么。如今他能独立在超市买到老师要他购买的食物和日常生活用品,却依然不能忍受生活的丝毫改变。

"我们都下车吧。或许我们都下车了,他看车上没人,也就下了。"乘客中传来一个陌生的声音。他一边说,一边从车厢后部挤到车门边。在黑压压的人群中,陌生的男中音出乎意料地出现,乘客们都朝他看去。他是个高个子,在人群中移动十分醒目。他的音量不高,语气却很坚定,说:"我先下,你们跟着我下吧。"

令人意想不到的事情发生了。人群中竟然马上有了响应,在车门边的人首先下了车,车厢慢慢在腾空。一切都在无声中进行,李华预想中的谩骂与抱怨竟然没有出现。所有人缓缓移动的脚步通过男中音达成了默契。

李华带着孩子下了车。

她听到司机熄火的声音,下来的是姚望。现在车上只剩下两个人。人们都看着车上,等待着事情发生转机。

最后,从侧门下来一个人影。

司机也下车了。

车上只剩下王海,他看了一眼车站上的人群,移动了脚步。

当他走到车门时,姚望说:"好孩子,下车了。"

他回答说:"下车了。"

当他迈开脚步,从车上的台阶上走下来时,人群中爆发出热烈的掌声。

李华发现姚望的眼睛里都是泪水,她拉住王海的手,说:"谢谢大家,谢谢!"

第五章　愤怒的花朵

"你怎么哭了呢?"李华问。

"我不是哭,我是感动坏了。几年前,他妈妈有次带他坐车,他也不肯下车。她在车上受尽白眼和辱骂,受了刺激,差点就寻了短见。如果她知道今天这件事情,一定比我哭得更厉害!"

"校长说得对,不是人们心怀敌意,是他们不了解我们的孩子。一旦了解了,情况就不一样了。"

"现在,人们从报纸上知道了我们学校的改革,也越来越了解我们的孩子,这样的情形,当初我们谁能想到呢?"

银行在下一站,李华带着孩子们重新上了车,她坐在车厢尾部,透过后面的车窗,她看见姚望还站在原地,王海低着头,站在她身边。姚望正朝公交车挥手告别。李华相信,暖流出其不意的来袭,一定让姚望措手不及。

到了银行门口,李华问:"我们怎么去存钱啊。第一步,先找到银行所在的地方,你们看,招牌就在草坪上,我们一起读,'中国工商银行'。"

柳莹认不全,认得"中""工""行"三个字,但她的嘴巴也跟着同伴们一张一合,像一条努力浮上水面呼吸的小鱼。她似乎也在努力弄懂那六个字的含义。

"好,我们请小捷和小磊走到银行里面去看一看。"两个孩子手拉手,慢慢走过去。但是,他们的方向竟然不是朝门走去,而是来到了招牌旁边。

他们围着"中国工商银行"六个字,问李华:

"老师,是从这里走进去吗?"

柳莹也跟着走过去,看着招牌,她一脚踏在字上面,似乎在思考怎么走进这块大理石里面去。

文文来到了招牌边,摸着这六个字,问:

"老师,钱是存到这里吗?"

十四五岁的孩子竟没有一个人弄懂什么是银行,怎么进银行大门。李华为自己感到羞愧,她和他们在一起这么多年,为他们设计的教学方案依然是错误的,她又一次武断地用普通孩子的视角去理解自己有发展和认知障碍的学生。

"这是银行的招牌,不是银行,我们不能从这六个字中间进去。进银行,我们得先找到大门。大家找找,门在哪里?"当孩子们思索着怎么把钱存进一块大理石时,她立即修改了自己的教学步骤。

原来,那是他们人生中第一次进银行。李华为自己与他们共享这人生中诸多的第一次而感到幸福。唐宝宝小捷四年级时第一次学会系鞋带,重度智障脑积水孩子小磊三年级第一次学会自己独立上厕所,因后天脑炎导致智障的小树在五年级时第一次坐着公交车来上学。

那许许多多的第一次,哪一次不是他们人生的交响?尽管听众那样少,也没有掌声,但生命的旋律从来没有高低贵贱之分。

有一天,柳莹突然说:"我可不可 —— 叫你妈妈?"

李华的眼圈红了。她不明白为什么这些孩子总有法子,让她哭。

八个孩子,每个人办一张存折,再在卡里存五块钱。也就是存四十块钱,要办八张卡,存八次。排队,存钱,签名确认,不会签名的,按手印。如果不是教学,大可以把这样的行为看成没事找茬。

但柜台工作人员像接待普通顾客一样接待了孩子们。孩子们一个个来到柜台前,第一次享受到了储户的权利。

第五章　愤怒的花朵

两三年前,老师们带高年级孩子们来银行教学时,并没有这么幸运。

一开始,银行的保安说:

"这么多孩子进去,会影响我们储户办理正常业务的。"

第二次去,他们答复道:"现在人多,下午人少,等人少时再来吧。"

第三次去,就挑了个下午。保安终于于心不忍,说:"你们进来吧,就坐着看看,不要吵闹。"

孩子们进银行存个钱竟这么难,大大出乎老师们的意料。当老师们为智障儿童承受着来自自己的那个主流群体施加的压力时,才明白,弱者真正要发声,并不是一件易事,因为一出声,就被更强悍更嘈杂的声音淹没了。老师们受了委屈回来,在教学沙龙上说,既然银行不对智障孩子开放,那这些银行的名字应该改为"中国正常人银行""中国非智障人士专用银行"。

那时,校长总是认为老师们的想法过激,但发泄毕竟是一种心理疏导,也是为饱受压力的老师们打开一扇窗。她说:"你看你们多去了几次,他们工作人员的态度就不一样了。精诚所至,金石为开。但我不能老是让你们打冲锋,去受委屈。我每个星期都会跟一个班,看看哪些地方需要沟通。然后我会去跑路,找人,找政府,我相信,政府能集中力量办大事,也能集中力量办我们这些小事,一定能解决这个问题。"

李华没有想到,那么难走的路,求爹爹告奶奶地把热脸贴上去,校长一个人单打独斗地上了路,竟这么快走通了。街道和区政府很快层层介入,就像一部沉睡的机器重新获得了发动机。本来各个部件各自为政,轴轮不相连,却因有了政府的协调,一下子都对达敏学校的孩子们敞开了怀抱。

　　李华觉得这一切得归功于刘佳芬,这个独一无二的女性,是她,"发明"了这个特殊教育领域的"中国专利"。

　　今天,李华把孩子们从大理石边引到大门前,告诉他们,进一个地方,首先得找门,那几个字是"招牌",就像厕所的招牌上写着字一样。他们从进门开始就看到柜台营业员招牌式的微笑,并没有因为他们是智障人士而少一分。每一个窗口,都为孩子们开了绿灯,哪怕他们只存五块钱。直到排在最后一位的柳莹在确认存款单上按上了她的手印,李华不由得感慨这个特别的上午是值得纪念的,那辆为了一个自闭症孩子而选择让乘客全部下车的公交车,这一扇扇平等地向每个人打开的银行窗口,在人群中闪烁的平静而善意的目光,让李华感到了时代和人心的变化悄然而至。现代文明飞速发展,一个人在地球的北半球说话,南半球就能听到,但如果这不是因为爱,又有什么意义呢?

　　是校长带领着他们,以爱之不变应社会之万变。多年来校长一直保存着一个心愿——她希望城市每一个角落的人都能听到孩子们未说出的心声:"我不是笨,我是学得慢,请给我时间,再加一点点空间。"

　　李华牵着柳莹的手,领着七个孩子,踏上返校之路。孩子们跟着她,在通向学校的路口一起下了车。在人来人往的大街上,柳莹突然甩开李华的手,走到马路正中。

　　"柳莹,路上有车,快走到人行道上来。"李华喊她,她的另一只手拉着另一个孩子,正犹豫着是不是走过去拉她,副班主任张鑫先走到了柳莹身边。她刚从师范院校毕业,今年替代请产假的前任副班主任,给李华当助手,协助她完成班级事务。张鑫拉起柳莹的手,拽着她往路边走。突然,那只手挣脱了,一把抓住张鑫的头发,铆足了劲,往后拽。

路边的人们都停下脚步,围拢过来:"这姑娘和那孩子认识吗?"

"怎么这样打,她还不还手?"

"那孩子脑子有问题吧?"

"小朋友,不能这样啊。阿姨会很痛的。"

李华叫班长临时管理队伍,走过去半跪在柳莹身边,说:"柳莹,你不要打张老师,快放手!"看着那大学刚刚毕业的女孩儿眼角都是泪水,她心里有了愧疚,好像自己的孩子闯了祸:"如果再不放手,李老师就让你回家,再也不能来上学了!"

多年前,李华也曾这样不止一次地被柳莹抓着,泪水随着疼痛不停涌出眼眶。但她仍用恳求的语气在说:

"柳莹,怎么了?老师好痛啊,快放手,是什么让你不高兴了?和老师说。老师痛死了,痛……"

也就是在那样的场面一次次上演,持续两年后,柳莹说出了人生中第一个词——"痛"。所有的孩子都是先叫爸爸,或者妈妈,而她在十岁时喊出的却是"痛"。

难道这个词是她对世界的全部理解?

柳莹终于放开了张鑫。张鑫刚刚大学毕业,自己还需要别人照顾呢,工作才半个月,就挨了学生的打。她的脸上都是泪水,自己一个人走到队伍后面,抹眼泪。她抽泣着,却不哭出声来,好像正努力用一双手捂住要发声的鼓。

想起这个孩子谜一样的生命,李华与她在一个学校的相遇,为她

流过的无数眼泪,好像柳莹是她的一个亲人,因为抚育和教育,产生了难以扯断的亲情。

柳莹是一个特别不一样的女孩。从进学校的第一天开始,她就开始了随时点燃的游击战和经年累月的持久战。

李华接班的第一年,柳莹九岁。女孩儿的白天,不是一个人孤独而出神地坐着,就是在她伸手能及的范围内,攻击一切她能攻击到的人。

"她无时无刻不在抓人、咬人、打人、踢人。"这是她一年级时的班主任对她的介绍。

李华早就了解了关于她的信息:专门攻击女老师,最拿手的事是抓胸部、拽头发、踢下体。好像她和女性有不共戴天的仇恨。几乎学校里的每一个女老师,都挨过她的打,才来一年,她就有了一个称号——"小魔女"。

她来的第一天,眼神游离而冷漠。在这个智商只有二十的孩子的眼里,李华第一次要扮演的角色,必须是温暖而又善意的,并迅速介入她的生活。在柳莹还没弄清楚她是什么、为何而来之前,她必须变成一个温暖的象征、善意的符号,取得"小魔女"的信任,让她感到自己不仅不是她的对立面,而且是她的好朋友。

这第一步,是多米诺骨牌的第一块,良好的开端会引起以后每一个日子的连锁反应。如果第一天就让她树立起敌对情绪,那么接下去的时光,将会步履维艰,满盘皆输。

或许第一天,柳莹也在用一种审慎的方式考察新环境。她没有表现出过激的情绪,瞟了几眼教室里的同学,既没有表现出要融入同伴、加入游戏的意愿,也没有运用她惯常用的暴力行径。是她在改变自己,还是在做发动"战争"前的准备?

第五章　愤怒的花朵

中午，李华在地上把席子铺好，让孩子们一起午睡。李华把她抱过来，九岁的孩子个子看上去只有五六岁，很难想象这么轻的身子里竟有那么大的能量。娇小的身子，是早产儿未获得良好发育的印证。她抱她的时候，感觉自己抱着一个人体解剖模具，只有她的眼珠跟随李华在转动。

僵硬的身体或许表明她内心的紧张，但这只是李华的一种感觉罢了。她要抱着柳莹在新的教室里睡午觉，当李华抱她的时候，已经准备好了她即将伸过来的双手对她进行攻击，但她不能让孩子看出她的紧张情绪，防备之心会体现在每一个细节上，这同样也会让天生敏感的柳莹产生不信任。出乎她意料的是，柳莹没有攻击她。女孩儿躺下时，脸部表情没有多大变化。李华让她睡在自己的左边，右手边睡的是患选择性缄默的孩子，从来学校的第一天开始到现在，那个孩子没有说过一句话，也没有笑过一次，但在家里却能和父母自由交流，像是一到了学校，就极端害羞起来。

她睡在一群智障孩子中间，孩子们身上发出各种气息和声响，一个孩子中午吃饭时洒在身上的菜的气味，一个单亲家庭的孩子几天没洗的衣服上发出的异味，一个唐宝宝不知什么原因总是从喉咙里发出怪响，一个奇胖的孩子发出与年龄不相称的鼾声或许证明呼吸道可能存在疾病，一个自闭症孩子奇怪而突然的窃笑声……在这些特殊的声音和气息中入睡，她并不觉得是一件令人难受的事情。经过三年的时光，孩子们在她心里的形象已经完全不同于第一次初见他们时那样。她甚至觉得，比起正常孩子来，他们更加单纯可爱、一尘不染。与他们朝夕相处，能让每一个铁石心肠的人，内心都变得柔软起来。

她记得第一年跟着田娟带一年级，做副班主任，孩子们中有尿裤

子的，吃饭不会咀嚼的，从早哭到晚的，把塑料玩具塞嘴里吃的，独自玩吐在桌上的口水玩了整整一天的，把所有同学的水杯从窗户往外扔的，还有从学校翻墙逃跑的。吃饭时，她右手喂孩子，左手自己吃，饭没吃完就去追逃跑的孩子，追完回来发现教室里的孩子正在地上打架哭闹，一个孩子已经把裤脚全尿湿了，田娟正一个个把他们放回原位。她记得自己面对那个被自己的屎尿弄脏的陆明亮时，感到了反胃。第一年面对这些特殊的孩子，让她觉得自己就是长出三头六臂，也伺候不过来。

她从外省来到宁波工作，学校安排她住集体宿舍。一天，半夜十一点她去盥洗室洗漱，刚巧碰到一个孩子也从厕所出来。那孩子披散着头发，嘴巴大张，一双手弯曲，举在半空，好像要迎面扑来。她一瘸一拐地走到李华身后，等李华端起脸盆，扭过头时，恰巧与她打了一个照面。李华手上的脸盆掉落在地，整个校园都是金属脸盆满地打滚的声音。她没有去想这刺耳的声音有没有吓到孩子，而是飞快地跑回寝室，想到自己要和这样的孩子共度余生，她哭了一个晚上。那个陌生的可怖群体竟然要变成她事业的全部内容，也让她备感失意。那时的她每天要遭遇的事情是走出校门去社区教学被别人挖苦讽刺，走进校门为解决孩子大小便、走路、吃饭、逃跑的事情急得团团转。她谈恋爱了，男朋友向别人介绍她时说她在聋哑学校工作，她知道"达敏"这个词在那时还是令人感到羞惭的，这意味着她教的是一群智障孩子。

尽管第二天她发现那晚出现的孩子是脑瘫儿，从小一直在进行康复训练，好不容易才站起来，走起路来一直都是跟跟跄跄的，并不是故意吓唬她，但在那之后的很长一段时间，她都没有勇气在半夜去盥洗室。

在这些特殊的声音和气息中入睡,她并不觉得是一件令人难受的事情。经过三年的时光,孩子们在她心里的形象已经完全不同于第一次初见他们时那样。她甚至觉得,比起正常孩子来,他们更加单纯可爱、一尘不染。与他们朝夕相处,能让每一个铁石心肠的人,内心都变得柔软起来。

第五章　愤怒的花朵

她后来的勇气是什么时候开始恢复的,李华自己也很难说清。

那个多年前的中午,她和柳莹睡在同一张席子上。美丽而沉默的女孩始终睁着眼睛看天花板,偶尔瞟李华一眼。听一年级的班主任说她没有语言能力,当她表达自己想要某样东西时,她会指着它,从鼻子里发出两个音节——"嗯啊",但她却没有表示"不"的细节,她的"不"或许就是拳打脚踢。老师必须通过她的行为猜测她情绪上的雨雪阴晴。李华搂着她,拍着她的背,轻轻哼着一首童谣,希望能帮助她入睡。她想此刻的柳莹一定无法弄清这睡在身边的人是谁,为什么要搂着她,搂着她的时候为什么还在轻轻唱一首歌,唱歌的时候为什么要对她笑。在弄清楚李华是什么之前,随时会发怒的女孩不会采取行动。

她慢慢闭上眼睛,进入了梦乡。第一天竟然这么顺利,让李华感到疑惑,她像在独木桥上行走了一天,害怕坠入河又似乎在等待坠河,却竟然没有坠河,而是顺利走到了对岸。在孩子们放学时,她那颗悬着的心才完全落了地。

但她和柳莹的和平在第二天就消逝了。当李华夸奖柳莹的书包真漂亮,并用手触摸书包上的花纹,以延续她们在第一天缔结的友好关系时,她领受到了女孩儿凌空飞来的一脚,不偏不倚,恰好踢在她的小腿肚上。

她疼得倒在地上,说:"柳莹,你为什么要踢老师啊,老师在夸你,你怎么还踢呢?"

小眼珠黑亮黑亮的,看看自己的书包,又看看她,但没再次攻击。

"我好痛,帮老师来摸摸。"

　　柳莹往前走了一步,目光闪烁不定,李华在这样的目光里自以为读出了歉意。柳莹停了下来,站在原地,一动不动地看着李华。

　　接着,她又挪动了脚步,向李华靠近了一些。李华替自己壮了胆,站起来,牵了她的手,说:"在这里,痛,你帮老师摸摸。"

　　这是她第一次和女孩儿说"痛"。

　　柳莹的手在红肿的皮肤上轻轻动了一下。很奇怪,她虽然不说话,但很显然,她能听懂李华说的每一句话。

　　当李华低头拍去腿上的泥时,抬头发现面前的女孩儿已经不在了。她正爬过窗户,向外跳。

　　"柳莹,等一下老师,不要跑!外面危险!"她在身后追。她发现柳莹正抄过居民楼,拣了一条小巷,拐了进去,她自由控制着自己的逃跑路线,让紧随其后的李华十分被动。

　　"李老师,你穿着高跟鞋,都跑得比风还快!"门卫师傅帮着她一起追。

　　"张师傅,别打趣我了。快帮我追上她啊,万一出了事怎么办?"

　　李华发现她敏捷得惊人,大约追了一条街,李华才追上她。李华拉住柳莹的手,往回走。或许是柳莹感到了手上的不适,突然俯身,狠狠地咬住了她的手。

　　"哎呀,痛死我了。张师傅,你不要抓她,她正在兴头上,你抓她,她会攻击得更厉害,让她自己发泄完了,她自己会放弃。"

　　"这孩子,怎么这么喜欢打人呢?唉,我就只能看着她咬你吗?柳莹,李老师会哭的。你不要咬了!再咬对你不客气了!"张师傅看着心疼,嘴上也上了火。但他嘴上所说的"不客气"始终没有付诸实施。

　　她就像一条被惊扰的蛇,死死咬住李华的手,不等她心里的毒液

第五章　愤怒的花朵

释放完,她就不会松口。李华只能忍痛故技重演,哀求她:"老师痛,不要咬。"

她放开了李华的手,眼中的孤寂与寒冷不见了,取而代之的是生命的气息,眼中甚至有哀婉的神情,这表情再一次被李华用直觉读成了歉意。当李华拉着她的手想往学校走时,她不再有暴力反抗。

"你来学校上学,只能属于校园,不经老师同意,哪儿也不许去,这是规矩!"

但她的双脚钉在地上。张师傅一把扛起了她,说:"如果是我自己的孩子,我先揍她一顿,她或许就老实了。"

"我猜这或许正是这个孩子在遭受的。被爱养大的,和被暴力养大的孩子,完全不一样。"

他抱着她,一开始她还在挣扎,后来就渐渐平息了,不知道是因为疲乏了,还是别的原因。他们顺利地把她带回了校园。

小腿上的伤第二天就凝成了一大块乌青,手上是两排牙齿印。一天时间,柳莹就在李华身上留下了两个标志性纪念。

"真难以理解,个子这么小的她,竟有这么大的力气!这么强的愤怒!才和她相处三天,我就变成伤员了,长这么大,还没这样被人打过!"当她的委屈来临时,能找到的最忠实的听众就是校长。

"孩子愤怒,一定是因为她内心惊恐。只是让你受委屈了,作为特殊学校的老师,要忍受孩子不定时的'体罚',好像是我们的必修课。"

"你说这样的孩子,这么极端的行为,会不会是因为她幼儿时期受过伤,或者她现在正遭受暴力?档案里写着她是被领养的孩子。"

"要了解孩子,先得了解家庭。你可以先打电话给她父母了解情况,尽快把家访的第一站安排到她家。"

聚会时,朋友看到了她手上的牙齿印。

"被猫狗咬了?"

"学生不小心咬的。"

"人咬还有不小心的?"

"她心里也不想这么做。"

"唉,不想做,还咬?你真把这些孩子当成自己的孩子了?我很奇怪,你为什么把时间与精力投入到一件不会有什么回报的事情上?"

"什么是回报?每天他们亲密地喊我一声'李老师',像一只树袋熊抱树一样向我张开双臂,暑假里总发短信说'老师,我想你了',这些不是回报?"

"你满脑子都是理想,正是这理想,害了你。"

"我倒觉得是成全。其实,我一开始也挺郁闷,自己怎么会选择去特殊学校受罪呢,感到自己的精神特别压抑。但几年后,我的心情有了变化,一半是受了我们校长的感染,一半是受了孩子的激励。刘校长说是孩子们的纯真和社会上人们的支持,让她向上、向善。如果你像我一样待在这样的学校里几年,你或许就能理解我的想法了,没有什么比孩子们的纯真无邪更激励人的了。当成人变得麻木时,孩子的爱会让我们充满热情。"

也就是从那一天开始,李华再也没有在上班时间穿过高跟鞋。李华必须无时无刻不和柳莹在一起,并要时时处于你追我赶之中。柳莹上厕所,她跟着去,守在门口。她上厕所,带柳莹去,然后把厕所外面的门锁了,再进到内室,把里面的门锁了。柳莹就留在两道锁住的门

第五章 愤怒的花朵

中间,等着李华。她还没有方法和能力打开任何一道门。

李华走到哪里,必须把她带到哪里,不能让柳莹脱离她的视线。

孩子安排在她的班级,就是她要处理的问题。日复一日,李华从与她养父的沟通中把她九年的生命轨迹拼成了一个完整的故事,也慢慢找到了她愤怒产生的根源。

十八岁的生母,自己还是个孩子,怀上了私生女,那条捆绑于腹部的布匹,要遮住日渐隆起的肚子里包藏的秘密。柔软的布匹,成为戕害小生命的利器。当所有生命在出生前就享受母亲的温柔言语时,她却被母体的惊惧和抗拒所包围。柳莹没能成功地在出生前死去,用生命本身的顽强,提早来到了人世,接受一出生就被遗弃的现实。在短短的三年时间,先是被抛弃在医院的角落,后被养父母收养,养父母没有时间看管,两个人是双职工,就把她带到乡下,托付给老家的邻居照看。

她从一出生就难以教养,早产儿神经功能失调问题明显,神经兴奋与抑制难控制。天生的自控力差造成的直接后果是带她的保姆和邻居换了一个又一个。一个婴儿,在三年时间里经历了被抛弃、被领养、被托管的诸多坎坷。当她开始熟悉一个世界,刚刚建立信任感时,就被转到另一个陌生世界,去辨别那诸多陌生的面孔中,有没有她熟悉的亲人。所有在白天照看她的人,都受困并厌倦于她的坏脾气。更有甚者,为了让她服从管教,拿出了特殊的武器——一枚枚又尖又细的针,它们一次次扎在了她的手上,成为她对这个陌生世界的最初理解,又内化成她的模仿行为——使用暴力。暴力,成了她的武器,她企图以此控制周围的环境。成长,是一个不断再生的过程。而对柳莹来说,在智力欠缺的身体里,生成的不是和平与爱的绿芽。作为对环

境的自然反馈,她灵魂里呼啸的愤怒来自于对环境的不安全感和对抚养者的不信任。

一个在心理和智力上有双重障碍的孩子,来到了李华的生活中,并将在多年的时光里与她分享生命的悸动,这是对她的挑战。

作为老师,一味地忍受是不对的,或许柳莹会在满足中让攻击行为变本加厉,李华像一个医生寻找疑难杂症的药方一样寻找消除她问题行为的方法。每个孩子都是不一样的,一个好医生能做的是望闻问切,探求脏腑经络、气血津液的变化,一步步对症下药,药方考虑周全,互相支持和制约,最终使人体阴阳调和。学校推行的个别化教育,有点像细心诊断、精心配制的药方子。

她制定的蓝图是用八九个月的时间将她的攻击性行为降低到每月一到两次。九个月,要改变她九年的习惯,她也吃不准能不能做到,但与其犹豫彷徨,不如抡起胳膊,说干就干。孩子的行为出了问题,好比一个人生了病,只要五脏未虚损、六腑未衰竭、血脉未散乱、精神未离散,就可以康复。她才九岁,刚好处于人格确立的关键时期。九个月,不是恰巧可以孕育一个新生命吗?

她反复思索、推敲,并一天天对她察言观色,完善她的个别化教育计划。

她相信柳莹身上所有的问题都是由一个病因引起的,那就是多年来让她失去安全感的成长环境。对陌生环境的惊恐导致对所有的环境都不适应。一年级时,无论上学放学,她都要在校门口大哭大闹一场,她几乎是在用号叫的方式表达对转变环境的惊惧和愤怒。她的哭声回荡在校园上空,凄厉得仿佛正在受着酷刑。

一个充满敌意的养育环境,不知不觉造成了柳莹心理的畸变。那

第五章　愤怒的花朵

只能从重构环境入手。

一个发生在 1908 年意大利墨西拿城的事件让那时刚刚开始做班主任的李华得到了启示。那一年，发生了意大利历史上最大的灾难之一——墨西拿城地震。约六十名幸存儿童出现在废墟周围，他们都不知道自己的姓名和家庭背景。那场可怕的地震使他们变得沮丧、厌食和失眠，孩子们彻夜发出尖叫和哭泣。但意大利皇后为这些孩子提供了一个充满欢乐的场所。这是圣芳济修会的一个寺院，有着宽敞的花园、宽阔的走道、金鱼池和鸽子房。"新家"里有适合他们使用的颜色鲜艳的小家具，每个孩子都有自己的餐具，甚至肥皂和毛巾的大小也与他们的小手相匹配。安静而举止优雅的修女教给孩子们良好的行为举止，让他们学习像高贵的王子一样用餐，像谦卑的侍从一样端菜，虽然他们失去了对食物的欲望，但他们对新的活动很有兴趣。渐渐地，他们的食欲恢复，失眠的症状消失，寺院里到处都是他们奔跑的身影和欢声笑语。创伤在一点点褪去。

促成孩子们精神新生的土壤就是完美的环境。李华安排了性格温和的唐宝宝秀秀和柳莹做同桌，让同桌的秉性潜移默化地影响她。她喜欢逃跑，李华就选择在早晨上课前，骑着电动车带着她绕着小巷遛一圈。她去开会，柳莹在她身边"旁听"，她去办事，柳莹是她的小跟班。中午有空时，也让柳莹坐在身后，像她的小尾巴，跟着她到处兜风。

李华想，或许是因为骑着电动车逛城市的视野比徒步的更加宽阔，或许是因为有一个人陪伴出来"放风"心里更加踏实，或许仅仅是因为经过她脸庞的风温柔得像爱的抚摸……哪一个可能都不重要，重要的是，她要让柳莹把过去的记忆淡化，让一个充满温暖、和平和光明的外部世界重新叩响她的心扉，并唤醒她心灵中沉睡的美好。那美

好一定存在，当她回到校园把电动车停下来时，总发现她的眼睛睁得大大的，变得出奇的安静。

她的逃跑行为竟自然而然地消失了。

教室里，像冰山一样孤立的她似乎也在渐渐融化。她攻击别人的历史让所有孩子都唯恐避之不及，李华只能让自己做她的超龄朋友，加入到她的游戏中。李华和她一起搭积木时，女孩儿搭一座城堡，差一个屋顶，李华送了来，大声喊："呀，这是我们的家啊，让李老师和柳莹一起住进去吧。"李华第一次看到了她嘴角的微笑。她原本以为这只"刺猬"从来不会笑的。那会笑的灵魂，一定是因为有了爱。李华把柳莹的笑看成是对她的第一次回报。她们之间有了微妙的互动，如果李华对她的爱是持久的忍耐，那么她对老师的呼应却是灵光一闪。如何保存这转瞬即逝的火苗呢？这是让李华日夜思索、苦苦等待的事情。上课时，女孩儿什么都不会，她还是请孩子们一起帮她回答并借机表扬她："嗯，很好，老师看到你有在听课。"所有的孩子都喜欢吃"补药"，情绪变幻莫测、喜怒无常的柳莹也不例外。

柳莹仍然要打她，但次数在减少，间隔时间在变长。李华知道自己不能满足她在攻击别人时获得的控制欲，否则会变本加厉。每次她发生攻击行为，都必须坐到教室角落的那张思过椅上去思过。

李华教她写字，她却狠狠地拧她的手。与以往不同的是，她听到李华惊叫时，竟主动伸手在她拧过的地方抚摸了几下。

李华说："柳莹，你看你把老师的手都弄红了，老师很痛。不过谢谢你，又帮我按摩了一下，老师觉得好多了。"

女孩儿看着她，动了动嘴唇，突然说出一个音节——"痛"，然后低头再次在她手上摸了摸。

第五章 愤怒的花朵

这个词，几乎成为李华进入她的世界后，她用生命的成长绽放的第一束烟花。李华相信孩子是通过爱实现了自我。在那一刻，李华像一个迷路的人终于找到了出口，她觉得自己的付出获得了最大的肯定。

"痛"这个词，开启了她语言的河流，她渐渐地会说"好""要"，然后是"老师""爸爸"，再后来竟能说出一个个完整的短句——"老师好""交作业"。

每周两天，孩子们出去社区教学，柳莹就被留在学校里，每一次孩子们出发时，她就缠着李华要出去，当她不被允许时，她就又开始打李华。从外面回来，看她总是孤零零地站在校门口张望，李华又为她难过起来。李华一时还找不到更好的办法安置她。

一次，柳莹和往常一样哭闹着要跟着一起去，李华要拍录像，心想，如果她能在录像里找到自己，一定会很开心。制造温暖的机会总是无处不在。

"柳莹，老师可以带你去，但你到超市后不能吵闹，不能打人，也不能乱拿东西，必须留在老师身边不走开，知道吗？"她高兴得跳起来，坚定地应了一声"嗯啊"。李华却一路如履薄冰，她总是时不时地看看女孩儿脸上表情的变化，也要提防万一路人指指点点，对她有言语的轻蔑和刺激，她的情绪会失控。

"柳莹，如果你这次表现好，以后老师每次都带你来。"女孩儿用手指在她的手掌心轻轻地划了划，像是抚摸，又抬起头来，用期待的眼神看着她。

到了超市，其他小朋友像一只只自由的小鸟四散开去了，寻找老

师要求他们购买的东西，只有柳莹还紧贴着她，显示出从未有过的乖巧。"柳莹，你也一起来吧。"得到允许后，她忙不迭地指着自己喜欢的点心说："老师，看……"

回去的路上，她用手抱了抱老师，说："老师——喜饭（欢）你。"

长时间的僵持与对峙，不断消磨着李华的耐心。当她筋疲力尽之时，女孩儿身上却出现了新的行为。拥抱、抚摸这些从未出现过的动作，出现在她和同桌秀秀的相处中。攻击他人的次数从每天两三次减少到每周一两次，有攻击动机时，李华一纠正，就能变成握握手、摸摸脸；摸女老师胸部的动作彻底消失了；接受老师的批评时，从以前的无动于衷，变成了噘着嘴巴，不说话，有时还会掉眼泪……

那时的柳莹已经和刚进校门时完全不同，或许，她身上的伤口正在愈合，痂皮一块块掉下来，还原成一个更加洁净美好的女孩儿。

但接踵而来的却是挫折。过了一个暑假，当李华再一次向女孩儿张开双臂要拥抱她时，柳莹似乎又不认识她了，又开始拽头发、拳打脚踢，并且仍然是找最疼的地方下手。一切仿佛一夜间又重回起点。

李华想，改变这样一个孩子，太难了。当她这样想时，放弃的念头盘踞在心头。但她看到眼下的无奈时也想到更远的未来，如果她长大成人，又有暴力倾向，本来有智力障碍，势必会更加令人厌恶，只会让她未来的生活迅速崩溃。

这样一想，李华就没了退路，只能从头开始。柳莹的情况在第三年有了改变。

那个下午后来被李华时时说起。她们俩像往常一样坐在一条凳子上，李华递给她一个香蕉。柳莹已经学会自己动手剥皮，咬了一口，然

第五章 愤怒的花朵

后盯着香蕉几秒钟,又抬头看着李华,竟然把香蕉递到老师的嘴边,眼睛扑闪着,像两面明镜,倒映出李华的身影。她的表达李华全明白了。

"谁说这孩子的心里是一片荒漠呢,其实只要有一汪清泉灌溉滋润,它就会变成绿洲。"李华和丈夫说起这件事,他却调侃说:"我看儿子往你嘴里塞香蕉,你都没感觉这么幸福过。"

"对正常孩子来说很容易的事情,对我的学生来说,都相当于翻越崇山峻岭,浴火重生,顽石点头,所以弥足珍贵。"

治主病宜用缓方,缓则治其本。在几百遍、几千遍的训练后,她已经把那个"小魔女"的外衣完全撕碎了。女孩儿形成了深刻的依恋,以致她只有看到老师在,才能安心地坐在教室里。她从来不肯去教室外的地方,除非李华去;她不愿意任何女老师接近她,除了李华。她再也没有打李华,而当李华在教室时,柳莹的心思几乎全在李华身上了,也因此不再打其他老师。

"老师,你是除了我,她最信任的人。"她的养父说。

但此刻,经过几年风平浪静的生活后,她在学校的最后一年,从银行归来的路上,她的手竟再次伸向副班主任张鑫和其他同学,李华陷入了一个没有出口的迷阵中。

张鑫还在哭泣,李华拍着张鑫的肩膀说:"让你受委屈了。我刚刚做她班主任时,她就是这样三天两头攻击我。"

"我不是因为疼才哭,是因为我一来这个学校,就把心思全都扑在他们身上,可柳莹还是要打我!"

在问题密布的丛林中孤独行走寻找方向,李华突然发现一件奇怪

的事情,柳莹的情形虽然出现了倒退,但没有攻击她以及与自己朝夕相处的同桌。是因为张鑫作为一个陌生人介入了她的生活,又重新唤醒了她可怕的幼儿记忆?如果是,柳莹的未来势必要面临更多的变化,她又如何适应?

2010年6月4日

你们不在时我才哭泣

刘佳芬把衣服一件件往柳莹身上穿,想:"她的未来怎么办?当她离开学校回到社会,有谁能包容和理解她的种种行为?有谁能保护她?"她一直忍着自己的眼泪,她担心,她一哭,老师们会跟着她一起哭。

她从未如此心酸地为一个少女穿过衣服。

她不能哭,她传播给同伴们的,不能是失望,只能是勇气。她来到学校的第一年,当时全国所有特殊学校的经费都很紧张,达敏也不宽裕,她向一个家长寻求赞助,没想到他却说:"你们吃国家饭的,还要向我们这些缴税的老百姓来拿钱?"这一顿冷嘲热讽,和她同去的出纳被羞辱得哭了,她还是不动声色地听着他讲完,把对方拿出的二百元钱原封不动地留在桌子上。她始终没有流露一点点的难堪与悲伤,一成不变的微笑凝固在她的脸上,像秋霜一样冷静。

当她的手替柳莹穿上衣服时,一直在微微地颤抖,但她依然保持着脸上的平静,像一条缓缓流动的河流的姿态,埋下了突如其来

第五章　愤怒的花朵

的悲伤。

几乎每个女老师都挨过柳莹的打,她们沮丧过,委屈过,甚至痛哭过,却没有一个人记过恨,她们此刻一定和刘佳芬一样,遇到这样突然的事故,都陷入伤感的迷雾之中。

童年时,刘佳芬曾看到过这样的一幕,她甚至已经把它淡忘了,却因为今天患病的柳莹而再次想起。一个春天的傍晚,一个女疯子——这是大人们对她的称呼,穿着撕碎的上衣,裂开的裤腿无法遮蔽她的下体,衣服上都是淤泥,她一边走,一边还用手把身上残存的衣料一条条撕碎。人们围拢过来,笑着说:"唉,那是个花痴吧。""她家柴房没关好,偷跑出来了吧。""嗨,长相倒不错。"

猎奇的眼光,冷漠的眼光,一双双被俗世磨得锋利的眼睛,注视着这个不知从哪里冒出来的"女疯子"。她傻笑着,旁若无人地将自己的躯体暴露在大庭广众之下,全然不知那些好奇的观众和自己正在经历的磨难。这多年前的一幕再次刺痛了刘佳芬,她把脸埋在自己的手掌之后,泪水像一条条透明的泥鳅,从指缝里钻出来。

她早就听李华说柳莹最近情绪不稳定,是因为新换了副班主任,还是家里有变故?没想到更严重的事情还在后头。

"她没上完体育课,就和同桌秀秀一起提早回到了教室。刘林不见了她们的踪影,到处找,等他到教室去看她在不在,她却正用头撞墙,地上扔的都是她自己的衣服。幸好刘林很镇定,他对秀秀说,你在教室门口看着,别让同学们进门,老师去叫人。要不同学们都到教室里来了,可怎么办好?"李华一边说,一边帮她穿上内衣。其他几个女老师们也慌了,一个个手忙脚乱地拿衣服往她身上套。

老师们的办公室和教室合而为一,没地方安置,她们就把柳莹带

到了校长办公室。

"幸好孩子们都没进教室,要不后果真是不堪设想。"刘佳芬替她穿上衬衣,一粒粒扣上纽扣时,从手指到身上,整个人都在发冷。她说:"幸好是在学校里,要是在大街上,怎么办?"

"她从来只打别人,不愿意伤害自己的。怎么突然就犯病了呢?"张鑫说。

柳莹坐在椅子上,迷糊的眼睛好像正陷入一个无法摆脱的梦境,又像是失去方向又受了伤的小兽,游走着,她看上去十分疲惫。

"或许她突然出现的打人行为,也是身体里难受呢。"李华说。

一刻钟后,她突然喊了一声"李老师",好像是从睡眠中醒过来,用惊讶的目光看着围在她身边的老师。

"柳莹,你记得刚才发生什么事情了吗?"刘佳芬问。

她摇摇头。

"你刚才吓坏老师了……"正当张鑫想刨根究底时,刘佳芬给她使了个眼色,张鑫没有继续说下去。

"现在还难受吗?"李华看着柳莹时,眼里噙着泪水。一个让人头疼的孩子,李华带了七年。刘佳芬路过教室门口时,常常看见她们俩坐在同一把椅子上,李华要么在和她说话,像唱独角戏,要么是在给她讲故事,哪怕她没有一个字的反馈,李华也一天天坚持着,像一口永不干涸的喷泉,李华说,她相信柳莹能听懂。她们俩紧紧挨在一起,那侧影看上去既像一对母女,又像一双姐妹。在刘佳芬的眼里,这个一毕业就从事特殊教育的老师没有为人父母的经验,却因为职业早早有了温润如玉的母性情怀,那个当初站在水槽边觉得给孩子洗大便恶心的姑娘不见了,早熟的母性之光在她身上闪现,让年轻的她即使相貌平平，也变得格外美丽。在柳莹的生命里，与另一个女性共享一把椅子，近得可以听到彼此的呼吸与心跳声，这样温暖的日子不会很多，所以那张清冷的脸竟慢慢出现了微笑。李华为了和她建立感情，经过了"蓄意的准备"，她经常抱着柳莹一起睡。一天中午，刘佳芬从窗户前经过，美丽的李华睡在一群长相特殊的孩子们中间，睡眠中的她如此圣洁，像一个双眼紧闭、陷入沉思的女神，又似一朵静静开放的睡莲，让达敏学校的午后散发着夏日池塘的宁静和芬芳。

她用照相机拍下了这个场面。她希望在学校的校史里，这张静谧的照片会以动人心魄的现场感让人过目难忘。

柳莹刚进学校时，一个字都不会说，一个数字也不认识，但李华却用两年的时间教会了她写一个"1"，她说出的第一个词，是她攻击李华后说出的"痛"，这个"痛"字却让李华欣喜万分。两年前，她甚至在暑假里打电话给李华，说："李老师，好。"这样简单的一句话，让李华和碰见的每一个同事都说：

"你们看，我们柳莹都会打电话了，听她爸说，在家还会背唐诗了。"

柳莹不是脱胎换骨，而是把身上的刺一根根拔掉，找回了纯真女孩儿的本相。

"我打个电话给他养父，让她家里人带她去检查一下身体。或许那是疾病的表现，青春期来临时，孩子们的身体和心理都会面临巨大考验。"刘佳芬看着那无辜的女孩儿，摸了摸她的脸庞，天使一样的美丽，被夺走了智慧后，疾病却又突然来临。

秀秀是个唐宝宝,她眯着弯曲的小眼睛,张大了嘴——这是她特有的懵懂表情。她在问她的朋友:"柳莹,生病了?"除了李华,秀秀是柳莹最信任的人。

"嗯啊,头疼。"柳莹看着她,指了指脑袋,谁也不知道是撞击引起的疼痛,还是突然爆发的脑疾。

刘佳芬刚拿起电话,就听到话筒"啪"的一声掉在地上。她的眼前一阵阵发黑,她听到自己还能发出声音:"扶我到沙发。"

她一在沙发上躺下来,整个人就失去了知觉,没法动弹,只有脑子和耳朵醒着。

"刘校长,你怎么了?"她能感觉到李华在掐她的人中。办公室里都是脚步声,她听到声音越来越多,越来越杂。

"叫医生吧,这两天,一会儿省里的专家检查,一会儿孩子出事,把她累坏了。"

"她每天三四点起床工作,就是铁打的身体也经不住啊。"

"刘老师,你不要死!你不要死!"她听到秀秀的声音带着哭腔。她想,她一定是吓着孩子了。但此刻的身体好像不属于自己,她的精神与身体分离了。

一刻钟后,她慢慢地睁开了眼睛。围在她身边的除了老师,还有柳莹和秀秀。

柳莹的养父柳红国随后也赶到了,说:"刘校长,是我家孩子让您受累了。"

"我是老毛病,不要紧。只是一累一紧张,贫血症就犯了。你赶紧带孩子去看看医生。"

"我们领养她时并不知道她脑部有一个肿瘤,后来开过一次刀,每年都在复检,一直在服药,在家时没有犯过,医生也说过,青春期时要当心。没想到会这样。"

她从未听李华说起过,只知道柳莹早产并被遗弃。多年来,柳红国对柳莹的疾病讳莫如深,出了事,刘佳芬和老师们才知道或许她的行为问题除了来源于环境,还有她无力控制的脑疾。

柳莹跟着养父离开了学校,老师们也各自回到了自己的教室。所有的老师都说刘佳芬浑身上下充满了改革的激情,却难得看见她的一滴眼泪。但一想到像柳莹一样的孩子,听到家长们的倾诉,她就像一只奔跑在原野的马匹,在纵横驰骋之时被一支悲伤之箭击中,她忍不住伏在自己的伤口上,嘶鸣起来。她伏在桌上,听到远处道路上车行的声音淹没了她的哭声,变成一片混沌,校园里香樟树上的喜鹊似乎从来不知悲喜为何物,还像往常一样喳喳叫唤。它长长短短的叫声,像白天校园里孩子们在操场上自由的欢笑声。对于一只喜鹊来说,一棵树就可以给它全部的自由;对智障孩子来说,一个用爱运转的校园就可以输送给他源源不断的快乐。但是孩子们的一生却必须与智力发展障碍以及由此带来的精神、情绪的困境相抗衡,摆在弱小的他们面前的,是多大的难题!

刘佳芬想到几年前的情形。那时柳莹才刚读三年级,她暴风骤雨般的攻击行为已经有了好转。她在厕所里遇见了等待柳莹的李华。

刘佳芬刚走进厕所,副班主任就急匆匆地跑来叫李华:"李老师,小磊找不到了!"

"李华,你先去找小磊,我在这里等她。等她好了,我再来和你们一起找。"刘佳芬说。

就这样,柳莹站在里面,她站在门外,开始了她们的对话。

"柳莹,你好了吗?"

"要不要刘老师帮你擦屁股?"

女孩儿推开门,看了她一眼,刘佳芬拿出手纸帮她擦。

"你自己能提裤子吗?"

她摇摇头。

"老师用一只手拉,你用另一只手。"她的左手握着柳莹的右手,把它放在她的裤腰上,让她学习怎么把裤子拉起来。

"好,我们一起到水龙头下去洗手好吗?"柳莹没有点头,也没有摇头,眼睛又瞟了她一眼。刘佳芬甚至担心,她是不是会像以往一样,趁自己不备,一脚又踢过来。

但这次没有,李华的个别化教育使她的攻击行为得到了控制。整个过程,女孩儿都没有说一句话。但刘佳芬要抓住每一个机会,和那些没有语言的孩子们对话,让他们对语言产生反应,直到有一天,能真正开口,说出第一个词语。

现在,那个无法自理的小姑娘已经慢慢长大了,学会了说话,学会了写数字,穿衣服,洗脸,上厕所,也学会了和孩子们一起唱不成调的歌曲。她冰冷的脸上渐渐生动起来,开心时会笑,生气时会皱眉头,难过时会流泪。但今天,她却在大庭广众之下赤身裸体,失去了身体最基本的尊严。刘佳芬想到老师们为她受过的委屈、李华为她流过的眼泪和收获的欢笑,想到一个男老师面对这种突发状况时的尴尬和无助,想到她的家庭必须承受的痛苦,想到多年前,当那个"女疯子"突然走到大街上时,如果她的母亲看到了,一定会像此刻的她一样,被肝肠俱焚的痛楚灼烧着,却无法对任何人说出这种感受,只能默默地替她一件件穿上衣服。

这些想法,让她第一次感到了灰心。她是一个没有时间灰心的人。她赶着做一切她能想到的事情,在她马不停蹄地做一切能想到的教学改革时,她总看到孩子们的眼睛,发呆的、向内的表情,面对她时常常保持仰头凝视的姿势,小小的向日葵,用无辜而简单的眼神看着她,充满了眷恋。而他们父母陷入倾诉时的眼睛,却常常如一潭深水,似乎沉入绝望,又偶现希望的波光。正是这波光,艰难地背负着整个家庭。

孩子和父母不一样的眼神多年来成为她航行时看见的灯塔,像一种神秘而持久的力量支持着她发动老师们编合适的教材,直到它们成为省内特殊学校的通用教材;照耀着她顶着社会上的冷嘲热讽和全体老师反对的压力,到社区现场教学;跑了一个暑假,动用一切私人关系,找教育协作理事单位,却没有多少单位愿意,和政府沟通后一切迎刃而解,鼓楼街道下属的六个社区主任都成为其中的一员。她还记得成立教育协作理事会的那一天,现场爆发出的不多的掌声传达的希冀如星星之火,她没想到全世界都难以成立这样的理事会,但在中国宁波,这支队伍以燎原的形势迅速发展。后来,为了让孩子们有一技之长,能自谋职业,养活自己,她又以社会办学的方式"偷偷"办起了职高班。毕业时,班上所有的孩子都在几家理事单位找到了工作。

就业,是轻度智障孩子可能有的未来。崔晓雅在超市里重复着每一个日子,像平常人一样安定幸福。孩子获得一份简单的工作,走完简单的人生,是所有智障家庭的最后一线希望。

她更加难以忘记,当母亲们得知孩子们有工作时,那一对月亮般微笑的眼睛里,灰暗的神情一扫而光,只有温柔和喜悦。

但像柳莹这样的女孩,她的方向又在哪里?像她一样一生都无法很好地理解并融入社会的智障孩子,怎样走完他们的人生?几年前,当她沉浸在第一届职业培训班学生全部就业的喜悦中时,那些无法就业的孩子,又成了她难以弥合的伤口。在学校里,她想尽办法让他们自理自立、学习技术,但总会有一些重度的孩子被留下来,终生与工作无缘。

一个孩子的命运至少联结着三个家庭,是别人的苦难激发了她,还是她内心的爱本身就具有无穷的力量和视野?刚刚来到达敏学校时,她已经在考虑这个问题了,当她以市人大代表的身份提出关于智障人士居家养老的议案时,没想到政府更早地想到了这一点。1998年,宁波成立了多家街道工疗站。那是为社区内有智力缺陷的人员、残疾人和已大致康复的精神病患者提供工作、治疗的场所。"工疗",言下之意就是让残疾人一边工作一边疗养,这个工作严格来说不能算是工作,只是通过力所能及的劳动,来锻炼手脑,但在这个地方,他们获得了和同伴一起交流的机会。白天,普通人去各自的单位上班,他们就去工疗站娱乐和工作,傍晚,他们也加入下班的节奏中,回到各自的家庭。

在这些人中,有一个孤儿,叫陆明亮。

他有时恼了,就要抓着人家的领子,和别人打一架。

但只要工疗站的老师说,明亮,你这样不乖,田老师会生气的,她就不来看你了。

他总是回答说,我乖,我坐着等甜老师。

刘佳芬和田娟去看明亮时,她奶奶总是说,我都八十多了,今天晚上睡过去,明早或许就到阎王爷那里报到了,到时候明亮怎么办呢?

第五章　愤怒的花朵

学校不能伴随孩子们的一生。陪伴他们一生的,是不断更新和变化的现代社会,是飞速发展的现代文明,是根深蒂固的社会习俗。她想起报纸上的一则社会新闻:一个母亲有一个智障孩子,每天上班养家,没钱请人带孩子,只能放上点吃的,把孩子锁在家里。孩子长到十四五岁,母亲被确诊患了癌症,在绝望中,她选择放火与孩子同归于尽。

不止一个自闭症孩子和重度智障孩子的家长对她说过:"我希望我的孩子走在我们前面,这对我们这样的家庭并不是不幸,而是一种幸运。要不,我死的那一刻,闭不上眼睛。"

王海的母亲张小青曾对她说:"如果有可能,我想和小海换一下。"

对重度智障孩子来说,刘佳芬觉得光有工疗站还不够,必须把时间拉长,关注他们的一生。她目前能做的只是教育,只能从教育出发,为孩子的一生谋划。如果能创建一个特殊儿童的教育公共服务平台,让特殊教育的时间能向前延伸,向后拓展,这将是送给这些孩子们一生的最好礼物。她想象着在三岁之前,智障孩子就能在医院得到及时又准确的诊断,每个幼儿园都有义务接收这样的孩子,老师们会提前做好训练工作,孩子们会享受到专业又耐心的特殊教育,而无须像张浩那样,当有人检查时,床底是他唯一的去处。自闭症和脑瘫孩子会在幼儿园就开始他们的康复计划,特殊教育体系将被拓展,孩子们在特殊学校完成从小学到高中的教育,或者进入普通学校随班就读,班主任老师有充分的特殊教育专业知识去呵护这些孩子。毕业后,可以去残联报名寻求工作,没有正常工作能力的,会有庇护工厂让他们从

事简单工作，可以享受到工作津贴和社会保险，在同一片蓝天下，像一个正常人一样，做一个自食其力的劳动者……

每一个细节都考虑过了，像母亲一样义无反顾地爱，像医生一样找问题所在，像老师一样学会等待，考虑长远的未来。"特殊学校的老师就应该是'三栖动物'。"这是她和同事们互勉的话。她大半生从事教育，就要从教育的角度，促进政府关注智障人士的一生。

当她最初有这样的梦想时，并不知道四年后的党代会上，她会把它变成提案，而市委组织部部长亲自为她挂帅，现场办公，让教育局、残联、民政局的领导们当场表态，做好她理想中的终身教育的每一个环节和衔接工作。

此刻的她不知道那一天的到来，她有了新的想法，就想自己先行一步。她在特殊教育的道路上奔跑，一定会有人不断加入进来，涓涓细流汇成人海，和她一起完成这场马拉松。

每当别人问她为了这些孩子，怎么总是会有层出不穷的灵感时，她说："我一直要用自己的努力，去推动社会的进步。每次，当我们提出关于特殊教育的议案时，政府都很重视。而且，'关心特殊教育'六个字已掷地有声地写入政府的工作报告。我相信，特殊教育的春天一定会到来。"

2002年，她就开始了送教上门，但那时的对象是无法入校就读的学龄儿童。现在，她要让年轻老师和党员去智障幼儿家庭，去智障成人白天生活的工疗站。

她希望有一天，柳莹能像她在学校时那样，在工疗站安静地学会做一件事情。这件事情，可能是用心地粘合一个信封，或者一个纸杯。

第五章　愤怒的花朵

它们，会成为政府部门的定点采购用品。信封飞向四面八方，茶杯招待三教九流，使用它们的人们都会知道还有一群人，用自己并不灵巧的手指，默默努力着，渴望像正常人一样生活，并以自己的劳动证明着个体价值。当柳莹累了的时候，向南的窗户洒进阳光，她和她的同伴们会互相唱歌给对方听。就像多年前，他们站在学校的向日葵花瓣上，一起抬起了小脸，迎着太阳唱歌。

如果脑疾让她再次失控，工疗站的工作人员会像老师一样，用一条毯子，及时地帮助她维护身体的尊严。

如果父母去世，会有一个福利机构找到她，安放她的余生。

多年来，孩子们的父母在无法改变的命运统治下变得悲伤而内向，但张浩的母亲李也悠是个例外。她说："别人家的孩子是为国家养的，我的孩子是为我自己养的，他会陪着我买菜、散步，陪着我慢慢老去。孩子小时候，我们每个下午去培训机构培训，可以获得2000元的补贴。现在的社会福利这么好，我相信，等我死的那一天，会有很多福利机构收留我的孩子。"

为了这一天，无数的人都在努力，而刘佳芬必须擦干眼泪，和家长、孩子们站在同一条战线上。眼泪可以冲洗伤痛，却无法反射阳光。刘佳芬这样想的时候，走在了回家路上。她有一手好厨艺，家人都喜欢吃她做的菜。如果她不回去做饭，全家都会罢餐。

一个人被学生、家人、同事和朋友需要，是多么幸福。刘佳芬在他们的需要中，摇曳生姿，她的耳朵听到了他们的呼唤，她的眼睛倒映着他们的身影。虽然担忧和奔走从未停止，但她在这些美好的呼唤与身影中找到了自己更真实的存在。

2011年9月22日

请再抱一抱我

柳莹走上楼梯，有人在唱歌："长亭外，古道边，芳草碧连天……"他会对着窗外一直唱啊唱，直到把天空从白一层层唱到黑。

楼梯的墙上有很多动物，昨天在，前天也在，歌声那么响，它们一动也不动。不动的动物手上没有针，不会扎人。她摸了摸一只大象的眼睛，它的眼睛连眨都不眨一下。

到了二楼，爸爸说："柳莹，下午爸爸下班了，再来接你。"

柳莹看到一个房间，六张床。她会数，可以从一数到十。其中一张是她的，她在上面睡午觉。不能抱着李老师睡。李老师不见了，达敏学校也不见了。

"1到10，教了多少年才教会。"爸爸指着11问她："柳莹，这是什么？"

"两个一。"她一回答，爸爸就摇摇头，对旁边的女人说："你看她十七岁了，连11都不认识，数学细胞烧坏了。"

但李老师说，柳莹会数那么多数字，好棒。

比起数数，她更喜欢听故事。李老师有讲不完的故事，她的声音软软的，好像一只面包泛着香气。可是，她消失了，教室消失了，同桌秀秀也消失了。她不知道自己为什么到这个地方来，她从来没来过，

第五章　愤怒的花朵

她不喜欢从来没来过的地方。

"柳莹,快叫张老师!"爸爸说。

柳莹抬起头,看着面前的这个人,一点一点看,从眉毛到鼻子,她闻了闻她身上的气息。那不是李老师,好像是昨天在这里的一个人。一个女人。柳莹没有说话,就坐在位置上,听站在窗边的那个人唱歌:"长亭外,古道边,芳草碧连天……"

"昨天她在墙上乱涂,我拿走她的蜡笔,她就来抓我的头发,谁也不知道,她为什么总是对别人拳打脚踢。这小姑娘,长得这么好看,怎么这么凶呢?没办法,我只能让她一个人待在图书室里。"

"在学校时,一开始也打,后来少了,有一段时间基本不打人。没想到,现在又变成这样了!"爸爸在叹气。

"她快把我的头皮都揭下来了。我搬了救兵,今天叫了李老师来。"

"李老师,李老师!"柳莹看着爸爸说。

"你看,刚才她还一声不吭的,一说起李老师,就像条件反射,有回应了。她现在一到星期一,就和我说'上学去',她不知道她已经毕业了,再也不能回到学校去。她不能一辈子待在学校里。幸好有你们这样的工疗站,要不柳莹得关在家里,没人照顾,我们怎么能放心呢?"

柳莹听到了开门声,坐在她对面的一个男人马上走过去,把门关上。

"他叫小魏,自闭症患者,每天一动不动地坐在那里,门一打开,他就起身去关门。"张老师说,"你看,李老师来了,说曹操曹操就到!"

柳莹张开了双臂,说:"李老师,抱,抱……"她闻到了李老师身上面包的甜味。

她搬来椅子,拉着李老师的手,说:"老师,椅子。"然后一头扎到

她的怀里,搂着她的腰。

"难以相信,她对你那么好,对我们却像不共戴天的敌人。我们真是什么办法都想过了,她还是要打人。"

"她不是恨你们,是害怕陌生环境,环境一变,她的情绪就不稳定。在她眼里,任何一个陌生的地方,都可能是危险的地方。一只狼,如果被人伤害过,当它在丛林里散步时,一定是竖着耳朵,对一点点风吹草动和人影,都会反应过激。要教育她,先要爱她,让她信任你。"

爸爸说:"李老师,我这孩子出了校门,还像一块磁铁,吸着你不放。"

"我其实也很想知道她现在过得怎么样,这次过来,正好看看她。她的脑疾好些了吗?"

"在吃药,后来没犯过。"

"那我就放心了。"

柳莹坐到了李老师的腿上,李老师的腿,就是她柔软的椅子。李老师去哪里,她就跟到哪里。李老师又出现了,她拥抱李老师的时候,能闻到她头发里苹果的香味,李老师声音软软的,抚摸着她的耳朵。柳莹的手上拿着彩纸,她的手指记住了每一个过程,她拿着制作完成的东西对李华说:"船!"

"船上带上爸爸妈妈,还有李老师、张老师,还有秀秀,去大海航行!柳莹做驾驶员!"柳莹看到李老师在船上画画,一、二、三、四,一共有四个人。柳莹大声地喊"嗯啊",重重地拍手,把掌心拍得火辣辣地疼。

"我们这里总共有十四个人。你看她,总是坐在角落里,已经五十多岁,八十岁的老母亲每天把她送到这里来。原本是个正常人,后来在感情上受了刺激,就再也没有开口说过话。一开始叫她时,什么反应也没有,现在让她坐好、吃饭,都能听懂了。那个在唱歌的,刚来的时候就一直站在窗口,要么发呆,要么唱歌,现在当了班长,吃饭时能帮忙分碗筷,上课时帮忙分本子,成了我的得力助手……大家在这里都能和平相处,一起画画,折纸,写字,一起进行工场劳作,做纸杯。但柳莹一来,完全打破了平静,她总是在打人,打同学,打老师……"

爸爸说:"李老师,要不再想想办法,让她能像在学校时那样?"

"当你作为一个陌生人向她走过去时,在她眼里,你不是原来的你,有可能是一件玩具布偶,一个似曾相识的女人,一个曾经暴力相向的阿姨,一个和妈妈一样的人,甚至一条穿着衣服的鱼。"李老师把一沓纸交给张老师,说:"这是我以前为她制订的个别化教育计划,一天天坚持下来,很考验耐心,也很有效。还有我写的关于她的一些文章。"

"你们学校就是不一样,我前两天刚在报上看到刘校长代表中国特殊教育者在日本作了一个关于中国特殊教育社区化的报告,日本教授说,日本做不到的事情竟然在中国做到了,想不到中国政府在特殊教育领域做得这么好。看看你的这个计划,就知道老师们不一般啊。"张老师一边看李老师递给她的纸,一边说。

"是的,刘校长有很多先进理念,有着妈妈一样的心,我们柳莹现在还想着学校。唉,我去上班了。我们柳莹是个让人头疼的孩子。唉,领养她时怎么也想不到啊。"爸爸的脚步声远了。他消失了。

李老师的手握着她的手在涂色。她的手热乎乎的,像一只猫趴在她手上。

李老师拿着一本故事书,在说话:"这是一只猫对一条鱼说的话。他说啊,亲爱的小鱼,我好爱你。我喂你面包,你要快快长大。每一天

我都会亲亲你。我答应你,永远不会忘记你。亲爱的小鱼,你越长越大,总有一天,再也住不下小鱼缸,我会带你到海边,让你自由。尽管你是那么开心地离开,亲爱的小鱼,我会想你的。我会在白天一直等你,看你会不会游回来……"

柳莹努起了嘴,看着绘本,说:"鱼,鱼。"柳莹觉得自己也是一条鱼。她闻到李老师的头发里藏着一只看不见的苹果。她的手热乎乎的,像一只猫。

李老师在说:"再见,再见。"

柳莹张开了手臂,说:"要走,要走。抱,抱。"柳莹把下巴扣在李老师的脖子上,用双手圈住她。

然后,苹果的芳香远了。李老师消失了。

柳莹坐倒在地板上,她的眼泪流出来了,流到嘴巴里,咸咸的,不好吃。李老师又消失了。柳莹用手划着被眼泪弄湿的地板,看见那些水滴里,也有一个女孩在哭。

2011年10月13日

她去向哪里

"拨啊,七——七班去。"从阳光工疗站走出来时,柳莹拉着他的手说。她喊爸爸口齿不太清楚,把"爸爸"的发音喊成了"拨啊"。十岁时有一天,她盯着他说:"嗯——嗯——嗯——拨啊!"他看她努力"嗯"

第五章　愤怒的花朵

了很久,原来是开口在喊他,五十岁,第一次被人喊"爸",他老泪纵横。

柳莹开始会喊爸爸后,就一直"拨啊,拨啊"叫他。

他总是对她说:"柳莹,你两分钟来叫爸爸一次,爸爸怎么做自己的事情?连打开电视看一集连续剧都看不安稳。"

柳莹的回答是 —— 照例勾住他的脖子,撒娇地喊一声"拨啊"。

这一声声"拨啊",叫得柳红国没了脾气。

柳红国今年五十七岁,他感到衰老的讯息在身体里一天比一天强大。老年斑像黑夜越来越深,一颗颗从体肤深处钻出来,密布于周身,他镜中的头发由黑而灰,再由灰变得全白。时间的侵蚀眼见着要让他变成一片荒漠。他现在很害怕自己老去。

十七年前,他从医院的清洁工手里接过刚出生五天的她,到如今,做他的"拨啊"已经十七年。七班是李华现在的班级。柳莹回学校去过一次,像以往一样,李华去哪里,她就跟到哪里,好像老师的小尾巴。这一去,柳莹就记住了七班。他喊她回家时,柳莹抱着李华的腰,咧着嘴哭,一直不肯走。今天,她说要去七班,那是女儿想念老师了。

他拉着柳莹的手走在路上,总有陌生人停下来,看着他们父女俩。

他们一定听不懂原来柳莹一声声地在喊他爸。她每隔两分钟就会喊他一声"拨啊",喊他的时候,伸出手臂绕着他的脖子,凑到他的面前,鼻尖都要碰到一起了,这是女儿撒娇的方式。虽然,十七岁的少女有这样的举止,足以让路人驻足惊诧。

"等爸爸妈妈老了,你怎么办?"他看着她,似乎在问她,又其实是喃喃自语。

但柳莹从不操心自己的未来,此刻,她只关心自己的鞋子,说:"拨

啊,鞋!"鞋带散了,柳红国蹲下身子,正打算帮她系,转念又起身说:"李老师不是说过自己系鞋带吗?柳莹自己的事情自己做。"

"嗯啊。"这是柳莹说的"好"。她听了他的话,就蹲下来,缠绕着鞋带。她细长的手指是灵活的,只是像十个迷路的人,徘徊着想找到出口,那手势,在缠绕的过程中显得茫然四顾,吞吞吐吐。

十七年前,柳红国在医院里见到了她。年轻女孩生下她的第二天,就把她扔在医院的角落,自己消失得无影无踪。发现她的是医院的清洁工,她把无父无母的孩子带到休息的工作房里,拿从产房讨来的奶粉喂了她四天。

"有个女孩,刚生下来没几天,人家丢弃在医院,就是有点小。不知道你们家要不要?"那个捡到孩子的清洁工正是他的邻居。

"明天我和你一起先去看看再说。"

他和妻子快四十了,还没有生养。他没有生育能力,看了多年的医生,求了多年的送子观音,眼见着把养儿育女的希望掐灭。一开始,妻子不同意领养,她说隔着一层肚皮,养着也不亲。后来,别人家的孩子从身边经过时,她的眼睛总是盯着看,眷恋与失落的神情向柳红国透露着妻子年老思子的念头。

柳莹来到人间的第五天,柳红国到了那个清洁工的工作房,见到了三斤六两的她。这个七个月就提早降临人间的孩子,像一只小病猫轻声哭着,好像哭着哭着就会失去她细弱的鼻息。

"我买了一条枕巾裹她,两头不露。真是小啊。"他的清洁工邻居说。

他抱起了她,她桃子一样小的脸竟靠在他臂弯里睡着了。他常常回忆起这一刻,觉得那是上天注定的缘分。好像她找到了他的臂弯,

第五章 愤怒的花朵

就找到了可以遮风挡雨的家。

他把她带回了家。他和妻子是双职工，一个在酒店做维修工，得时时待命；一个坐在窗口办证，也不能离开半步。他们没时间照料她，把她带到乡下，四处找保姆。保姆不肯收，说："比猫还小的孩子，胎里不足，我养不好。"

他说："如果能养活，算是她的福气。养不活，也不怪你。"

保姆收下了她。他和妻子每隔两天就去看孩子。养到三个月，告别时，他们把怀抱中的她交还给保姆，柳莹一直哭啊哭。他把她的哭理解为不让他们走。保姆却说："孩子一直很闹，是不是身体不舒服？人家丢掉的，难保没什么问题。"

像第一次相遇那样，柳红国一抱起她，她就止住了哭泣。他们带她去看病。医生为她拍了片子，告诉他："这个孩子既然是领养的，我劝你们还是放弃，送给福利院。基本可以断定，她的智力有问题。"

柳红国动了送她去福利院的念头。他抱着她坐上公交车时，她的哭泣又开始了。

多年后，他向李华谈起这件事："别看她很多事情不懂，在情感上，她从小就比一般人要敏感，谁对她好，她心里一清二楚。她那时似乎感觉到我们有不要她的打算。在车上，她整整哭了一个小时，车上的人都看着我。我抱她摇她拍她，怎么哄也不行，只好和她说——'莹莹，爸爸不会把你扔掉的，你不要哭了。'没想到，这么一说，她果然不哭了。唉，我想我既然说出口了，就只能把她留下了。三个月就知道她是个智障孩子，我们都没把她扔掉，养了这么大，怎么舍得不管她呢！"

"亲生的孩子智力有问题，有些父母都会有放弃的念头，你们把领养的孩子当作宝贝，实在不容易。"李华说。

"我有时候觉得是我们上辈子欠了她,所以这辈子她要来讨债。不知道有多少人说我们也脑子有问题呢。人家自己生的没办法,我去捡一个这样的孩子,唉。"

"七班去!"柳莹回到了家,坐在自己的床边,继续和爸爸说起自己的愿望。

"等爸爸空了,就请假带你去。"柳红国如释重负,他怕路上的人嘲笑她。她的耳朵比针还尖,只是今天的注意力集中在想回学校看老师,没有察觉。要不,谁嘲笑她,她上去就是一阵拳打脚踢。

"嗯啊。"她获得了许诺,就抱起床上的洋娃娃,一头扎在它脸上,狠狠地亲了一口。

它是她最好的同伴。她走到哪里,就把它抱到哪里。吃饭时,让它坐在膝盖上;睡觉时,把它搂在怀里和她一起做梦;看电视时,也始终用左手抓着它。就像她每隔两分钟要搂着他喊一声"拨啊"一样,她每隔几分钟也会亲亲这个始终面带微笑、任她摆布的娃娃,拍打它耷拉的双腿,如果在她的想象里,它不听话,她就拧它的耳朵。她沉浸在这个游戏中,这样的动作,一天可以重复几百次。

洋娃娃脏了,妈妈得做很久的工作说很多的好话,才能得到她的批准,把它放在洗衣机里洗。她搬了凳子,目不转睛地看着在洗衣机里转动的娃娃,等它出来。出来了,妈妈把它晾在阳台上,她也跟着它一起晒太阳,守候着它,等它慢慢变干,重回她的怀抱,她才肯从阳台上回到屋子里。

柳红国看着她守候洋娃娃的背影备感辛酸,十七岁了,却还像四五岁的孩子一样单纯偏执。

第五章　愤怒的花朵

现在，她开始写字了。她摊开了本子，不过是八本，齐齐整整排列在桌子上。她握着笔，写一笔，笑一笑，她最喜欢写的字是"柳"和"红"，是李老师教的，"国"她只会写个大口框 —— 写他的名字，是她最大的乐趣之一。在一个本子写完他的名字，她就凑到他跟前说："拨啊名字，拨啊名字。"

得到他的夸奖后，她继续在第二本本子写上他的名字。一遍又一遍，直到每本本子上都写上他的名字。每写完一个名字，就亲一下她的洋娃娃，与它分享自己的快乐。

当她心情不错时，柳红国觉得自己能安心些，但又担忧她的快乐转瞬即逝。

她写完了名字，对他说："拨啊，看小雨。"

小雨是电视剧《家有儿女》里的那个小男孩，柳莹很喜欢这部连续剧，看了一遍又一遍。刚刚写字前，她抓着娃娃一起在房间里看，插入广告时，她就开始写字。等写完字，电视放完了这一集的最后一小节。她从她的房间跑到他的房间，再从他的房间跑到客厅，打开家里的每一台电视机，再也找不到小雨。

她抱着洋娃娃躺在客厅的沙发上呜呜哭起来，喊着："小雨，小雨。"

电视里的小雨听不到，只有柳红国蹲下身子，抚摸着她的头发说："莹莹，小雨明天会来的。明天再看他。现在电视放完了。"

她伤心欲绝地指着自己房间里的那台电视机，说："有的。"

"是的，刚才有的，现在放完了。他走了，回家了。"

"不让他走！"她的整张脸都是泪水。如果有一天，他和妻子都不在了，还有没有人向她解释这一切？

晚上，妻子下班回来了，一家三口坐在一起吃饭。他和妻子总是

你一筷我一筷往她碗里夹最好的菜。他说:"我这段时间老是翻来覆去睡不着。当初,我们把她抱回来,对她来说,是不是一件好事?等我们不在了,她还要去一个完全陌生的环境,重新适应另一种生活。她能不能适应?如果不能适应,怎么办?"

妻子的眼泪落在饭里,说:"至少让她和我们生活在一起时开心些……"

妻子对孩子的疼爱不亚于他。直到现在,妻子还必须和女儿睡在一张床上,柳莹半夜上厕所,得喊五六声"妈妈陪",无论寒暑,妻子都得起来,在马桶边上陪着她。如果妻子起不来,女儿就开始喊他陪,闹得全家都睡不了一个安稳觉。她入睡时,妻子也得时时醒来替她盖被子,以防她踢被子感冒。

可柳红国闹不明白,夜夜同枕共眠,为什么母女俩碰到一起就打架。

吃完饭,照例要给柳莹洗澡,安静的浴室里一开始只听到哗哗的流水声,后来妻子的抱怨声超过了水声:"你看你啊,都已经是大姑娘了,还要妈妈洗澡,也不知道要拖累爸妈到什么时候?"

柳莹哭起来。像刚刚找不到小雨时那样哭得很着急,好像透不过气来似的。

突然,传来妻子的尖叫声。他知道柳莹又开始攻击母亲了。

妻子从卫生间跑出来,两道眉毛堆到了一起,是他熟悉的怒不可遏的表情。她说:"你这宝贝女儿就不能改掉这毛病吗?一不高兴就打我,打我……"没说完,妻子又跑进去,一边抽着鼻子,一边把柳莹的衣服穿好。

"如果不是怕你感冒,就让你冻着!谁叫你打妈妈?"妻子也不怕

第五章　愤怒的花朵

再次受到攻击,继续对女儿的责难。

"你明明知道她敏感,还要向她唠叨,刺激她,埋怨她,你不是自找苦吃吗?她怎么不攻击我呢?"他说。

"我心里有苦,没地方说,回家说说也不行吗?像我们这样的年龄,都等着退休享儿孙的福了,我们却朝九晚五,晚上还得像服侍三岁孩子一样服侍一个大姑娘洗澡。"

"你能不能向李老师学习下,注意与她交流的方式?爱她,也得讲究方法。她又不是普通的孩子!李老师说她多愁善感,你嘴上说的话,她心里清楚着呢,好话放大着听,坏话也一样。莹莹去散个步,如果别人用嘲笑的眼光看她,她都能感觉到,二话不说,就走过去攻击。你是她的妈,她多想听到你说的好话,你就当她是个四五岁的孩子,哄哄她不就行了吗?"

"我就是忍不住。"

"保姆换了一个又一个,你也知道,她们打她骂她只会起反作用。她从小敏感难教养,你又不是不知道,得顺着她的性子。"

"谁来顺顺我的性子呢?"

"改改你毛躁的脾气。她怎么打自己的妈,不打李老师呢?而且,她不会洗澡,你不会像李老师教她洗脸一样,一步步教她吗?"

硝烟似乎很快散去,柳莹的眼泪来得快,去得也快,一对刚刚经历过战争的母女,忘记了冲突,又像往常一样,和平地相拥而眠。柳红国却没有想睡的愿望,最近他眼睛模糊,医生说是青光眼,关节也疼,他老是担心自己生什么病,生病也是命数,可是女儿的未来怎么办?月光洒在柳莹的脸上,沉睡中的女儿,没有了那些奇怪的喜怒无常的表

情,显示出与她年龄相衬的恬静和美丽,在培智学校,难得见到像她这么美丽的孩子。可是,上天却让她年轻的生母用一条紧紧缠绕的布夺走了她的智慧。

妻子把柳莹哄睡着后,又悄悄起身,开始整理家务。

他说:"等我们老了,她去哪里呢? 一想到这个,我就心痛。"

"我们俩都去住敬老院,把她带上,能照顾她多久,就照顾她多久。还能怎么样呢?"

"再以后呢? 等我们闭了眼以后呢? 让她一个人留在敬老院,和老人们待在一起?"

房间顿时安静下来了。妻子走到阳台上,打开洗衣机。

"以前,达敏学校的刘校长说过,政府在不断健全残疾人的养老机制。说不定,等我们走的那一天,就有地方可以很好地照顾她了。当然,我们一定要一起努力 —— 活得久些。"妻子沉默了很久,背对着他,把柳莹的衣服一件件晾起来,好像她不是在回答他的话,而是在对着窗外的夜色自言自语。

2011年10月14日

他们的青春期

三个月前,姚望和其他所有的老师一起站在校门口,与各自班上的每一个孩子道别,让暑假把孩子们从校园里带走。

第五章　愤怒的花朵

那是柳莹在学校的最后一刻。在告别的季节,她背着书包,穿一条白裙子,像一朵白玫瑰正在开放,只有仔细看眼神中流动得迟疑缓慢的光,才能发现那是一朵有缺陷的小花。

她一边笑,一边凑到一辆电瓶车的镜子前,对着里面的自己笑。她亲了亲镜子里的自己,好像得到了满足,捂着嘴笑。看得出,她很喜欢镜子里的自己。

李华拉着她的手说:"柳莹,去了工疗站,要听那里老师的话。"

一开始是扎向身体的针,后来变成长在身上的"刺"。这是姚望听到的关于柳莹的故事。柳莹张开了臂膀,要拥抱李华,她一定不知道分别在即,也不知道她和老师拥抱的机会,将从常态变成偶然。

她突然以头撞墙的事件曾让所有的老师都感到难过。"幸好,她自己不知道。痛苦的人只有我们老师和她的养父母。"李华说。

扑面而来的青春像一条不断攀爬的藤,缠绕着渐渐长大的孩子们,成为摆在老师面前的重要课题。和正常孩子一样的是,孩子们的身体开始变化,感觉和情绪也跟着变化,但他们的智力和能力却远未达到能自我控制的程度。

青春以各种各样的方式进入孩子们的生命里。

今天,姚望从食堂吃完饭,上楼梯回三楼的教室,走到二楼拐角时,被一对孩子吓了一跳。

张浩右手拿着拖把,左手扶着秀秀的头,在亲她。她认得这个女孩儿,也是唐氏孩子,柳莹的同桌,她常常看见放暑假时她和柳莹像两滴露珠一样抱在一起,在校门口"伤离别"。柳莹说"给我打电话",柳莹要坐上爸爸的电瓶车走了,秀秀还拉着她的手,一直不肯放开。两滴露珠如今各奔东西,柳莹毕业去了工疗站,她读了职高班。平时,秀

秀说话时声音轻得要凑到跟前才能听到,那是个干什么事都怯生生的女孩儿。

"你们在干什么?!"姚望大声喝道。张浩的拖把掉在地上,放在秀秀头上的左手也放下来。他盯着地上的拖把看。秀秀低着头,抓着自己的衣角,女孩儿害怕了。张浩蹲下去,他的右手捡起了地上的拖把,左手的手指却涂抹着刚刚沾在唇边的口水,放在嘴里,发出啧啧的响声,好像还在回味刚才的美味。

当青春来临时,学校的孩子们正发生着让姚望和同伴们措手不及的变化。这是一个与平日无异的中午。一些孩子在拖地板、擦桌子,另一些在水槽边洗碗,高年级的帮助低年级的打扫卫生,不会干活、重度智障的低年级孩子,就坐在椅子上,享受午后时光。在这栋低矮的三层教学楼里,午后的孩子们像三弦琴上的音符,找到适合他们的位置,发出各自的旋律。但青春像阳光一样不可遏制地降临于每个孩子的身上,势必让他们平静的曲调弹奏出新的波折。

普通孩子在他们的青春期,知道该如何控制自己的情感和行为,默默隐藏情愫萌发的秘密。但对她的孩子们来说,秘密看不见摸不着,是无法理解和掌握的东西。

七年级的小树看见每一个到学校来做义工的年轻女志愿者,都要伸长了脖子,凑在她的面前,闻着她的鼻息,一遍遍叫"阿姨"。年轻的姑娘应一声,他就再叫一声"阿姨",别人回应"你好,小朋友!""阿姨!""阿姨听到了,你有事吗?""阿姨!"仿佛这一声声"阿姨",给了他极大的满足。班主任老师走过来,对他说:"小树,回到座位上,你这样盯着阿姨看,不礼貌!"他坐回到椅子上,姑娘走到教室的哪个角落,

第五章 愤怒的花朵

他的眼睛就跟随到哪里。然后,又忍不住起身,走到她跟前,重新伸长了脖子,又一声声叫起"阿姨"来。职高二年级的脑积水女孩青青每天下午放学前,都要站在校门口,一看见刘林过来,就对他吐口水,她要用坚持不懈的吐口水引起他的注意。当有人穿着黑丝袜来学校参加活动时,六年级的自闭症孩子东东竟突然蹲下身子来,用手抚摸她小腿上的丝袜。老师跑过去制止说"不可以",他才不解地站起来,跟着老师说"不可以"。姚望班上一个重度智障的女孩儿在来潮时,把卫生巾拿在手上,大声地告诉别人。姚望反复说了很多遍,才让女孩儿明白那是只能让自己知道的事情。

青春期,这个不速之客,没有通知,没有预演,就住到了孩子们的身体里,要成为他们的主人,控制着他们的一言一行,让他们遵从它发出的无法抗拒的命令。当他们不知道怎么办时,谁能教他们呢?只有老师和父母。老师们必须像当初教他们拿勺子、系鞋带、数数一样,教他们认识身体里新的变化,让他们学会如何应对这些变化。如果一个自闭症孩子走到社会上,也要凑近女孩的头发,去闻她的气味,势必会引起别人的反感。这反感,会理所当然地返回到孩子们的身上,成为他们无法理解的伤害。

"秀秀,你回教室去。张浩一个人留在这里打扫。"

除了秀秀,她那个孤独的小男孩王海什么时候也正悄悄发生着变化。他白皙的脸上爆发出一颗颗如青春宣言般的青春痘,他的声音变成了很有磁性的男中音,他的下巴上如春日麦苗般密密麻麻地拱出了胡子。

他像蚕一样静悄悄地蜕去了皮。他曾经对着自己的手掌笑,对着

它说话,对着它皱眉,好像他的手是另一个人。八年级时,他突然抬起了头,东张西望。

姚望说:"王海,快点写字,不要东张西望。"

"好,写——字,写、好、字、亲、一、个。"他低下了头,用他特殊的一字一顿的语调说着话,嘴角一扬,不可捉摸地笑了笑。

全班同学哄堂大笑,在这齐刷刷的笑声里,姚望听到了孩子们用青春发出的讯息,他们中的绝大多数都像正常孩子一样,理解了"亲"这个词语代表的含义……

下课时,男中音会伸长脖子,向女同学们发出特别的声音:"悠悠,亲亲,亲嘴巴……""小敏,抱一下……"

午休时,他甚至会一言不发,以迅雷不及掩耳之势亲身边的女同学。

得逞后,他掩面而笑。

孤独的小星星,总是围绕着自己打转,竟然觉察到了身边其他星球的光芒,这光芒因为他身体里内分泌的变化而成为对他的诱惑。王海的青春期,和普通孩子相比,没有早一步,也没有迟一步。

"他在家里整夜不睡,翻来覆去到半夜,不停喊妈妈,闹得我有时睁眼到天亮。姚老师,有什么办法吗?"张小青打来电话问姚望。

那时,摆在姚望面前的,是一个新的难题。在生命规律前,人人平等,但自闭症少年自我意识较差,对行为缺乏自控能力,容易冲动,认知方面有障碍,当生理逐步走向成熟之时,心理却不像普通孩子那样获得了成长。身心发展的不协调,既是对孩子们的考验,也是对姚望的又一次挑战。自闭症孩子因为缺乏对人与人之间关系的兴趣,没有同理心,当他们对性产生好奇,对异性产生朦胧的亲昵和爱慕时,表达

第五章 愤怒的花朵

方式往往就显得原始和本能。

当王海一边说"亲亲",一边靠近其他女孩子时,只是听从身体本能的召唤,他无法理解这是一种羞耻的行为,而且是对别人的一种伤害。

他没有正常孩子控制自我欲望的理智,也无法理解他的行为不能被社会接受,那就得造一个"小社会",慢慢让他明白。姚望发现王海常常是对比较安静的几个女同学做出一些身体接触的举动,她把她们找来,告诉她们,要拒绝他"亲亲"的行为,并要求她们坚决地告诉王海"不能亲"。这是绝佳的青春期教育机会,让女孩子们也学会自我保护。

他身边的小社会形成了顽固的防御墙,对他予以严丝合缝的拒绝,不给他一丝机会。身边的女同学位置被隔得远远的,取而代之的是几个安静的男同学。

他总想站起来,离开座位,或是伸长了脖子,想去靠近女生,但身边的同伴总是及时地拉回他,他的"蠢蠢欲动"没有实施就被"扼杀"在摇篮里。

终于有一天,当他嘴里说"亲亲",没人理睬后,甚至自己回答说,不能亲。对姚望来说,这是成功的第一步。但她要追本溯源,正常的青少年能用各种方式将自己的苦恼向朋友倾诉,把疑虑与家长沟通,自闭症学生由于本身的言语表达能力差,与人沟通交往的意识淡薄,心里的困惑无法向任何人诉说。行为的火暂时压下来了,但内心的愿望并不会停止。

谁也不知道一场雨为何就可以捎带来他不佳的心情。到了早操时间,他跑到姚望面前说:"做操了。做操了。"

"今天外面下雨,不能做操了。"

"要做操了。要做操了。"

"下雨,不能做啊,小朋友们都没有出去,王海也不能出去!"

"要做操了!要做操了!要做操了!要做操了!……"

"你不要说了,老师说了不能去!"姚望提高了声调,提高的声音成为对他的刺激。她看到他在咬自己的手,她握住了他的手,觉得有点愧疚,说:"王海,不要咬。"

"不要咬。"他一边说,一边挣脱了她的手,继续低头咬。手指一点点被啃出血来,他的脸上露出了微笑。

"在家里,今年开始,他去外公家,总是把外公自行车的气门芯拔掉。外公说他几句,他就推外公,谁都不知道他什么时候无缘无故和外公结了仇。"这是姚望从张小青那里得到的关于他的消息。

当自闭症遭遇青春期时,姚望发现,虽然有诸多反常出现在王海身上,另一种新的信号却显得如此珍贵——他的脸上总是挂满了笑,他不仅渴望靠近女生,也开始愿意主动和男同学进行简短的交流,与孩子们协作完成一些事情。

姚望从他的微笑和语言中,第一次读到了他渴望与外界交流的信号。

姚望想:这是最困难的时候,也是一个契机。让他找到倾诉的途径与适当的"放纵"机会,或许能助推他的性格日渐完善,逐步走出孤独,帮他建设一个更好的自我。

要把王海的闲暇时间全部填满,姚望为他找的"放纵"机会是音乐、运动和游戏。她为他重新拟订了个别化教育计划——"周一早上音乐治疗一小时,周二中午感统训练一小时,周三中午沙盘游戏一小时,周五中午与老师一起打球练习和沟通练习一小时,其余的运动锻炼和图片程序教学则融入学习生活中,当情绪不好的时候,则特别做音乐治疗和游戏活动。历时四个月。"

音乐一直是他最好的朋友,也是自闭症少年和儿童较容易接受和处理的安全而多元的感官刺激。它给他带来的乐趣和安慰超过了人世间的任何一个同伴。每天课间,姚望都让他给大家吹葫芦丝,用《瑶族舞曲》填充他的时间,转移他的注意力。曲子回荡在校园里,让他的灵魂有了舞蹈的机会。吹奏完,他都会捏着笛孔,保持着最后一个按孔手势,微低着头,迎接掌声的到来。

姚望希望,不息的掌声能像最真诚的赞美,安抚他孤独无依的内心和随时可能出现的情绪波动。

为了让他忙碌起来,把他的午休时间从对异性的过度关注中迁移到其他事件中,姚望让他学习拖地板。地板上用彩色胶带贴好一个个相连的Z字形。这是姚望跟随刘校长去日本特殊学校学习得来的成果,刘校长一看到别人好的成果,就"他山之石可以攻玉"地搬到了达敏的课堂。一开始,王海沿着Z字形掌握拖把的行进方向,然后姚望撕掉其中的斜线,让王海看不到斜线也能在两条平行的横线间继续用走Z字的方式拖地板。接下去,再撕掉其中的一条横线,两条,三条……直到撕掉所有的彩色胶带。现在,他已经完全能够独立地把地板拖完。

"王海真棒啊。"刘校长经过教室门前,看着他敬业的身影,总忍不住夸赞他。

他回答说:"刘校长好!"

刘校长举起手来,王海走到她身边,和她击一下掌。这是多年来他们之间的约定——每次刘校长喊他时,他也必须有回应,叫他"刘校长好",如果叫对了,就击掌,如果没叫对,就不击掌。

那是校长为了让他学会与人招呼,定的一个策略。

有一次,刘校长赶着开会,夸赞了他一句,就急匆匆离开了。他一直跟在她后面,她发现他跟着她,问:

"王海,怎么了?"

他朝她举着手。

"哦,怪刘老师疏忽,忘记我们的约定了。"姚望听到了响亮的击掌声,姚望看到校长眼角的皱纹细腻如波,每一道波痕,都嵌进了温柔:"王海,真是好孩子!"

他其实已经不是孩子,而是挺拔俊秀的少年郎了。

在姚望对王海实施青春期个别化教育几个月后,王海成了班级里最勤劳的孩子,每次拖完地,姚望给他的奖励是让他听一曲肖邦的《雨滴》,这是他最爱听的一首曲子。乐曲让他沉浸其中而无暇顾及其他。

这时候,姚望就会感谢肖邦,他的音乐穿越了时代,平等地赐予每一颗心灵,不管他们外表美丑,智力高低,财富多寡,一样地来到一切需要它们的人类中间,抚慰那一颗颗在旋律面前匍匐陶醉的心灵。

王海孤独的内心,在音乐面前,和所有普通人一样获得了平等的浸润。

在接下去的午休时间,姚望让他学习打羽毛球。刘林教他,姚望和校长有空时也与他对垒。几年前,父亲王勇不再躲避孩子在达敏学校读书的现实,天天中午开车从单位赶来陪他打球,几乎一天都不落下,一直坚持到现在。

父亲和刘林成了他最好的运动伙伴。

第五章　愤怒的花朵

一年后，他的青春期还在继续，但他干扰异性的行为，已经成为过去。

偶尔他像想起来一件久远的事情似的说起他的"往事"，口中说着"亲亲，亲亲……"，但他既没有向女孩子走去，也没有伺机而动。无论是姚望还是孩子们，都似乎没有听到他的话，继续做手中的事情。他不再有行动时，姚望采用淡然处之的方式，让他对自己的"出格"行为感到无趣。

这时候的他更像是自言自语，再也没有付诸行动。

姚望为了让他明白，在黑板上画了三个圆圈。她说："最中间这个圈，是我们最亲的人，爸爸妈妈、外公外婆，只有这个圈子的人，才能触摸自己的身体，还可以拥抱他、亲吻他。第二个圈子是你的同学，你的老师，这个圈圈的人就跟你第一个圈的人不一样，这些人你只能跟他握握手，或者只能摸一摸头发。第三个圈就是陌生人，你不认识的人，这个圈的人你是不能碰的。"

姚望希望借助这三个圆圈的图示，能让王海慢慢理解这个对他来说难以理解的圈子。

从一开始到结束，姚望从未觉得王海的行为是可耻的。王海也是一个有独立人格的人，饮食男女，人之大欲存焉，但他没法理解和承担爱情这一种人类最复杂的社交。所以要改变他、制止他，只能尊重他，用最自然的方式，让他的行为渐渐地消退。

虽然，姚望多么希望，有一天，王海也能像正常的青年一样，了解爱情，并享受到它的甜蜜。但对他来说，适应社会秩序，比享受爱情，更加重要。

初秋正午的阳光，让此刻的姚望有了短暂的放松。她把手放在肚子上，摸着肚子突然凸起的那个尖角，她猜想那是他的小脚。身体里的那个小生命来得有点迟，慢慢隆起的腹部变成了一个饱满的宫殿，让她感受着他的一举一动，他无声无息地强大着自己的生命，等待着有一天瓜熟蒂落，大哭着与这个世界相遇。学生们的母亲在当初怀上他们时何尝不是像她一样，对这个即将出世的小生命抱着最热切的梦想。他一定是个大眼睛，有一口好牙，有一个挺拔的鼻梁，很聪明，个子也不矮，长大了特别有出息……

她比以往任何时候都要理解那些悲哀的母亲的心境。

姚望站在窗边，看到张浩还在楼梯上拖地，姚望在QQ上分别给钟月和李华留了言，秀秀和张浩长大了，他们的青春正需要引导，老师和父母需要共同面对同样的问题。操场上，班上插班来的小路在打球，他的对手是王海。小路二十岁了，和王海一样大。两年前的夏天，他第一次走进校门。在这之前的十年里，他离群索居，每天也上课，不过都是家庭教师赶到他家里上课。

父母无法承受自己生下一个自闭症孩子的压力，一直把他作为一个秘密，放在家里。家庭教师教他学习了一千多个字，小路有空时就指着杂志上的文章，按着一个字，念一个音。

没有一个字读错。

但他依然无法学会与人交往。

王海是他人生中的第一个同桌。在学校里，有一件很奇怪的事情，自闭症孩子喜欢和自闭症孩子一起玩，唐宝宝喜欢和唐宝宝一起交流。或许在他们的世界里，也一样是气味相投心相近，物以类聚，人以群分。

第五章　愤怒的花朵

小路从小到大只吃外婆做的饭菜，到了学校，食堂的饭菜一口都不吃，外婆就每天中午骑着自行车，带着保温盒，给他送饭菜。菜里如果有肉丝，他就一根根挑出来扔掉——他从不吃肉。

午休时分，王海会拿着球拍叫他：

"打球去！"

他顺从地跟随王海来到教室后面的操场上，一起享受羽毛球给他们带来的快乐。

当姚望在窗口望着他们时，那对孩子几乎没有语言的交流，但在身体的运动中，可以看出他们脸上偶尔出现的微笑，像云层的缝隙里透出的一丝亮光。她看着王海时，想："一米八十的个子，已经是个大人了，功夫不负有心人，他竟然能带着同伴一起打球了。"

他成了小路的小老师，当小路跟随班级学习去超市买菜时，看到了货架上的薯条，说："吃薯条！"就径直向它走去，一只手抓住了那袋薯条，开始扯封口。

这似乎成了多年前王海的翻版。那时的他甚至会为了要冲向喷泉，抓伤了刘校长的手。

就在姚望走过去打算制止小路时，王海紧紧地抱住了他，说："不可以！"

那个"不可以"，完全出乎姚望的意料，孤独的孩子发出了无比珍贵的声音。他已经能完全明白秩序的存在，并且能对违反秩序的人说"不"。

多么了不起的"不"，他不仅对自己说不，也开始对别人说不。他给予姚望的喜悦从未停止过。

此刻，王海和小路的羽毛球局没有胜负，只有飞翔的球，替他们传

递着旁人难以分享的快乐。

原来班上的三个自闭症孩子都毕业了,只有王海跟着姚望上了职高班,加上插班进来的小路,班上一共有两个这样的孩子。校长总是担心王海和小路情绪不稳定,会伤到怀孕的她,想让她换个班级。姚望说:"这么多年过去了,王海对我很依赖,他不会表达,但我能感觉到,他也不会伤害我。而且,即使万一有了攻击行为,我也能保护好自己。至于小路,有王海看着,我放心。而且,我心里怀着对他们的爱,正是对宝宝最好的胎教呢!"

当你有一个自闭症孩子时,他就对你的人格提出了挑战。如果那些孩子不能像正常孩子一样,给父母养老送终,对老师知恩图报,父母和老师一切的付出都很难有世俗意义的回报,他的父母还要不要他?他的老师还应不应该努力教育他?这或许是很多人会问的问题。

姚望的回答是,一个能力强大的生物扶持能力低下的同类,本是自然界最普通不过的现象。

姚望这样想的时候,王海已经打完了羽毛球,他来到教室里,走过来拉着她的手。

姚望感觉到一个孩子对她母亲般的依恋。当他心情不错时,总会来拉她的手。在他的情感世界里,这不是恰恰代表着他独特的抒发吗?

谁说自闭症孩子是冷漠的"冰箱孩子"呢?

第六章

一个都不放弃

- 吴悦
- 因没有入学读书,未测过智商,智商程度不详
- 达敏学校送教上门对象
- 送教九年后,吴悦毕业

刘佳芬相信，随着福利和社会保障制度的不断完善，在不久的将来，政府对渐老的残疾人和行动不便的智障人士的帮助会从提供经济补贴转为建立一个制度，比如由收养机构、银行、第三方监督机构组成一个托养组织，当遇到像吴悦一样无法站立的孩子时，会有专人把他送到学校和其他孩子一起读书，家长离开人世时，不用担心重度智障孩子何去何从。这个制度会代替父母们照顾孩子的余生。

2011年11月22日

黑夜的等待

天渐渐黑了，又一个夜晚掉下来，落在每一个人的身上。落在她的身上时，撕也撕不掉。

对吴悦来说，这个夜晚与别的夜晚并没有什么不同。

她不喜欢它，但它总是不可逆转地到来，就像她从家里来到陌生的养怡院，她被搬过来搬过去，不可逆转地搬过来搬过去，就像她身上的体重一天天在增加，直到奶奶有一天抱她时，和她一起摔倒在地上。她听奶奶说：

"哎，一个十岁的孩子怎么重得像块铁似的！"

真正不可逆转的事情是没多久，她就离开了家。她离开家的时候，妹妹扯着她的衣袖，说："姐姐，哪里去？我也去。"

吴悦看着一岁多的妹妹，已经会走路了。她有一双好腿。

现在，吴悦离开家多少年了，再也没有回去过。

每次养怡院的李阿姨问：

"吴悦，六年了，你天天在这里，你最想去哪里？"

"想——回——回——家！"她张开嘴等很久，才能听到自己的声音。不像别人，一张嘴，就能听到声音。

"可是妈妈开公交车，爸爸在公司里当保安，他们休息的日子都不

一样。你这个小胖子，一个人怎么能搬得动你呢？"李阿姨是天天和她在一起的人。天黑了，她和另一个护工阿姨一起把她从轮椅搬到床上。天白了，她们俩又合力把她搬回到轮椅上。

她知道白和黑。她以前不认识颜色，后来，达敏学校的老师来了，握着她的手给花儿草儿涂颜色。她第一次看到这么好看的笔，她最喜欢红色。花朵是红色的，漂亮阿姨的嘴唇是红色的，乔老师有一条很好看的红裙子。

夜深了，她坐在床上看"电视"。她的"电视"其实是一扇玻璃窗。她的床朝北，床的南面有一块高高的靠板，等所有人上床后，整个房间熄了灯，只有电视机还开着，可是她无法移动自己的身体，越过靠板看那台在南边的电视机。北边的那台只有一个频道，一打开就是雪花片，等啊等，这些雪花片怎么也下不完。

有一天，她有了一个惊喜的发现——窗玻璃上也有一台"电视机"。

"吴悦能在玻璃窗上找到电视倒映过来的影像呢。还能分清电视上谁是坏人谁是好人，很不错呢。"李阿姨总是这么夸她。

天黑了，就是这扇窗户陪着她。

等窗户上的电视也没有了，她就睁着眼睛听声音。在她身边，睡着很多老人。如果窗外响起了"呜啊呜啊"的声音，那是救护车来了，来救老人了。她看到天花板上的灯打开了，地板上传来很多脚步声。有一次，她看到斜对面的老人被一群穿着白衣服的人抬到了担架上。在明亮的日光灯下，他大张着嘴巴，好像要开口说什么，却说不出来。

第二天，李阿姨说：

"7号床死了。"

刚来的那些晚上,她很害怕救护车在夜里哭的声音,它哭得太响了。她捏着自己的被角,躲在被子里。她叫"李阿姨,李阿姨",可是她的声音很轻,阿姨没有听到,后来她开始叫"妈妈""妈妈",叫着叫着,眼泪就把被角弄湿了。

她叫了很久,妈妈也没来。

后来,妈妈来看她时,她说:"救老人,死。"

妈妈回答她说:"他们去别的地方了,吴悦别怕,他们以后还会重新变成小孩。"

她渐渐不怕了,因为每年总有几个同房的老人要被搬走,常常就是在夜晚。有些老人发出巨大的呼噜声,有些也像她第一次见到的那个老人一样,大张着嘴。她从没听到他们的嘴巴里说出什么话来。

阿姨曾经对老师说:"你看,她见惯了,看上去也不害怕了。吴悦,你看见死人不怕,对不对?"

她低下头,笑笑。

"你说她怕又有什么用呢?要不是民政局强制安排,这样的孩子能到哪里去呢?照理说,养怡院只收老人的。"阿姨继续说。

现在,黑夜又一次粘在了她的皮肤上。身后那台电视机传来的声音和她眼前玻璃窗上的影像合为一体,后来电视的声音也没有了,她就看窗户外面大楼上的灯光,在天空上划来划去,好像在找什么东西。她的耳边是老人们的鼾声,因为疼痛发出的"哎哟哎哟"声,患病时的呕吐声,老人窸窸窣窣艰难地下床,方便时发出的痛苦的声音,有一个声音隔一会儿就会骂一声:"×你妈!"

黑夜里，传来陪房的李阿姨的声音："明天，达敏学校的老师又会来送教了。"

吴悦想着明天能见到乔老师和孙老师，她就捏着被角，用被子罩住了整个脑袋。她要在黑夜里掉下去，掉下去，这样，等她睁开眼睛时，就能看到她喜欢的白天把黑慢慢撑破，在窗外升起来。鸟儿叫啊叫，黑夜就完全脱掉了黑衣裳。然后，乔老师她们就会出现在她的面前，她们的手上总是拿着她喜欢的蜡笔和爱吃的水果。

她们一个个穿着高跟鞋，还有漂亮的裙子，露出两截灵活的小腿，好看极了。

她们带给她的书，她都翻起了卷，有的已经翻破了。她最喜欢看书。爸爸妈妈也给她带来书，上面画着各种食品、衣服和手镯项链。她看完了学校的书，就看爸爸妈妈带来的书。她指着裙子，对妈妈说："漂亮，我要！"

"吴悦不能穿裙子啊，你总是要摔倒。穿裙子，一摔倒，就不好看啦。"

她又指了指高跟鞋。

"你又不能走路，穿高跟鞋干吗呢？"

她低下了头，只能一遍遍用手摸"书"上的鞋子和裙子。

"咱们吴悦，突然长成大姑娘了，知道爱美了。前几年，你可没这个念头。"这是李阿姨的声音，"可是要穿高跟鞋，得减肥，把二百斤的肉减下一百斤来，像乔老师那么瘦。要不，你这两条大象腿，穿着不好看啊。"李阿姨走过来，捏了捏她的两条腿，咯咯地笑了起来。她捏她的左腿时，她没有感觉，好像它不存在，它是像老人一样，死了吗？不像李阿姨挠她时，她的身体会感到痒，跟着她咯咯笑。

她知道她的身体里有些死了,有些还活着。

"怪妈妈!"她对妈妈说。

她看到妈妈低下了头,用手背抹眼睛里的泪水。吴悦的眼睛里也全是泪水,一滴一滴落在那没有感觉的左腿上。

"你看这孩子,说起自己的伤心事,一点都不傻呢!"李阿姨说,"怎么能怪你妈妈呢?怪你自己,在妈妈肚子里不老实,结果把脚踢坏了……哎,谁都不怪,就怪不长眼的老天爷!"

"怪谁,又有什么用呢?"这是妈妈的声音。

她很想像妹妹一样,去学校上学,她指了指达敏学校的课本,说:"读书!"

妈妈说:"你去上学,得两个人陪读,一个人扛不动你。爸爸妈妈如果都跟着你去上学,我们家就没人挣钱养家,就会饿肚子。"

她记得很多年前的一天,刘老师、乔老师和其他几个老师敲开了她家的门,站在她的面前,说:

"吴悦,老师陪你在家里上课好吗?"

那时,她还在家里,还没有来养怡院。奶奶抱着她上厕所,抱着她洗澡,抱着她到门口晒太阳。

那时别的孩子的脚都长在自己身上,只有她的脚长在奶奶身上。

现在,她的脚长在了轮椅上。

在老人们发出的各种各样的声音中,她盯着天花板上的一小块亮光,沉下去,沉下去,沉到了睡眠之中。像一块石头,沉到了海底。

她梦见自己穿了一双黑色的高跟鞋,鞋面上还有一对红色的蝴蝶结。像乔老师那样,她穿着它,走路时发出"笃笃笃"的响声。

2011年11月23日

敬老院里的花季

她坐在窗前，阳光打在她身上，一个十六岁的小姑娘，坐在自己庞大的身影里，对着窗外发呆。她的肩膀左边高，右边低。经年累月右脚用力，又深陷于轮椅，完全扭曲了少女的脊柱。她整个人都变歪了。

女孩畸变的身影让乔雪月觉得疼惜，她第一次见到她时，她八岁，她的背还是直的。护工李阿姨向她描述着吴悦这个中午的等待，吴悦知道她们要来，用手抓着桌子，把大半个身子趴在桌子上，靠桌子和右脚微弱的力量支撑着，伸长了脖子，往楼下看，不知道看了几回了。

吴悦一直来都这么做。有一次，不小心扑倒在地上，另一个护工有事出去了一会儿，李阿姨一个人怎么也拉不起来。李阿姨拉着她的手臂要让她起来，她无法动弹的身体却在地上打转。她甚至一边打转，一边笑。

"她还以为我在和她玩呢。"李阿姨说。

乔雪月能想象那样的场景，一个无法自控的身体旋转着，在别人看来如此辛酸的场景，对她来说却因为习以为常而变成了一个游戏。这是吴悦这些年的新"家"——在这个逼仄如集体病房的房间里，到处充斥着老人们腐败的酸味。乔雪月闻到了衰老的气息传达出死亡即将来临的讯息。住在一楼的老人还有一定的活动能力，能自己出来晒晒太阳，聊会儿天。三楼的老人大多终日躺着，从七十多岁到一百岁，十五个老年人，有中风的，有因为脑膜炎多年卧床不起的，有老年痴呆的……因为耳朵都不太好使，整个房间的老人们少有交谈。电视机里各种人物爱恨情仇的声音和房间里因为疾病发出的呻吟，夹杂在一起，弥漫在养怡院三楼的每一个角落。

在这些即将消殒的身体中间，死亡觑着眼，要随时把他们中的一个带走。而年少的吴悦出现在这些身影之中，如同荒漠中的一叶嫩芽，孤独地绿着。

乔雪月想起自己曾在报上读到过的一则消息："韩群凤溺毙脑瘫双子后服毒欲自杀未遂"。十三年前，一对双胞胎儿子来到这个叫韩群凤的女人家中。因为早产，两个孩子脑部缺氧成了脑瘫。两个孩子三四岁时，韩群凤听说有个按摩师技术很好，为舒展孩子的筋骨，她就在按摩师住的镇上租了一间房子，请了保姆，专门日夜照看，按摩一个月的费用就要五千多元。孩子十一岁时，像吴悦一样，很胖很重。以前照顾他们的两个保姆，年纪大了，回了老家。找不到新的保姆，她只能辞职回家照顾孩子。两年后，韩群凤突然有了将两个儿子杀死、然后自己服药自杀的念头。为了不让两个孩子走得痛苦，她让孩子睡着后，把他们双双溺亡，自己服下所有的毒药。没想到的是，她最后居然没死成——毒药的毒性还不够致人死亡。

如果一些身体健康能自主行走的智障孩子还能用自己的方式和外面的世界沟通，对于重度脑瘫孩子家庭来说，终生无法生活自理的绝望足以摧垮整个家庭。

乔雪月希望她们的到来能让吴悦的生活增添一些欢乐。

当学校彩旗飘飘，准备迎接运动会时，乔雪月想到了吴悦。她要

把她带到学校来,让她看看养怡院外的世界。

"吴悦,今天老师给你带来了好消息。"

她听到声音,扭过头来看乔雪月,喊了一声"老师",就低着头把书本打开。另几本翻破的书是她父母从超市里拿来的免费购物资料,吴悦总是一遍遍地翻,翻到裙子和高跟鞋的那几页,用手指指着说:

"漂亮!"

她十六岁了,如果是普通孩子,那是娉娉袅袅、倚门回首却把青梅嗅的好时光。爱美的信号准确无误地出现在这个几乎与外界完全隔绝的孩子身上。这本购物资料,变成了脑瘫少女的特殊商场,让她享受着只逛不买、流连忘返的乐趣。

"吴悦,今天我们不画画,不读书,一起去学校好吗?"

"好咯!"她一下子就听懂了,把手放在轮椅上,指了指床边的红外套。自从她走进这个养怡院,再也没有走出过一步。当她第一次踏上外出的旅程时,她要穿上喜欢的红色——乔雪月早就发现,在所有蜡笔中,她最喜欢红色。小孩子有喜欢红色的本能。

第一次见面是在她的家里。刘校长带着她和另外三个刚刚大学毕业的党员老师一起敲开了她家的大门。那是八年前的12月,她从吴悦祖母满是皱纹而显得表情模糊的脸上读到了不信任和惊讶。这确实是令人难以相信的事情,一个培智学校的校长和四个老师竟然知道他们家里有一个脑瘫孩子,并且主动找上门来。到达他们家门口时,乔雪月和同事们已经顶着寒风寻找了三个多小时,全身上下就像结了一层冰。

第六章　一个都不放弃

其实，她们五个人寻找的并不是吴悦一个人。当区教育局查出来还有很多智障孩子没有来学校就读时，就再没有力量能阻止刘校长走上寻找之路，她一直都是这样的处事方式，把一切做得尽善尽美，不落下一个孩子，好像她一做了培智学校的校长，不管多重多累，就得把这些智障孩子的九年乃至更久的生涯都扛在自己身上。校长带着她们一个街道一个街道找，有些孩子杳去无踪，杳无音信，有些已经因病早夭，吴悦是他们找到的唯一一个。

大门打开时，乔雪月看到的是一个十分逼仄的院子。进到屋里，一顶还未编好的草帽放在桌上，是这个祖母不肯停下来的手指在开门前遗留的动作。吴悦无声地坐在床上对着三面墙壁发呆，宽大厚实的身影不像一个八岁的孩子。一些简单的旧家具，就像漂浮在一口水塘上的旧木头，让河流般清冷的房子显得空荡。她不言不语地坐在床头，如水中的一座孤岛。

当刘校长说明来意后，祖母拉住了她们的手，说："老师，我们也正发愁呢！别人家的孩子都去上学了，我们吴悦不会走路，不会说话，这一天天在家里耗下去，怎么办呢？她爸妈两个人挣来的钱只够一家人紧巴巴地生活。我一天到晚照顾她吃喝拉撒，编个三五顶草帽，每顶挣一块钱，算我这个老骨头补贴家用，我们没能力请保姆更没能力请老师。没想到我们还没向政府求助，老师你们自己倒先上门来找我们了！"

她絮絮叨叨地说着，一双被岁月的指挥棒搅得浑浊的双眼里，蓄着总也擦不干净的泪水。在她的诉说里，乔雪月捕捉到了这个家庭未经挣扎就陷入绝望谷底的事实。一周岁半时，母亲发现她无法站立，去就医，被确诊为脑瘫。在她长到八岁时，她没有进行过任何康复训

练,尽管她的右脚有一点点知觉,可以在支撑身体时用上一些力,但没有抓住最好的时机,让她通过强化训练从疾病中走出来。只有一辆轮椅承载着一个女孩八年来疯狂长胖的身体和愈加沉重的孤寂。

现在,轮椅被刘林和另外两个男老师搬到小面包车上。"你看你们三个人抬,都有点吃力,再胖下去,可怎么得了!连我们都搬不动了。"李阿姨一起下了电梯,把她送到去学校的小面包车上。

小面包车是捎孩子的家长开来的,刘校长问他能不能帮忙带一个校外学生到学校来,一起参加运动会,他就马上发动了汽车。所有的家长好像因为有了同样的孩子,就都站在了同一个战壕里。同病相怜,让他们成了共患难的兄弟。

车子发动了,乔老师坐在轮椅边上。吴悦指指自己的衣服。乔雪月回答她说:"漂亮的。"

她坐在沉重的身躯里,露出了少女轻盈的微笑。八年前,乔雪月第一次见到她时,她甚至不会笑。

可以想象,那时的祖母争分夺秒地编织,留给白天的房子和孙女的只有无边的沉默。没有时间教孙女说话,只有草叶跳动时发出的"嘶嘶"轻叫的声音,让吴悦的听觉陷入长久又单调的寂静之中。

刘校长说:"你们没条件来学校读书,我们把学校的教育送到你们家吧。每周一次,年轻的党员老师来教吴悦读书。"

一共四个老师,乔雪月是其中的一员。没有教具,就让碗、盘子、扑克牌、水果来代替。学习生活自理,就从穿脱衣服开始。

后来,吴悦说出了第一个词语,扣上了第一粒纽扣,写出了第一个数字。和在学校的每一个孩子一样,她在慢慢发生变化。

到达她家的路并不近,因为偏僻,公交车也到不了。寒来暑往,老师们去往吴悦家的交通工具,只有自己的电瓶车和自行车。

对乔雪月来说,冬天的送教之路是个挑战。迎着冷风骑半个小时,到达吴悦家时,双手冻得失去了知觉,膝盖像上了一层冰,要好一阵子,才能从彻骨的寒冷中重新找到手和脚的存在。冬天的雨,更加折磨人。裤腿被打湿了,两条腿像浸在冰水里似的。到了吴悦家,裤脚能拧出水来。

她们成了她孤独童年的最好陪伴。上完课,身上的热量把裤脚烘干了大半。回去的路上,又是半身水。

但两年送教到家,两个冬天,四个老师一起相伴,一个星期都没落下。

"解扣子""扣扣子""拉拉链""认识扑克牌上的数字""认识苹果、橘子",这是四个老师布置的作业,她们要让她建立与环境更加密切的联系,并让她从环境中获得成长。离开后,奶奶再根据这些特殊的作业,辅助她。

她们就像搬运工,往她空洞的世界里注入信息,让她明白万物皆有名字。当窗外的大千世界与孩子们发生各种复杂的关系时,她日日面对的是这逼仄的房间和堆满杂物的院子,没有谁呼唤她,除了吃喝拉撒睡,她似乎也不必呼唤什么东西。老人本不爱说话,吴悦又不会说话,语言在她们之间成了不太重要的东西。

但她才八岁,一切还不算太迟。从身边的餐具、喜欢吃的水果开始,学会呼唤它们的名字;学数数,从 1 数到 10,学简单的加法。那孤独沉默的女孩儿正用语言搭建与外界的联系。

"其实她是个挺聪明的孩子。只是缺少与同伴和外界的交流,让她的智力发展变得缓慢。"乔雪月对祖母说。

"你们一个个真是菩萨心肠,骑车赶那么远路来上课,风里雨里,连累了你们!"

车子往学校的方向驶去。学校这个名词,对于吴悦来说,是完全陌生的。那原本应该可以容纳她童年和少年时光的地方,却因为体重与残疾,与她完全绝缘。她来养怡院六年了,这是她第一次坐车出门。一扇透明的车窗沟通着吴悦和多年未见的街道、马路、人流和高耸的写字楼。在她幽闭的眼睛里,这些对常人来说那样平凡的事物,一定在她心里激起了无数惊奇。

"吴悦,开心吗?"

"老师,好人!"八年的坚持带给孩子的温暖,吴悦心里都懂。

六年前,吴悦离开家去往养怡院的道路究竟有着怎样的悲伤,乔雪月无从猜测。告别时分,那无助的母亲流下的眼泪和一步三回头的背影一定让十岁的小姑娘陷入孤独的哭泣中。

她的母亲并没有事先告诉乔雪月家里把吴悦送往敬老院的决定。当乔雪月骑了半小时的电瓶车到这个城中村,踏进这个破落的四合院时,祖母告诉了她新的消息。

"十岁的孩子,一百多斤的身子,我搬不动她,只能送养怡院了!"

"养怡院? 敬老院?"

"送福利院,人家弄不动这么重的孩子,不收。只能送养怡院,还是政府帮的忙,替我们做了工作,才进得去。"

"在哪里？离家近不近？"

"悠然养怡院，坐公交车，离家有一个多小时的路。"

"这么远，平时她都一个人留在养怡院？晚上不回家？"

"哪有能力接送？他们俩上班比一般人都要早。一个星期去看她两三次。我养了这么多年，就是一只猫、狗，也舍不得，何况是个嫡亲的孙女。但我得照顾她的妹妹，一岁多的孩子，正是让人遭罪的时候！"

乔雪月在悠然养怡院的一张床边找到了她。依然是一把轮椅、一个沉默的身影。她从孩子的脸上读到了惊讶，或许吴悦以为她们不会再回来给她上课了。但她们只是向祖母问了地址，没有说校长的决定，就坐了两个小时的公交车来到敬老院。

她装出书写的手势说："笔，纸！"

"她总是拿着纸啊笔啊，在被子上、床上涂得到处都是，我把它藏起来了。"李阿姨说。

白天应该是喧闹的，但在这个房间里只有夜晚般的死寂。听不到什么说话声，只有老人们不断响起的咳嗽声、吐痰声和打哈欠的声音。语言在这个房间里消失了。

只有护工李阿姨导游般的声音打破着房间里的寂静。

"他们俩老吵架，老婆子把吴悦妈妈带来的东西吃了。一吵，老婆婆就要跳窗，嚷着要自杀。老婆婆也像个小孩子。"她指着吴悦对床的老人说，"她本来是正常的，后来得了脑膜炎，家里没人照顾，就把她送到这里来了。"

老人一动不动地躺在床上，眼睛死死地盯着他们，几分钟一眨也不眨。

她们的课堂从此变得更加特殊，从家里搬到了养怡院。充斥在眼

前的是老人们奄奄一息的身影，萦绕鼻尖的是无处不在的酸腐气，紧挨着她们的是吴悦的对床，那个得脑膜炎的老人，大睁着眼睛，在她们上课时，甚至一动都没动过，连眼珠都没转动过一下。

在床边狭小的角落里，四个老师围着一个脑瘫孩子画画、认字、学算术。

当她们到来时，吴悦可以尽情地用笔写字了，用蜡笔帮每一朵花找到它的颜色。慢慢地，她甚至能听懂普通话了。

"你们老师真是辛苦，来回坐公交车，得四个小时，上课一个多小时。这样一来，你们一个双休日就没有了。"李阿姨说。

"其实，我们来，不光光是为了让她有智力的发展，更是为了陪伴。"

"是的，她每次到了星期五，就盼着你们来。晚上就开始说了，明天老师来。这次你们推迟了几天，她每天都把脖子伸得跟长颈鹿似的，往楼下看。"

小面包车的车门打开时，刘校长和孩子们已经站在车门旁，迎接他们了。

"吴悦，你到学校了！你看，这也是你的学校——达敏学校！"校长拉着吴悦的手。

校长和老师们推着她看从未谋面的同学们正享受着运动带来的乐趣。

校长拿来一个沙包，说："吴悦，扔一个！"

吴悦模仿着孩子们扔沙包的动作，一下掷了过去。她身上的力气都在手上，但和学校的其他孩子相比，还是扔不远。在吴悦的世界里，

第六章　一个都不放弃

除了窗外的一小片天空，她的日子就是一天天送死去的老人离开，和剩下的老人一起变老。孩子们总是吸取一切她能感知的东西，然后开始慢慢鉴别风声雨声与人声，花鸟虫鱼。"如果孩子无法感知环境的动人之处，反而对它存有一种恐惧感，外部世界就不再是感官刺激的源泉，而成为恐惧之源。"这是乔雪月学现代教育理论时抄录在本子上的句子。吴悦虽然与八年前的那个孩子完全不同，但与在学校的脑瘫孩子相比，她的发展和康复要缓慢得多。

今天，在她十六岁的生命里，何尝见过这么多同龄孩子在一个真正属于他们自己的地方享受他们的欢愉？乔雪月看到她胖胖的脸上都是笑，那个曾经不会笑的孩子，如今笑起来，好似一个婴儿。

羽毛球在空中飞翔的姿势，篮球"噗噗"着地的声音，孩子奔跑的小腿，让吴悦的眼睛紧紧追随。肥胖的脸几乎让她的眼睛变成了一条细缝，她的微笑把眼睛完全挤没了。但她的脸，还是让乔雪月心生怜意，和天底下所有十六岁的脸庞一样，那也是一张充满生命欲望的脸。乔雪月并不觉得她丑，是因为八年的相处，让一个人习惯了另一个人的缺陷吗？乔雪月觉得应该是一种神秘的力量让自己和孩子都在发生着变化。给孩子足够的爱，会让孩子享受精神上的愉悦和温暖，生命潜藏的能力被唤醒了。她的微笑把她活泼起来的身心暴露无遗，让她看上去那么可人。

"对于一个孩子来说，丰衣足食和新鲜的空气，是远远不够的，人的一切生理机能都要受更高层次因素的制约，生命的关键就在于此，孩子们的身体也要靠灵魂的活动而存在。"乔雪月想，"老师们先行一步，总有一天，这样的孩子，也能回到学校里来，和别的孩子一样，享受到教育的滋养。"

  这条道路显然会很长，老师们先行一步的艰辛是不言而喻的。有一次，她去敬老院上课，经过轮椅时，一不小心被地上的鞋子绊了一下，一只尿盆被踢翻在地。

  她的腿上、鞋子上，都是溅起来的屎尿。她拿出餐巾纸，弯腰把脏物擦干净。她的胃里有翻江倒海的感觉，她闭上了眼睛，竟忍住了要呕吐的欲望。

  她坐下来，握着吴悦的手写字。脑瘫孩子必须让手指有更多的活动，以促进大脑的康复。一个从未经历过康复器材锻炼的孩子，握笔写字几乎成了她唯一的康复手段。

  一开始，她忍受着身上刚刚沾上的臭气。当她投入到与吴悦的对话，教她一笔一画认字时，她忘记了它的存在，也忘记了对床那个总是盯着她们看却不把眼睛眨一下的老人，忘记了寂静之中老人们发出的各种怪异的声音。

  一个教她认字，一个教她算术，一个教她画画，一个教她唱歌。她们一个接一个帮她辅导功课。然后四个人一起扶她起来，帮她练习走路，锻炼她腿部的肌肉群。

  海底般寂静的养老院传来了老师们欢快的歌声，青春的琴弦拨动着这个时时被死亡占领的房间。每次上课，16床的老人都会转动轮椅，坐在她们的对面，看她们给孩子上课，听她们说话唱歌。

  有一天，对面那个眼睛一眨都不眨的老婆婆听到她们的歌声，突然开口，说：

  "我孙女也会唱！"

  两三年了，每次送教，她都没有说过一句话。乔雪月以为她失去了

第六章 一个都不放弃

语言能力，没想到她们的歌声竟然让她有了想要和她们交谈的愿望。

现在，吴悦和她的轮椅一起登上了领奖台，紧挨着她的是运动会产生的学校特奥冠军。

"同学们，她叫吴悦，也是你们的同学，八年前，我和四个老师一起找到了她。她虽然没有和你们在一个课堂里上过课，但她和你们一样，学习和你们一样的教材。不一样的是，她在敬老院里生活，老师们在敬老院里给她上课。今天，我们把她邀请到学校来，参加我们的特奥运动会，她转着轮椅，投沙包，打篮球，她也是我们今天的明星！我们给她颁发一块特殊的奖牌！"

刘佳芬走到轮椅边，把奖牌挂到吴悦的脖子上。台上竟传来呜呜的哭声。吴悦不知道要把眼泪擦掉，泪水肆意洗涤着她的脸。校长的话，她全懂了。她一边哭，一边说：

"老师，好人！"

乔雪月低着头，看到自己的眼泪落在向日葵花瓣上，像一滴滴水，落入大海，很快就不见了。

她抬起头时，发现刘校长的眼睛也红了。她必须把讲话停下来，来掩饰自己眼睛中的变化。孩子们鼓起掌来，掌声惊醒了几只总停在樟树上唱歌的鸟儿。

它们扑着翅膀，向天空飞去。

乔雪月目送着它们，好像天空有多远，它们就能飞多远。她曾经在童年的屋檐下捡到过一只翅膀受伤的雏雀，它的母亲像一把张开的圆头剪刀一次次飞近它的身边，发出比剪刀还要尖锐的叫声。她听不懂那是不是它的哭泣，它的哀鸣是不是就是它的眼泪。那只雏雀蹒跚

而行,试图飞起来,一次次都栽倒在地上。她把它带回家,为它敷上药,用纱布包裹它的翅膀,喂它米水。几天后,她发现它能扑腾起翅膀了。她解开了纱布,她扑打着翅膀,一打开窗,它没来得及用一声啼叫,说一句"再见",就消失于天际。

吴悦和她的同学们能像这只雏雀一样找到他们的天空吗?乔雪月感到了在刘校长和她心间秘密流动的水流,如石上清泉,月下小溪,细小又绵长,这流动的爱不仅让压抑的小生命获得解放,也让她们的灵魂受到洗礼,让此刻的她们静静地流着眼泪,变得那么美好。

2011年12月10日

如果她有一双好腿

赵凤从来不觉得这样的早晨是美好的。小区的路灯在冬日的凌晨散发着清冷的光,一层层光晕像被冻住了般,嵌在房子里的窗黑沉沉的,收留着人们的睡眠。整座城市静得像一片风平浪静的大海。

赵凤拾掇起疲惫不堪的身子骨走出了家门。散了架般,腰上的每寸骨头都咬着肉,好像泡在醋缸里。她天天陷在驾驶座里,日复一日,把腰坐坏了。她尚且如此,何况女儿呢?这是她连续第三天出车,人已经到了最乏的时候。她骑着电瓶车独自在这片大海里前行,风割着耳朵和双手,酷刑一般。这是凌晨四点半,每个工作日她都得踩着这个点去上班,除非天上落铁,她才可以留在家里,刮台风,下冰雹,城市道路被水淹,都不行。黑夜之中,她像一只瓢虫,在城市的道路上飞奔。街区仿佛安上了消声器,只有出租车像一支支箭,在道路上极速奔跑,发出刷刷的响声,扎向路的尽头,寻找各自的终点。白天拥堵的人群消失了,似落叶满地,被一把大扫帚清扫干净。到总站需要三刻钟,像以往一样,五点多到时,鸟儿稀稀拉拉地叫起来,停一下,叫一下,似乎在试探什么。凌晨醒来的鸟,和她一样,心事重重。

为了能照顾上学的小女儿,又能抽空去看大女儿吴悦,她选择做早班。到了汽车总站,她开始给那辆"大马"量气压、加水、检查轮胎,做好检修工作。天天在路上走,她也怕它蹄子打滑。几十号人在车上,不能有一点点闪失。紧要关头,女人家反应会慢半拍,她必须事先仔细检查。这空无一人的凌晨,赵凤查看着她的公交车,总会想到吴悦,瘫痪的女儿就像失去轮子的车子,失去了在人间行走的机会。她智力有障碍,如果还能有双好腿,现在肯定过着完全不同的生活。

赵凤想到女儿的时候心里就一阵阵发紧,她承认自己对不起她,在工作与女儿之间,赵凤选择了工作。她不能没有这四个轮子的奔跑。现在宁波的女司机越来越少了,只有她,四十多岁了,还像一个男人一样开着一辆大公交车,一天天绕着宁波中心城区打转。很多像她一样的女人,原来是做售票员的,宁波的公交改成无人售票后,都选择去做现场站站长,负责车辆的调度,工作清闲些,只是工资一个月要少五六百元。五六百元对她家来说,不是个小数目,所以她咬了咬牙,去考了A照,吃技术饭总归稳定些。她不能下岗,她下了岗,家里的天就塌下来了。她虽是女人,却是家里的顶梁柱,一个月四千元的工资,一千五再加上政府补助的钱要交给敬老院,剩下的钱加上丈夫看门得

来的工资两千元，只够一家四口紧巴巴地生活。

天空渐渐把光亮送回大地，赵凤想起吴悦一个人睡在一群老人中间，此刻也应该和早醒的老人们一起醒了。换作是赵凤自己，天天和老人们吃住在一起，也害怕，何况她还是个孩子。命运像个闪电劈下来，你梗着脖子也没用。

"过年时，院里的老人都少了一大半。我把她推到楼下晒太阳，吴悦又说'回家——星辰家园6幢301室'！"李阿姨曾不止一次和赵凤说起吴悦的想法。这是赵凤旧房拆迁后搬进的新家，吴悦从没有踏进过家门一步。搬家时，她告诉女儿新家的地址，吴悦竟然记住了。李阿姨说吴悦总是一次次向邻床的脑膜炎老太太、达敏学校送教的老师，向每一个来看她的陌生人说起她念念不忘的家里的地址，好像她已经去过很多次，或者似乎是马上准备动身去。

"她那么小被送来这里时都哭得跟泪人似的，现在一天天懂事了，如今甚至女大十八变，想着要打扮自己了，一到家怎么肯再回来？到时候，舍不得回来，惹来全家一阵哭，不如将心狠到底。就算我这个当妈的，对不起她。"

她知道女儿想回家，但女儿却从来不和她说要回家。吴悦和李阿姨更贴心贴肺些。她们俩天天在一起，她这个当娘的，三天才去看女儿一回，自然生分了。但让她回了家又怎么样呢？太阳升起来，又得落下去，让吴悦在家住一天，第二天不还得回敬老院来？雇辆车载她回家得花上一百来块钱，够全家吃上好几天。再说过年时，赵凤都得上班，在公交车司机的轨道里，没有过节的节奏。谁想有个全瘫的女儿？谁想让她住敬老院？谁愿意自己的女儿和一群垂死的陌生老人天

第六章 一个都不放弃

天生活在一起？这不都是老天爷逼的！

赵凤想过辞职不工作，留在家里照顾两个女儿。但如果只靠孩子他爸做门卫挣钱养家，全家人的吃饭都成问题。而且，两百斤的身体不仅婆婆搬不动，就连她要挪动也很困难。婆婆年纪大了，还得照顾一个小女儿，他们家的未来就指望着小女儿。如果他们夫妻俩老了，吴悦在这世上好歹有个照应。

当然，她更希望吴悦死在自己前头，不是她心肠狠。吴悦不在了，她蹬腿闭眼时，在这世上也没什么放心不下的了。人这一生不过赤条条来，赤条条去罢了。

吴悦一周岁半被医生诊断为脑瘫时，她找了几家医院看，每一家都说，是个残废，这辈子都要站不起来呢。赵凤的心就死了。死马当活马医，那是有钱人的想法，家里没那个条件，只有听天由命。赵凤也请不了假去带女儿到处看病、康复，赵凤是被轮子牵着走的人，在这熟悉的道路上一站站往前走，她才能找到全家的口粮。每天五点五十分，她的车都必须准时启动。迟到得扣钱，不小心违章得扣钱，被乘客投诉也得扣钱。她的工资经不住几次扣，所以她得集中注意力开车，心无旁骛地开，不能越站，不能压线，不能和乘客有言语冲突——也不能想吴悦，一想到这两天天转冷了，得送床被子去，或者天热了，十几个人一个房间，得给她买几件换洗的衣裳，赵凤就会分心。一分心，就会出错，全家的口粮就会哗哗地流走。她舍不得。

但她忍不住不想。

她的车经过敬老院，可她却没办法每天在那里停一下，上楼去看看吴悦。今天也一样。赵凤开三天的车，休息一天，只有在这个休息日，她才能有空坐上别人开的公交车，去养怡院给女儿带点好菜。三天前，

她买了两只螃蟹,丈夫不舍得吃,小女儿也懂事,几乎异口同声地说,还是给她吧。仿佛省下了这两只蟹,就能补偿他们对她的愧疚之意。难得炖了牛肉,大家稍稍动几下筷子,一大碗都留着。四个人都心照不宣,还是留给吴悦的。

"这些高蛋白、高热量的东西,更容易长胖呢!你看她这身子,一天天,像吹气球似的。"李阿姨说。

"她最开心的事情,一个是吃,还有一个是达敏学校的老师来。天天关在这个房间里,什么也享受不到。我们对她的好,只能体现在对她的胃好一些。"

"非亲非故的,达敏学校的那几个姑娘真是好,很多老人的外孙、外孙女都怕来这里,说这里有一股死亡的味道,前脚进门,后脚就要往外跑。但这些老师年纪轻轻的,竟然坚持了这么多年,真不容易。"

"我以为孩子转到敬老院,她们就不送教了。本来有老师送教到家里,是天上掉馅饼的事情,但我没指望她们来敬老院,这不是小姑娘们该来的地方。没想到她们向我要了地址,又找了来上课。想起来怪不好意思的,我每天晚上才下班,从来没有见过她们。等我空下了,就写封感谢信,麻烦你帮我转交下。"

"我这人说话直,你别介意。一封感谢信怎么抵得上人家的这种情义呢?"

"唉,我连轴转,实在忙呢。下了班还得睡个回笼觉,人累得跟停不下来的机器似的。写封信,总比不说谢谢强。"赵凤其实是害怕见到老师,她怎么向她们解释把女儿送往敬老院的原因呢?照理说,无父无母的孩子才会在那种地方待着。但这确实是家里走投无路的下策。

第六章 一个都不放弃

　　车子沿着城市的中心道路行驶,有人上车,有人下车。人生就是这样稀里糊涂地过了一站又一站。她想过,把吴悦带在身边。她看到过一则新闻,在江苏有一个父亲,也是个司机,他的智障儿子是最忠实的乘客,每次都坐在他身后的那个位置,和他同进同出。但他的车子是自己承包的,带个孩子可以自己说了算。如果她也这样做,公交路线,每坐一次,女儿都得付车钱,赵凤付不起。而且,吴悦不会走路,没办法自己上下车,在家都伺候不了,怎么跟着赵凤在车上呢?她要方便怎么办?赵凤觉得这是异想天开。她也想过,请两个保姆一起照顾她,但她挣的钱只够请一个,还得多两张嘴吃饭,也行不通。

　　三天前,她把写好的信留在了敬老院:

　　"老师,谢谢你们风雨无阻地给吴悦上课,一上就是八年。打鬼子都打赢了,你们的耐心让我这个当妈的都感到难为情。你们来的日子,吴悦开心得跟捡到了元宝似的。你们每周都牺牲大半天来送教,四个人加起来,就是四天,为我们吴悦无私地付出。时间就是金钱啊,我不知道该怎么说谢谢。我想,老师们,你们能不能好人做到底,把每周一次的送教,改成每周两次,或者三次?对于我们吴悦来说,你们每次来,都是雪中送炭啊。"

　　李阿姨拿过纸条,瞟了她一眼说:"你这也叫感谢信?"

　　"一边感谢,一边提个小要求。"赵凤说,她知道李阿姨是个直性子,也不和她冲。她想,既然碰上了好人,就让她厚着脸皮为女儿向老师撒一次娇吧。

　　"这样的要求还算小?人家来回路上就得花四个小时呢!"

　　"我知道有点过分。但除了这么好的老师,还有谁会坚持这么多年给她上课呢?吴悦最近一说起腿,就老是流泪,她长大了,肯定心思

越来越多,我怕她越来越想家,想外面的生活,出什么意外。有老师陪陪她,可以让她有盼头,有了盼头,就不会钻牛角尖。"

赵凤的这一趟车又到站了,车上的乘客一个个下了车,但她牵挂的那个乘客还留在心里,在这个城市一个不为人知的角落里,她孤独地坐着,一双黑色的眼睛看着她,好像在说:

"妈妈,回家!"

2012年12月22日

毕业典礼

今天,她毕业了。

这场特殊的毕业典礼就在养怡院的过道里举行,这里比床边宽敞些,可以容下刘佳芬和十二个老师。她们围着她,为她唱歌,她们的歌声完全改变了敬老院沉寂的氛围。楼下能自主走路的老人正抬头往上看,三楼的几个老人摇着轮椅过来听她们的歌声。他们枯若朽木的身体就坐在不远处,成了毕业典礼的最佳观众。咧着嘴的,用深陷的眼睛盯着他们的,皮包骨头的脸上泛出皱纸一样的微笑。她们的歌声抚摸着敬老院的每一个角落,让每一个死气沉沉的身体都有了短暂的活力。

此刻的吴悦像一颗夹心巧克力糖,被老师们层层包围。九年前的冬天，刘佳芬带着四个老师找到了她。九年中，她们中的任何一个都没有放弃过。现在，她和十二个年轻人的声音合成一曲《新年好》，新年踩着歌曲的节奏降落于吴悦的耳际，能让她感到温暖吗？来到养怡院七年，甚至连过年时，女孩儿也没有回过家，但阿姨会把轮椅推到楼下的院子里，让她一边就着阳光嗑瓜子，一边听远处与她无关的声声爆竹。每年过年前，老师们都会给她唱《新年好》，她总是拍着手跟着她们唱。这是她唯一会唱的歌，今天，就让这曲《新年好》变成她的毕业歌吧。

这是这家养怡院自建成后举行的第一次毕业典礼，刘佳芬希望这也是最后一次。总有一天，像吴悦那样的孩子都能走进学校，和她的同伴们一起成长。

当老师们齐声向她喊"Yeah"时，她也跟着他们伸出了表示欢呼的剪刀手。

乔雪月说："今天，你毕业了，以后我们不像现在一样经常来了。"

刘佳芬把毕业证书送到她的手里，说："祝贺吴悦，和其他小朋友一样从达敏学校毕业了。"

像在运动会得到奖牌时一样，她先是笑，然后又一次哭了，说："老师，好人！"

这是她能表达的最长句子。

她是个爱流泪的孩子。乔雪月说："她其实心里什么都懂，感情细腻得像个正常孩子。"

老人们跟着老师们在拍手："吴悦毕业了！"

"几年前，我看着这些老师们来的，一转眼的工夫，这孩子就毕业了。"这是16床老大爷的声音。他是养怡院的老住户。

  学校的送教队伍,从最初的四个,变成了十二个。送教的对象也有了变化。一个高级知识分子家庭的脑瘫孩子,一个三岁的自闭症孩子,一个外来打工者的脑瘫孩子,一些海曙工疗站的智障成人……刘佳芬和十二个老师寻找着每一个不能来学校的孩子和需要教育支持的智障成人。她要把特殊教育传播到城市的每一个角落,贯穿到智障人的一生。

  这是一个将被不断延续的行为。音乐老师陈怡每周的两个中午属于一个三岁的高功能自闭症女孩。家长一星期两次把孩子带到学校来。她来自于刘佳芬和宁波志愿者一起成立的星宝俱乐部。只要听一遍别人弹奏的钢琴曲,小女孩就能把它们弹出来,她对音乐有着超常的领悟力和记忆力,却像低功能自闭症孩子一样,不知道你、我、他的称谓究竟有什么不同,不了解社会规范,不知道如何与人沟通。发挥她在钢琴方面的造诣,或许能让她在掌声和被注视的氛围中获得与人交往的快乐,也能让她在未来有可能以此谋生。

  每个星期,姚望的两个中午属于另一个六岁的低功能自闭症孩子。快一学期了,男孩从来不说话,只有姚望在不停地问他,等待着有一天他会有语言回应。"我们画画,好不好?""好吧,不画。""这是积木。""你要直的,直的,还是直的。""我们找个弯角的管道积木,好不好?""好吧,不要,还是直的。""直的没有了,我们要块弯的吧。好吧,重新拆开。"姚望把参与孩子的游戏当作是沟通的途径,当成她和他之间的专属语言,她的课程必须以爱、接纳和尊重为基础。姚望说:"这并不是我的独角戏,他总有一天会说话的。"

  张鑫每周的一个上午属于工疗站的十多个智障成人,年纪最大的

每年过年前,老师们都会给她唱《新年好》,她总是拍着手跟着她们唱。这是她唯一会唱的歌,今天,就让这曲《新年好》变成她的毕业歌吧。

五十八岁，八十多岁的老母亲每天早上送她来，晚上接她回去；年纪最小的是十八岁的柳莹。有时候，李华会和她一起去看柳莹。张鑫去看她时，不像以往那样挨打了，每次她去，女孩儿都张开双臂，这是拥抱的姿势，只有她最信任的人才能享受这样的殊荣……

刘佳芬把轮椅推回到床边。泪痕还留在吴悦的脸上，她突然用一只手摆出书写的姿势，说"笔"。

"吴悦是不是想写字？"

她笑了笑，顺从地点点头。

刘佳芬递给她一支笔，她就在父母带来的超市免费购物资料上写啊写。

在最后一次"课堂"上，刘佳芬想多陪她一会儿，十三个人把过道也挤满了。

吴悦握着笔，写一个数字，就抬起头，看看校长和老师，然后再低头，写第二个数字。她是在向她们展示她写的字。

"她喜欢写字。活动手指给她带来了满足。"乔雪月说。

吴悦专注书写的样子与蒙台梭利一百年前见到的场景有了奇妙的呼应。刚刚从学校毕业的蒙台梭利在儿童住院部偶然发现一些精神病患儿，他们被禁锢在一间屋子里，在地面上乱抓乱扒，似乎在寻找什么东西。她问管理人员："这些孩子是否吃过饭？""刚吃过饭，而且他们都吃得很饱。"孩子们的行为引起她的注意，经过持续不断地观察、思考和研究，她得到了一个崭新的结论——"关着这些儿童的那间屋子里，四壁空空，没有任何可供孩子抓、握、摆弄等操作的东西，所以这些孩子只能在空地上乱扒乱抓来活动他们的手指，以满足他们的

生理和心理的需要。"这件事让蒙台梭利获得了灵感,她深信,有时候,智力缺陷和患精神病的儿童,对灵魂的需要超过食物的渴求。而通过运动和感觉训练的活动,可以使他们的身体动作协调,促进智力发展。

儿童智能低下主要是教育问题,而非医学问题,教育训练比医疗更为有效。这也是刘佳芬要让教育走出校门,跟随吴悦九年的原因。

在学校里,有很多脑瘫孩子。有一个孩子不会说话,不会吃饭,不会自己上厕所,只会跌跌撞撞地走路。他的家境不错,因为没有任何自理能力,一个保姆跟读在身旁。与吴悦不同,父母从婴儿期就开始对他进行感觉统合训练,早期恢复得较好。及早进行专业治疗,脑瘫儿童的运动障碍会得到减轻。

"他家本来在单位旁边有一套房子,但是怕被单位同事撞见——有这样的孩子觉得不光彩啊,他们就在海曙买了一套六十多平方米的小房子。两间卧室,一间我和孩子住,另一间他们夫妻俩住,孩子不仅脑瘫,半夜还常常要发癫痫。他父母为了在他发癫痫时能及时地跑过来,晚上我们两个房间的门从来不关。"保姆顿了一下,把声音放低了说,"从我到他们家开始,八年了,我猜他们夫妻俩就没有——性生活了。门开着,谁还愿意做那事呢!他爸要把他扔了,他妈就是不肯!女人的心啊,总比男人软。"

绝望的脑瘫家庭的消息总是不绝于耳,到了刘佳芬心里,每条消息都让她过目难忘。全国约有三百万到四百万脑瘫儿童,每年新发病约有六万例。几百万个脑瘫儿童家庭都过得极度艰难,有些家庭陷入贫困,有些母亲变得疯狂,更有甚者则选择自杀。对于很多家庭来说,余生就像见不到希望的无期徒刑。乔雪月说起过报上那个可怜的母

第六章 一个都不放弃

亲韩群凤，因杀死双胞胎脑瘫孩子被判处五年徒刑。她曾经说过："全世界都可以看轻我的儿子，可我还是坚信，总有一天，我可以让我的儿子走路出现在大家面前。"但儿子最终没有站起来，她不像吴悦的母亲很快接受了绝望的事实，一个长期心怀希望的母亲，比一个一开始就心灰意冷的母亲摔得更重，韩群凤最终选择溺死孩子，然后自杀……"江苏农妇捂死二十岁脑瘫女"、"深圳母亲抱两岁脑瘫儿跳湖"、"夫妻杀死脑瘫儿后相约双双自杀"，这样的新闻标题每次扑入她的视野，都像一把带血的刀子，横陈于她的眼前，成为她的隐痛。

谁能知道在几百万脑瘫家庭中，会不会出现另一个韩群凤？刘佳芬可以想象，一个家庭的压力和绝望怎样在慢慢吞噬着父母的心，让他们对人间的诸多美好失去了激情。生活成为牢笼，一场没有尽头的苦役，几乎让所有的脑瘫儿母亲都或多或少地面临着精神危机、家庭危机。有的家庭关系极度紧张，有的离婚，有的出走，有的患上精神病。

在孩子与家长之间，刘佳芬的特殊教育队伍应该像一道奔跑的阳光，苦难在哪里，她们就把微弱的光打到哪里。

当吴悦的父母发现她终生无法站立又无力雇人伺候时，选择了部分放弃，让她在一家养老院里与一些陌生的老人一起终老。

约四分之一的脑瘫儿童经过及时治疗和干预，智力可以保持正常。刘佳芬想，在情感上那么细腻的吴悦，如果出生于一个富庶家庭，或许能很早获得干预，或许她现在就能站起来了，或许她就能穿着她梦想中的裙子和高跟鞋，走在如今几乎永远不可能属于她的大街上。但幸好，她现在能用简单的普通话和护工李阿姨作基本的交流，能看一点书，填充白天的时光，能在老师们反复训练后，用右脚使上一点力气，帮自己从轮椅里慢慢地转移到床上。

刘佳芬相信，这些细微的进步，对于一个生命的成长，是有意义的。让她难过的是，她最终没有站起来。她们发现她时，还是太迟了。所以，现在她开始寻找智障幼儿，让特殊教育更早地介入孩子们的生活。

刘佳芬记得当初寻找她，是因为在一次开会时，听区教育局说还有几个适龄的智障儿童没有入学。

她立马决定去寻找。在外来人口与本地人口杂居的城中村吴家湾，她和老师们绕了无数的圈子，一家一家问，才找到了铁门紧闭的吴悦家。

当她在那个破落的旧房子里看到半身残疾的吴悦时，她的决定很快就下了——"把吴悦的名册挂在学校，把学校的教育送到学生家里。"

家里一张掉了红漆的圆桌，几个人一起趴在桌上，嘎吱嘎吱响。她们就在这张旧桌子上开始上课。她越来越重，祖母搬不动她，于是便连轮椅也舍去了。除了上厕所，她的二十四个小时就在这张床上度过。这张床，成了她的餐桌、课桌、睡榻和草坪，没有了轮椅的帮助，她甚至连院子里的太阳都见不到了。睡在床上，天花板就是她眺望的天空。上课时，她用双手托着自己的身体从床头移到床尾，乔雪月她们四个就和她一起坐在床尾，教她认识自己的眼睛、鼻子、嘴巴，帮她用语言重新拼出一个完整的自己，手把手教她涂色、写字，用水果来做算术。上完课，她双手托着自己的身体，慢慢移回到床头。

"她在家里老是捧着学校的书，看了一遍又一遍。总是用手摸书上的字和人。"祖母说。

第六章 一个都不放弃

刘佳芬没有想到，这其实是吴悦一生中最好的时光，父母还在身旁，天伦之乐还是完整的。那时的小吴悦并不知道自己的命运正在悄然变化，她无法预料接下去的日子将在养怡院与生活无法自理的老人们共度余生，他们像幽灵一样躺在床上，等待着死亡把他们一个个带走，而吴悦就像一轮早晨的太阳落入黑夜的泥淖之中，脱身不得。

因为刘佳芬的一个决定，在悠然养怡院出现了一群特殊的年轻人。

刘佳芬有空时也跟着老师们一起去。那个房间永远是不断变换面孔的老人和不变的小吴悦。

"雪月，这么多年，你们坚持下来，我来这里一次，就对你们的敬意增加一分。"在回去的路上，刘佳芬说。

"我常常想，如果命运让我变成小吴悦，我该怎么办？我需要什么帮助？"乔雪月说，"这样一想，冬天刮风下雪时，骑着电瓶车来看吴悦，就没有打退堂鼓的想法了。一年前，吴悦妈妈给我们写了封信，让我们一周送教两次。我们就把四个人分成两组，每次两个人去。父母有要求，说明没有完全放弃。"

"你看她和我们告别时，又流泪了。当孩子们因为我们流泪时，我们所做的，一定要配得上她们的泪水。"刘佳芬说。

三个月前，当她接过"全国教书育人楷模"奖状时，也是这样说："我的工作获得了政府的认同，我得了这个荣誉，不渴望为自己添光彩，而是希望通过我，能让更多的人了解和关注智障孩子。"

"我们这么做，其实也受了您的影响。我们不站在您身后跟着跑，怎么行呢？"乔雪月说。

"希望有更多的人和我们一起跑，跑不了的，也给我们喊喊加油。

我相信，随着社会福利和保障制度的不断完善，在不久的将来，政府对渐老的残疾人和行动不便的智障人士的帮助会从提供经济补助转为建立一个制度，比如由收养机构、银行、第三方监督机构组成一个托养组织，当遇到像吴悦一样无法站立的孩子时，会有专人把他送到学校和其他孩子一起读书，家长离开人世时，不用担心重度智障孩子何去何从。这个制度会代替父母们照顾孩子的余生。"

第七章

阳台夫妻

◆◆◆◆◆◆ 俞成吉 ◆◆◆◆◆◆◆◆◆◆◆◆◆◆◆◆◆◆◆◆◆◆◆◆

◆◆◆◆ 轻度智力障碍,达敏学校第一届职高班毕业生 ◆◆◆◆◆◆◆

◆◆◆◆◆◆◆ 毕业后,做过清洁工、搬运工、过磅员 ◆◆◆◆◆◆◆

◆◆◆◆ 后获得学校的"梦想创业基金",自己开店,并有了婚姻 ◆◆◆◆

　　其实人类最初形成时,就应该是这样的,普通人和残疾人是左邻和右舍,是兄弟和姐妹,是海洋和陆地,难分难解,你是我的靠山,我是你的帮手,相亲相爱,融为一体。

2012年4月26日

生病的新娘

俞成吉必须要穿过晓雅父亲的房间，才能来到五平方米的新房。崔晓雅坐在床角等他，穿着粉红的开衫，在阳光下，像一朵开得很大的花。她微笑着，问："成吉，可以走了吗？公交——不坐吧？呵呵。"

现在，她每说完一句话，就会在结尾放上一个"呵呵"的笑声。那两声"呵呵"并不像是会心的笑声，但像是她近半年来形成的新习惯。

"我骑电瓶车带你去。"成吉知道她不喜欢坐公交车。她生病以后，就害怕到人多的地方去。现在能下楼了，也躲着避着，拣人少的地方走。

他们俩的房间，和成吉自己家的一样，是阳台改建的，一道铝合金落地窗和一道绿色的窗帘，把房间一分为二。

父亲住外面，他们俩住里面。父亲的房间有一张床，一张活动桌，活动桌支开着，父亲在擦桌子，他们的早餐刚刚结束；床边是柜子，柜子的花架上放着一尊观音，是崔晓雅买的，她每天都要站在观音像前，双手合十，和菩萨说上好久的话。这些悄悄话，成吉听不到。

成吉觉得阳台做的房间很好，他从小都住在阳台上。白天，太阳在天上转圈圈，从东转到西，被子里可以闻到阳光的味道。那是阳光钻到被子里，被缝住，找不到回去的路，就在棉花里住了一晚。到了晚

上，可以看到满天繁星。

他给很多星星都取了名字，但不是叫大熊座、北斗七星、猎户座……他叫它们流浪咪、小石头、麻雀、雪花、锤子……最亮的那两颗，一颗是妈妈星，一颗是爸爸星。他总是对着它们唱啊唱，唱得外婆都打起了呼噜。

但星星的掌声一明一暗，一点也没有睡意，每个晚上，都为他的歌声打拍子。

成吉坐到晓雅身旁，这是他们的新家，一张一米二十的小床差不多把整个阳台都占满了，只有床尾留出一些空，可以放下一张电脑桌。刚从学校毕业时，晓雅知道成吉喜欢玩电脑，就和他一起去挑了一台组装的。她是个会体贴人的姑娘，有什么好东西，第一个想到的人，总是他。他脚上的鞋子、身上的衣服、头上的帽子都是她买的，有好吃的，她留着自己不吃，给他吃。而买来的这台电脑，她自己从来没有打开过。

父亲说："你们的房间也可以算是'螺蛳壳里做道场'。一台电脑当书房，一张床作卧室，一个整理箱就是你们的衣柜。现在你们成家了，照理得自立门户。就是要委屈你们了，等正式办了酒，新买的房子也装修好了，我们就搬过去，爸爸住一间，你们俩住一间。"

"晓雅白天总是在床上，睡阳台，多晒晒太阳，她也许就能好起来。"成吉说。

"现在能自己到楼下的店铺里买衣服了，总是一点点在变好。"爸爸看着晓雅说。他的头发灰白灰白的。在达敏学校读书时，他来接晓雅，成吉和同学们都以为她是晓雅的爷爷。因为，只有爷爷和外公才有那么多的白头发。

"她下楼 —— 是给我买衣服。"成吉说。

"我忘了和你说,前两天,她还去买菜了,她说结了婚要学着做菜给你吃,我怕她不会,就跟着她一起去,她说学校的老师教过你们买菜,她早就学会做番茄炒蛋、炒土豆丝,还有大排。我以前听她说过,现在都忘了呢。她现在有头绪了,说不定能完全康复呢!"爸爸说。

"医生说她一辈子,一辈子要吃药的,吃了药就不能 —— 不能 —— 生孩子。"成吉紧张时,常常要口吃。小时候觉得结巴的人特别有意思,跟着学,结果自己也结巴了。但他唱歌时,喉咙从来不打结。在学校,他最喜欢的事情是和晓雅一起站在台上亮开嗓子唱歌,她最喜欢唱《隐形的翅膀》,这是学校的招牌节目,成吉和其他三个男声给她伴唱,她就像一个白雪公主那么好看。现在,他再也没有听到过她的歌声,也看不到乒乓球在她手下飞来飞去看似要逃走却乖乖听话的样子。

"你爸就你一个儿子,总想能延续你们家香火,我们却没办法做到。"爸爸低着头,一根根抽烟,说,"今天,爸陪你们一起去吧。"

成吉说:"不用,在学校时老师就教我们认路了,像上班那样,我开着电瓶车带晓雅去。如果我总是想着自己委屈,心里会不平衡的。心里不平衡,就会对晓雅不好 —— 不能不平衡。"

在民政局,他们俩读了写在纸上的话,像上课时那么认真,晓雅的声音轻些,她是害羞还是害怕?她白皙的脸上泛着粉色,眼角微微上扬,嘴巴的线条很清晰,像画上去似的,头上戴了一个红蝴蝶发夹。她长得真好看,只是吃了两年的药,长胖了三十斤。当然,成吉觉得她不胖时更美,那时的眼睛似乎看上去更大一些,亮晶晶的,好像湖面闪着

水光。

离得很近时,他总能在这双眼睛里看到微笑的自己。

他们俩在纸上签了字。工作人员说:"好了,从今往后,你们便是夫妻了。"成吉的手上攥着一个红本本,晓雅手上也有一本。一模一样的两本,原来这就是结婚证。晓雅双手紧紧地攥着红本子,视线一刻都没有离开过它。

成吉给班主任王燕发了个短信:"我们结婚啦!"

"和晓雅一起回学校来走走。摆酒时,叫上老师。"他的短信很快得到了王老师的回复。

到了家,爸爸说:"晓雅,把结婚证放在电脑桌的抽屉里。不能弄丢了。"

"爸爸,是不是要等明年春天才办酒?"晓雅问。

"是的呀!那时,房子装修好了,爸爸和你们一起搬进去住!"

"还要等一年——爸爸,结婚证会过期吗?"

爸爸愣在那里,"嘿嘿"笑起来,说:"怎么会呢?结婚证不会过期啊,又不是吃的东西。"

"是永远不会过期吗?"晓雅说。

成吉看着她,一字一顿地说:"如果我不要你,就没有人要你了。我们会结婚很久很久的。"

"那就好,呵呵。"晓雅又笑了。这次,她的眼睛也在笑。

成吉听王老师说,阳光是万物之源,晒太阳,可以让心情变好,身体也会跟着好起来。她最近会笑了,是个好兆头。他说:"爸爸担心我和你结婚会后悔,所以先领证,等明年再办酒。你放心,我不会不要你的。"

"我想让妈妈帮我挑件婚纱。"晓雅低着头,皱着眉头,好像在努力想一件事情。

成吉愣住了,他看着晓雅,她的表情里有一点忧愁,但看不出僵硬麻木的迹象,并没有要发病的前兆。爸爸走过来,坐在她身边,摸着她的头,说:"妈妈不在了,她已经去世半年了。你怎么了,晓雅?"

晓雅开始用手背擦眼泪,说:"我忘记了,是的,妈妈已经死了。她——死了,死了——不会帮我挑衣服了。"

"妈妈在天上看着你,她什么都知道,什么都看得到。爸爸和成吉一起帮你挑。"爸爸拿了纸巾在帮她擦眼泪。

"我常常听见妈妈晚上在和我说话。她说我胖了,要挑一件看上去不胖的婚纱。"

"那是你梦到她了。"成吉说,他看到晓雅把结婚证仔细地放在抽屉里,两个本子像两床红红的被子,躺到了一起。

她说:"今天晚上,如果妈妈还来,我就打开抽屉给她看。她会很开心的。呵呵。"

"晓雅,你还记得工厂里发生的事情吗?"成吉问。

"不记得了,呵呵。"

"我做除草工,你也要来厂里跟着我上班。你摸着草说,草被割断了,一定很疼,空气里都是草的身体断裂的味道。还记得吗?"

"记得啊,每株被割断的草都有伤口,要摸摸它,让它不要哭得太久。我不喜欢你做除草工,要做种树工。"

"你还记得我会种树?"

"风吹树时,树会笑。不喜欢哭,喜欢笑。"

爸爸走过来,说:"成吉,你这孩子,哪壶不开提哪壶。医生不是说

不要再提以前的事吗?"

"哦,那不提了。"

"我记得的,在学校,你学会了种树,还教我呢,把一棵树变成两棵树。我喜欢回学校去,不喜欢工作。校长是我的啦啦队队长,刘林老师对我最好了,教我打球,还有陈怡老师,我走台害怕,她教我怎么数步子。毕业后,我看到刘林老师电脑里的婚纱照,看见陈老师像个公主,我也想长大了,穿和她一样的婚纱,像一条美人鱼,婚纱后面拖一条长长的尾巴。呵呵。"

在学校里,成吉最喜欢听她的命令,她把下巴抬得高高的,把头上的发夹交给他,说:"帮我夹好!"

她有很多漂亮的夹子,蝴蝶、蜻蜓,还有各种各样的花,每天都不一样,停在头发上。她的嘴角弯弯的,上嘴唇像两片弯月连在了一起,下嘴唇像一条刚上了红漆的小船。他觉得真好看。同学们在旁边取笑他:"帮女孩子夹发夹,好娘炮!"

他也跟着同学们一起笑,只要她开心,他不怕别人说他"娘炮"。

班主任王燕老师说,你们只能上学放学一起走,互相照应,在学校里不能搂搂抱抱。对成吉来说,给晓雅夹发夹,就是他们之间的"谈恋爱"。

成吉印象最深的一次是晓雅发癫痫,他从地上捡起她掉下的夹子,他以为她要死了。他快急哭了。当她睁开眼睛时,他才感到自己的胸口很闷很难受。还好,她又醒过来了。他让那只蝴蝶发夹又停在了她的头发上,这让她看上去更像一朵开得很好看的花。

成吉不明白为什么学校的事情她还记得,而发生在两年前的事情她反倒不记得了。当然不记得更好,如果能用一块橡皮把她在这两年的倒霉事情擦掉就好了。可惜,擦不掉。

晓雅不记得的事情成吉都记得清清楚楚。他有点自责,晓雅为了能和他一起上班下班,辞掉了超市的工作,到他上班的工厂来做纸箱打包员。她向他抱怨车间主任捉弄她时,成吉责怪了她。

"你就爱说话,不停地说啊说,让别人知道你是没背景的人,坏人自然要趁机做坏事了。你就不能去告诉领导吗?"成吉是上了班以后,才知道"背景"这个词的含义,"背景"就是可以挣很多的钱,就是想买什么就买什么,就是可以心里很有底,不怕人欺负。

"他就是车间主任啊,车间里,他最大,他是领导,我都得听他的。"

"你可以找经理啊,经理和其他领导死掉了吗?"

"但他说,如果我不听他的话——踩死我就像踩死一只蚂蚁。"

"我们回家找你爸还有老师一起去评理!"

那时,妈妈还没有生病,她听到消息后说:"她就是任性,我不同意她辞了超市的工作去工厂,可她铁了心,要和成吉待在一起。姑娘大了,心不随妈了。在超市,人家都很照顾她。可是,一到了厂里,三教九流,什么人都有。"

"如果不去说,晓雅怎么办?现在工作难找,又不能辞工不做,不做的话,以后怎么生活?她一天到晚心情郁闷,对孩子身体不好。"爸爸说。

妈妈当晚犯了胃疼,只能躺在床上。她一直在念叨:"我这两个女儿命苦啊,我们碍着谁了?"

许妈妈每次说到死去的大女儿,就会犯病。

第二天,去工厂里说理的是爸爸和刘佳芬校长。经理把那个车间

主任叫到了办公室。那是个五十岁的老头子,满脸花白的胡子,看上去好像没把脸洗干净。

"她说你总是让她加班?天黑了,也不让她走。中午别人休息,也不让她休息?"

"她是个智障,脑子比别人慢一拍,手脚也一样。让她留下来,是叫她把没干完的活儿干完。"车间主任说。

"我们招工的时候就知道她的情况,你不能像要求普通人一样去要求晓雅。"经理说。

"她不是口口声声说自己是世界冠军吗?世界冠军给几个纸箱打包都这么磨蹭?"

刘校长说:"她的工资也比普通工人低。您也是做父亲的人了,要理解我们这样的孩子,对他们来说,能自食其力,已经是进行了多年的准备和努力。"

"晓雅,爸爸在,你说,他怎么欺侮你的?"

"他不高兴时,总是拧我的脸,很疼。"

车间主任狠狠地瞪了晓雅一眼,说:"你别诬陷好人!你有证据吗?"

晓雅低下了头,成吉拉着她的手,那双手冰凉冰凉的,连接着手的身子在发抖,她突然说:"我不记得了……"

"你看,经理,那就是一个白痴随便瞎扯淡!"

"请你放尊重点,不许一句一个'白痴',你积点口德。"刘校长说。

第二天,车间主任就被调离去了其他车间。经理说,晓雅得过冠军,是我们厂的骄傲。不管晓雅说的事情有没有,我们能照顾她的地方,要照顾到。成吉觉得经理是个好人,可是并不是所有的人都是好人。

可是,一下班,晓雅又对成吉说:"人家总是取笑我,说我是白痴。"

"你不会反击吗?"

"我一反击,他们就联合起来,把活都交给我干,不让我停下来。"

成吉有点怪她,听多了,就没好气地说:"我每天扛货物,搬东西,一刻不停地干活,快累死了,回家还要听你讲这些难听的事情,受窝囊气!我帮你去新车间说了好多次了,每次到了那里,你又说不记得了,总不至于再给你换车间,你就不能说清楚吗?"

从那以后,成吉没有听晓雅再说起。她变得越来越沉默,只是坐上电瓶车,要挽他的腰时,忍不住哎哟叫一声:"我手疼得抬不起来,今天他们一直叫我在纸箱上涂胶水,一直涂一直涂,我都没有说话。"

"别人说的话,你就当没听到。像我那样,人家笑我,我也笑。你心里不要老想着。"

"我做不到。"

那是今年年初发生的事情。成吉听说许妈妈病了,她一天天瘦下来,柔软的声音好像灌进了沙,像一把又亮又尖的刀突然变得很钝很钝,每次说话好像要花上很大的气力。慢慢地,她瘦得眼睛几乎要突出来了,她的样子很可怕。晓雅的爸爸每天坐在厕所里抽烟。他说她病得很重。

有一天,她趴在卫生间里呕吐,吐出来的竟是血。黑色的血。她昏过去了。

晓雅和成吉一起从单位请假回家。晓雅抱着妈妈哭,说:"妈妈不要生病!不要生病!"

妈妈醒来后说:"医生说我顶多只能活三个月。叫你爸帮我挑块风水好的坟地,在那里,我还能想着你,保佑你。"

成吉听外婆说,死亡不是关上了的门,而是敞开另一道门,那就是通向永生之门,死亡不是结束,而是更美的复活。于是,他就对晓雅说,妈妈会在天上复活的。

爸爸挑了一个路边的坟地,旁边有棵树。妈妈说:"我和晓雅一样,喜欢树。而且,种树挡煞。"

许妈妈走的那天,脸蜡黄蜡黄的,她努力挣扎着起来,在最后一刻,抱住了晓雅,用尽全力在她脸上亲了一口。然后,她就倒下去,像岩石般一动不动。她好像睁着眼睛睡着了,但眼睛里的泪水还在往下流,像两条歪歪扭扭的小溪,流着流着就干了。

爸爸哭着合上了她的眼睛。她死了。

晓雅抱着妈妈,说:"我要去妈妈的天上,我也要去!"

成吉无法忘记那一天,妈妈去世后两个月。工友跑来对他说晓雅出事了。他跑到她的车间,她像一尊雕塑一样坐着,眼睛似乎什么都看不到,几分钟也不会眨一下。当他大声喊她时,她的耳朵好像什么都没听到。

送回家后,她清醒过来时,就再不肯迈出家门一步。她说:"楼下的人,厂里的人,要杀我。妈妈,我害怕。"

成吉说:"没人要杀你,那是你的错——错乱。"

"你是傻子吗?他们都拿着刀。你看不到吗?我要找妈妈。"

"妈妈已经不在了。"

成吉话音刚落,就看到她一屁股坐在地上。整个房间都是她的哭声。

第七章　阳台夫妻

白天,他去工厂上班,她见不到他,就一直不停地打电话。电话里,她总是喊着要他请假回家陪她,但成吉要装货卸货,要过磅称重,一个月一千四百元的工资,经不起请假扣工钱。他没时间总是接电话,她就一个接着一个打,问:"到了吗?"再过五分钟,她又打一个:"到哪里了?"如果他不接,她能一连打四五十个,直到他接起电话,或者直到他的手机耗尽了电,再也打不通。

她住进了郊区的安宁病院。医生说她得了妄想症,是精神分裂症的一种。成吉每个星期一休息,就雷打不动地去看她,一次带着王燕老师、刘林老师一起去看她,晓雅扯着他的袖子不肯放手,哀求着:"成吉,求求你了,把我接走吧。我再也不乱想了。"

她那么爱笑的眼睛再也不会笑了。她头上戴的各种颜色的蝴蝶和花儿都不见了。

王燕老师是成吉从一年级到九年级的班主任,也是晓雅的语文老师,她和晓雅一起恳求医生:"我们孩子这么可怜,八个人住一间,半夜里有人哭有人笑有人尖叫,她胆小,会害怕的。医生,你网开一面,还是让我们接走吧。"王老师的眼角是银色的水光,成吉从来没有看到老师哭过,王老师总是会腰疼,这是她最难受的时候,但她疼时也只是皱着眉头,她从来不哭。

"一年前,我还听晓雅说她代表厂里去福建参加乒乓球比赛得了奖,厂领导很高兴,让她提要求,她要求和成吉同一个车间。同一个车间都是技术工,厂里就把她安排到离成吉最近的一个车间,那个老给她穿小鞋的人不是离她远了吗?"晓雅的班主任刘林说,"晓雅怎么会突然变成这样了?陈怡听说她生病了,难过得一天没说话,本来她还

想带上晓雅和成吉去参加中国梦想合唱团海选呢!"

爸爸说:"领导对她是好。她从小敏感,虽然到最后是换了车间,比之前好了很多,但一件事情一件事情累积起来,她自己又藏在心里不说,最重要的事情是,她妈妈走了,晓雅无法习惯没有妈妈的生活,夜晚做梦总是叫妈妈,结果来了个总爆发。"

"如果现在出院,病情会继续加重,前期的治疗全都白费。"医生拒绝了他们的要求。

三个月后,晓雅出院了,医生说:"治疗了一个阶段,可以先回家去。让她喜欢的人陪着她,或许对她的康复有帮助。"

当成吉拉着她的左手,爸爸拉着她的右手走出安宁医院时,她说:"爸爸,我再也不来这里了。"

这是晓雅无法记起来的事情。当成吉清晰地回忆晓雅忘记的过去时,厨房里传来油炸的声音。听到晓雅喊了一声"啊",他怕她出事,飞奔过去,看见她在煎大排。

"刚才被油溅到了。"

"你不要弄了,叫爸爸烧吧。"

"我在旁边看着,让她做,你们刘校长和刘林老师都说,自己多动手,以后能自力更生。爸爸不能陪你们一辈子。"

"我给你做结婚饭。"晓雅说。

"你真会吗?"

"老师教过我们的,洗干净——用刀背拍肉,让它松一点——用酱油、盐、姜片腌一会儿——两面拍上淀粉——油烧热,开始煎……"

"好了,两面都黄了,你忘记放茴香了。现在再放还来得及,我帮你再放点葱。"成吉说。

"再加上老抽、黄酒和水,炖半小时,对吗?"

"晓雅,其实你什么都记得,是不是?"

"有些记得,有些不记得了。爸爸说,我生病了,你还没有把我扔掉,每天喂我吃药,每天给我讲好笑的事情,今天还和我结婚,是个好人。我要对你好一点。我要给你做很好吃的菜。"

"如果有一天真的不吃药了,我妈妈和爸爸都想我们生个孩子。"成吉说。

"嗯。妈妈看见我有孩子,一定很高兴。"

"晓雅,妈妈不在了。"

"是的,她白天不在了,但她晚上会来看我的。"

成吉闻到大排的香味了,他最喜欢吃肉。他不常能吃到肉。他的工资一个月一千四百元,以前晓雅没生病时,一千元让她藏着,她病了,成吉就只能自己存在银行里,王老师教会了他怎么存钱。存了银行,余下来的四百元自己花。外婆说,钱都是从牙齿缝里节省下来的,他不舍得花钱,有时下班肚子饿,就买个葱油饼吃。有饼吃的日子,成吉过得很有滋味。

成吉更喜欢有大排的日子,爸爸买来的大排一定很贵,但结婚时就应该吃点贵的东西。成吉吃大排的时候,晓雅又对着观音去说话了。

她说的话,他听不到。但他能猜到她心里说了什么。

他现在一边吃着有点烧焦的大排,一边对自己说:

"爱是恒久忍耐。"

2013年8月25日

数星星的孩子

一家临街的店铺,一些五金用品在货架上、地上的箱子里齐整地码着,它们是俞成吉的新朋友。今天是他的生日,也是他的五金店开张的日子。

来的客人很多,各路媒体、学校的老同学、刘校长、残联的干部,都送来了祝贺的花篮。

王燕难以相信,此刻的场景竟是真的。他的学生,竟自己开店做老板了。

在学校时,老师们为成吉取了一个特殊的名字,叫"数星星的孩子"。因为每晚当他躺在床上时,就可以看到满天的星星。

今天,那些遥不可及的星星变成了眼前密密麻麻的货品。

王燕教了成吉九年,毕业后他在家里休息了一年,听说学校办职高班,又重回学校读书,和晓雅分在了同一个班。

"王老师,都是我自己码的。"成吉从电脑桌边走到王燕身旁,"星光公司做公益,送了我两万元的货品。"

王燕走过去,看到他打开的电脑页面正是他开的淘宝店主页。

"店铺的名字为什么叫达窗?"

"达是达敏学校的达,窗是'上帝关闭了一道门,一定会打开一扇

第七章　阳台夫妻

窗'的窗。"

每当他开始背诵这些句子时,王燕总觉得他像个哲学家,抬起忧郁的脸,说一些在旁人听来很深奥的句子。

七年前的四月,那个大男孩坐在台阶上,低着头给校园花坛的金边黄杨分枝,坐在他身边的是崔晓雅。他正对晓雅说"爱是恒久忍耐。爱是不嫉妒,不自夸"。王燕刚巧走过他们身旁,她从没有在语文课堂上教过这些句子,成吉忍住喉咙的打结,像背诗一样说出这句话,让她觉得惊讶,她问:"成吉,这句话哪里听来的?"

"《圣经》。"

"你是基督徒?"

"我不是,外婆信耶稣,她教我的。妈妈不让我跟着外婆信教。她说洋鬼子的话保佑不到我。但我喜欢外婆说的话。我难过时,这些话,会给我动力。"

他很娴熟地把金边黄杨分好了盆,让它们一而二、二而四,在枝繁叶茂的道路上,有序地生长繁衍。教他分枝的是刘校长请来的退休园艺工程师,成吉学会了浇水、施肥、分枝分盆,掌握光照、温度和湿度,在与植物朝夕相处的过程中,洞悉它们生长的节奏。让孩子们学习农艺,是校长的想法,她希望有一天学校能办一个农场,新鲜的空气,各种生机盎然的植物,自由开放的环境,都可以成为孩子们的药——王燕知道,这是刘佳芬理想中的"农场疗法",一则康复身体促进智力,二则掌握生活和工作技能,将来会有一份工资能让他们自食其力。

但学校办农场的路还很远,现在能做的是创造条件让孩子们了解自然、学习自然。王燕发现智商差不多的学生,来自于农村的智障孩

293

子要明显比生活在城市中的孩子能力强。自然是最好的老师,人类蒙昧时代的诸多创造就是从模仿自然开始的。

成吉的左手勾着,四个手指勾向掌心,只有大拇指能自如地运动。右手却十分敏捷,左手依附于右手的主导,倒也配合得当。那时它们一起合作让花坛里金边黄杨的家族庞大起来,现在它们点击着键盘和鼠标,要在网上完成他的订单。

那时埋首学习农艺的少年俞成吉和此刻在网上叫卖的五金店俞老板,似乎并没有什么差别,时间轻轻触碰了一下王燕的鼻尖,就飞过去了。但她明白这个单纯如孩子的青年,在毕业后的这些年,比普通的青年经历了更多的风雨。

只有他咧开嘴笑时露出的那排干净的牙齿,还像少年时一模一样。

去年,宁波队参加中央电视台的"梦想合唱团"节目。后来,宁波队得了第一,学校获得了110万元的公益梦想奖金,刘校长争取了其中的40万元用作"梦想创业基金"。她说要寻找一些想创业的学生,王燕就想到了成吉。

这样一个学习农艺时能记住"把黄杨树苗放在阴凉处,要不金边会褪色"的孩子,一定能把梦想细致地安排好。

"晓雅身体还好吗?"

"在家里,有时也能自己一个人出去走走了。"

"她还在吃药吗?"

"吃的。但不用提醒了。她喜欢坐在阳台上发呆。"

"老师觉得你是一个好男人,良心真好。"

"我和她这么多年了,有感情,不能扔下她。她一天见不到我,就朝她爸爸发脾气。她说我是她的保护伞。"

那时埋首学习农艺的少年俞成吉和此刻在网上叫卖的五金店俞老板,似乎并没有什么差别,时间轻轻触碰了一下王燕的鼻尖,就飞过去了。但她明白那个单纯如孩子的青年,在毕业后的这些年,比普通的青年经历了更多的风雨。

第七章　阳台夫妻

他笑了,一排洁白的牙齿,闪亮如瓷。三年级时他从普通学校转到达敏,他接受能力强,王燕总是让他当小老师,教一些重度孩子怎么刷牙齿。这个小老师,为了给同学做示范,总是把自己的牙齿刷得锃亮。

今年四月,王燕去参加他们的婚礼。她看到两个轻度智障孩子在婚礼上许诺,交换戒指,点蜡烛,患过妄想症的新娘晓雅穿着婚纱,一杯杯给客人们倒酒。像世上所有的新娘一样,晓雅那一天好看得像一朵栀子花,微笑时饱满的嘴唇展露的弧度,只有在清澈如水的少女脸上才能看到。年纪一大,心思一多,那完美而清晰的弧度就渐渐模糊了。

她真想像一个母亲一样,去亲亲她历经磨难的天使。他们双双来敬酒时,王燕抱了新郎又抱新娘,好像他们一个是她的儿子,一个是她的女儿。

那一天,她既是嫁女儿,又是娶媳妇。她拥抱他们时,觉得自己差一点要哭了。

因为长期伏案,她患上了腰椎间盘突出症,为了不让疼痛加剧,走起路来双腿移动得很慢,一瘸一拐。她有时会听到陌生人嘀咕:"咦,好像那老师也是残疾人啊。"

那怪异的目光让她感觉到了压力。她的孩子们从小到大承受的压力,一定更多,却很难清晰地表达出来。她不是残疾人,尚且不喜欢被人评头论足,孩子们更不希望自己被人说笨。没有人喜欢。

"开业大喜的日子,晓雅为什么不来?"

"我怕——怕难为情。也怕人多,她害怕。"

"电子商务这么复杂,老师才刚申请了淘宝旺旺,都用不顺手,你学得还顺利吗?"

"表哥在教我,工程学院的电脑老师给我设计了网页。我没想到学校还能记得我,让我开店,我也没想能挣多少钱,就是想着让我们达敏学校的学弟学妹们以后毕业了,都来我这里工作。"

他的第一个顾客就是达敏学校,在他开业前学校就已经向他预订了一些五金小件,学校要搬新校舍了。

他在淘宝店也卖自己动手做的产品——他给它们取了名字,叫达窗笔。笔是他自己安装的,他进来笔芯和笔头,自己动手把笔尖安在笔芯上。店未开张,他的笔已经迎来了第二个顾客。田娟向一个开公司的朋友为成吉的笔作了推荐,朋友决定公司的办公用笔以后就在他的店里采购。

"老师,以后订单多了,就让学弟学妹也来我的店里安装笔。我再开家文具店。"

王燕说:"开网店一定会有困难,你要做好准备。"

"我想要成功的事情,一定会努力做的。从小到大,我左手不好,就咬着牙拿铁蛋,练拉力器,现在我的左手有力多了。以前,在学校参加特奥会,200 米起跑前,突然感到手和脚麻木起来,那是要犯病了,我就在心里祈祷,神啊,你快点摸摸我,让我不要跌倒,让我不要犯病。那次,我没有发癫痫。我相信,是神和我在一起,还有王老师、刘校长,是神派你们来和我在一起,一想到你们,我就什么都不怕了。"

五年前的毕业典礼上,成吉的《打工歌》回荡在学校礼堂里——"打工苦打工累 / 打工的心酸谁人能懂 / 打工难打工悲 / 眼泪流出当作汗水 / 打工苦打工累 / 为了赚钱还得朝前追 / 打工难打工悲 / 为了家中父母儿女不后悔"。

第七章　阳台夫妻

他在台上唱歌，王燕在台下流眼泪。孩子们要毕业了，她应该为他们高兴，他们中的每一个人都找到了工作，去企业做清洁工，去超市做售货员，去企业做送水工，每一份职业都是带给家庭的喜讯。做一个打工仔，挣微薄的工资糊口，这对于智障孩子来说，已经是对家庭莫大的安慰。他们等了十九年，等着他们从职高班毕业，终于等来了这一天。

"社会不像学校，也不是每一个人都会像学校的老师一样护着你们，社会上什么人都有，你们长大了，要自己照顾好自己。"

后来，成吉进了工厂，做清洁工。可是，半年后，东南亚金融危机影响中国，他和很多同学的名字出现在第一批被裁员的名单中。人走了，残疾证却被扣在单位。单位要用残疾证来抵税。他每个月写一张请假条，每个月领到两百元的补贴。

失业的日子，他没有留在家里，而是去"星雨"自闭症工疗站做了康复老师。

每个星期三，他休息，他就会开着电瓶车来学校，帮着老师拖地、搬东西，一起照顾班上哭闹的孩子。

"王老师，我脑子里不知不觉就有了这个想法，自己一休息，就想回到学校来，一到学校，脚就要朝你的班级和刘校长的办公室去，好像我有心灵感应似的。"

"那说明你的心还留在学校呢！老师们都在炫耀你在教师节发给他们的短信。你——怎么想到去做康复老师了呢？"

"本来是在民政局的社会服务中心做义工。后来，星雨工疗站站长看我那么勤快，就叫我去他那里做，说是可以学点康复知识。"

"自闭症的孩子很难带。"

"嗯。有一个十三岁的孩子头疼时,用手敲自己的头,拼命敲。我不知道该怎么办,就给他唱歌,唱《小毛驴》,还有《春天在哪里》。我一边唱,一边跳舞,分散他的注意力。他就会忘记头在疼,就会跟着嘻嘻哈哈笑。他笑了,证明我的方法是对的。"

"你一直都是聪明的孩子。"

"他兜着尿不湿,每过一会儿,我总是要用手摸摸,看他有没有尿湿。如果湿了,就帮他换掉。"

"你看,你不仅能把自己照顾好,还会照顾别人了。"

"我刚去的时候,有一个孩子发脾气,把我的衣服撕破了,还摔碎了我的两个杯子。我就手拉着手,陪他在楼下散步。不能松开他的手。还有一个孩子把我撞倒,他力气可大了,我被撞得得了腰椎间盘突出症!"

"这么辛苦的工作,你会发脾气吗?"

"小孩子已经那么可怜了,我不能再向他们发脾气。有一个女老师,出了车祸,丈夫死了,自己的一条腿没了,还来当康复老师。自闭症孩子发脾气时常常会把她撞倒在地,她摔倒了就靠一条腿爬起来,抱住那个孩子,不让他伤害自己。我要和她一样——坚强。"

"每天做些什么事情?"

"早上七点半,我到他们住的地方,把他们接到星雨工疗站,给他们买好早餐,白天时,陪着他们训练。我以前总是要向妈妈发脾气,现在当了老师,反思自己,就不发了。"

"成吉变得成熟了。"

"我挺喜欢和那些孩子在一起,要不是想着自己是个男人,要养家糊口,我后来也不去工厂里做过磅员了。在厂里做,工资高一些,我不能总靠妈妈。"

　　一个残疾孩子,竟在做义工,陪伴残疾孩子,把弱小的力量奉献给别人。王燕是看着成吉长大的,他身上的闪光点那么多,就像他的阳台上随时能见到的星星,坚持发出自己微弱的光,也不在乎有没有人知道。似乎发光,是他与生俱来的需要。

　　她记得第一次到成吉家家访时看到的情形。走进家门,一眼就可以望穿房间的布局——一间卧室,一个厨房,一个卫生间。一间卧室只有一张床,一块木板放在阳台上。

　　"成吉,你睡在哪里?"

　　"阳台上。"

　　"老师,我们家里没钱。他妈妈只是偷偷接济下我们,她那里也有个家,照顾不过来。"这是他外婆的声音。

　　在学校里,她总是听到他的歌声,看到他的笑脸。她想不到,与他的歌声相匹配的是以露天阳台为床,把星星当同伴的生活。家里的冰箱关着,电视机关着。七点钟,成吉和外婆就早早上床睡觉,为的是避免开灯用电。

　　"家里困难,每一分钱,都要用到刀口上。电费贵,能省就省。"

　　陪伴成吉的,唯一用电的"电器"是一个收音机,两节电池,可以为他输出一个月的快乐。夜晚,他就和外婆一起听收音机里的越剧,他在学校里哼唱的《天上掉下个林妹妹》《我家有个小九妹》,就是从收音机里学的。

　　他只会说宁波话,也只听得懂宁波话。或许在那么多频率里,越剧方言的气息,让他觉得亲切,所以他刚开始在嘴里哼哼的所有曲子

都是"宁波牌"的。

他开始独自哼那些曲子时,天上已经繁星满天。

他说:"老师,我每天对着星星唱歌呢!"

"好歹凑了钱,给孩子装张床。"当王燕在狭窄的房间里试图找坐的地方时,对外婆说。

"他妈妈节省下来的私房钱不多,靠我的劳保维持我们祖孙的生活,只够吃穿,生个病,更没钱。他妈妈在菜场摆个摊,回来给我们捎点收摊时贱卖的菜。本来跟着他妈妈去,多好。可是,她后来嫁的老公,不肯要我们成吉。我劝她安心嫁了,孩子我替她带着,她就忍下了心。"

"他爸爸呢?"

"他也有家。他就每星期回他奶奶家吃一餐饭,去见见他爸。"王燕总是看见成吉穿着比他脚大的皮鞋,看样子是他父亲穿下的。他从普通学校转来,早听说他家境贫困,但没想到竟到这样的地步。十三四岁的大孩子穿着比他脚大的鞋子,走起路来就有点拖沓,跑起来,他的鞋子似乎随时都会掉下来,但他总有办法让它们稳妥地停留在脚上。

或许他穿不合适的鞋子穿惯了,他的脚也变得特别懂事,懂得让所有不合脚的鞋子都能牢牢套在脚上。

"不能让成吉和你睡在大床上吗?"

"小时候行。现在长大了,不方便。我本来想替他妈妈照顾几年,就还给他妈妈,没想到,一照顾,就粘牢了。她自己生的,就扔给我这个七老八十的老太婆了。唉,'有人打你的右脸,你把左脸也让他打;有人要你的里衣,连外衣也让他一同拿去;有人逼迫你跑一里路,你就同他一道跑二里路。'"

即便外婆对照顾他有了抱怨,他也只是看了看外婆,低着头笑笑,好像犯错的是他自己。

他的脸上永远挂着一丝微笑,他身上的温顺和宽厚让王燕难以忘怀。仿佛生活总是对他那么好,就像现在,他对每一个顾客都面带微笑,好像要把心里的幸福,和每个陌生人分享。

那样的品性似乎在他小时候就萌芽了。他的皮带快断成两截,王燕看见了,说:"你不要用了,老师再给你买一条。"

"我叫外婆拿针缝一下,还可以用的。"

王燕还是买了新皮带给他系上。当他试新皮带时,她发现他的裤子腰围大了一圈,看得出,裤子也是别人穿下的。

王燕拿了爱心单位捐赠的新书包给他,他说:"老师,给其他同学吧,我有书包的。"

他晃了晃手中的塑料袋,就是这个塑料袋做的"书包",他也已经用了一个学期。他每个学期换一个"书包",每个书包不是塑料袋,就是布袋。

那时的教师节,每个老师捐出一天的工资,攒在一起,到了年底,就用来给贫困的孩子买棉袄。老师们用这样的方式把教师节变成爱生日。他的棉袄是学校的一道风景线,穿来的第一天就是旧的,大得像条被子盖在身上,里面的毛衣却小得可以露出肚皮,只能遮住大半条手臂。大棉袄穿了几年才合身,但袖口磨破了,一朵朵棉花,从小孔里探出头来。老师拿来新棉袄,第一个就想到了他。但他说:"老师,我有棉袄的。我的棉袄冬天很暖和。"

  他愉快地用不合身的衣裳迎接每一天的到来,他的生活像大自然一样俭朴,无欲无求。这使得其貌不扬的他,显得如此纯洁无瑕。但王燕无法忍受她班上的孩子竟连件合适的棉袄也没有,每一年,他都会得到学校买的一件新棉袄。这件无声的棉袄,会让王燕的冬天变得平静许多。要不她的眼前总会浮现成吉爱唱歌的喉咙下,那一身捉襟见肘的破衣破衫。

  他身上只要出现新的行头,不是老师买的,就是来学校的爱心人士捐赠的。他后来的打扮往往是这样的 —— 王燕买的皮带,爱心企业捐的书包,钟月孩子穿过几次的新鞋子,田娟买的帽子,刘校长买的外套……每一年冬天,门卫室会出现一个神秘的包裹,里面是一针一线织成的毛衣毛裤,没有留下编织者的名字,只写着"给俞成吉",尺寸似乎亲手量过,特别合身……王燕猜得到,那应该是出自许琴之手。来自四面八方的衣物,七拼八凑地拼贴成合乎时令的穿着,在他身上,拼成了一个特殊的爱心集中营。

  他就这样穿着"爱心集中营"在唱歌,走路时在唱,停下时也在唱。他的脸上没有一朵愁云。在王燕看来,那是一个比普通孩子还要完美的孩子,他灵魂里散发出的阳光气息,他仿佛自然天成的"安贫乐道",他总是说:

  "生命就是人的光。"

  他说这也是外婆教他的句子。

  七年级时,有一次社区教学,他回到学校说:"老师,我能不能下次去外面时不要戴红领巾?"

  "为什么?"

  "我以前的同学都读初中了,都不戴红领巾。我戴着红领巾,别人就知道我和一般孩子不一样。"

"以后七年级以上的学生都不挂红领巾。"当王燕向刘校长转述后,刘校长马上让孩子们的愿望变成了现实。

一个温顺的孩子,又能发出保护自己尊严的声音,他多想变成和别的孩子一样的人。孩子们的内心世界远远要比王燕想象得丰富和成熟。她和校长听到了,就要保护他们的声音。

在第一家工厂做清洁工时,外婆说总有一些陌生人故意把垃圾扔在他脚下,捉弄他,让他去捡。他不嗔不怒,默默地清理干净。

王燕听了,不放心,去看他。一个初冬的早晨,他正低着头,用扫帚、畚斗处理着每一块被弄脏的地面。不同的是,他还是一如既往地在唱歌:"狼烟起　江山北望／龙起卷　马长嘶　剑气如霜／心似黄河水茫茫／二十年　纵横间　谁能相抗／恨欲狂　长刀所向……"

一个智障青年字正腔圆的《精忠报国》,只有厂房大楼上方的天空在倾听。但他自得其乐,好像只要从自己的嗓子到达了耳朵,就完成了歌曲旋转的轨迹。为歌声做伴奏的,是扫帚划过地面的"沙沙"声,还有树丛中不知名的鸟儿,像他一样沉浸在自己的鸣叫之中,化成这自然中独立发声的一分子。

此刻,来庆祝五金店开业的各路人马散去了,成吉还在哼唱那首毕业时把王燕唱哭了的歌:

"打工苦打工累／打工的心酸谁人能懂／打工难打工悲／眼泪流出当作汗水……"

他唱了一半,停了下来,说:

"王老师,以前是为别人打工,现在是为自己打工。感觉不一样。"

"那当然!我们成吉自己当家做主了!"

"我昨天躲在被窝里哭了一夜。"

"怎么了?"

"我都毕业这么久了,我何德何能啊,学校还能想起我,让我来开店。"

"无论你多大,走得有多远,都是达敏的孩子。"

2013年8月26日

母亲在奔跑

昨天的鞭炮声犹在耳边,鞭炮飞向天空,彩带落在地面。在黄莉眼里,它们像五颜六色的笑,盛开于天际和大地。儿子的店开业了,黄莉总觉得那不是真的。

她知道,成吉过年时从来不放鞭炮。穷日子有穷的过法,成吉过年就给外婆唱歌,从《我家有个小九妹》唱到《背十字架的你》。但今年,家里放了两次鞭炮,都是一千响的。一次是成吉在春天的婚礼,一次是昨天的开业典礼。三十而立,她的成吉和别的孩子一样,成家又立业。

媒体的话筒追着成吉,他的语速比常人慢,偶尔还有结巴,好像嗓子里的声音在拔河,要很努力才能把想要说的音节从喉咙底下拉出来。但他的思路很清晰。相机的闪光灯扑打在他脸上,让他的脸跟着闪动起来,他一点都不怯场,真像个新闻发言人。

"我干过很多活,一毕业就去做清洁工和除草工,刮大风、大太阳,都得做,九百块一个月;下岗后,又去做义工和康复老师,后来有个机会,工厂招过磅员,可以不用晒太阳吹西北风,工资高些,我就去了。再后来,学校问我要不要开店。我说,没钱。老师说,学校借给我钱,不用利息。我就说,好的。这件事情,就像做梦似的。"成吉说话时,几乎把嘴唇贴在了话筒上。

记者问他:"你觉得你最应该感恩谁?"

"外婆说要感谢基督,我老婆说是菩萨帮的忙,妈妈说要谢谢达敏学校,其实我心里想谢谢我的干妈和校长……"

"干妈?"

"我的班主任王老师,我叫她干妈,我们班同学都叫她干妈。"

父亲俞梁也来了,多年不见,单是老了些。记者抓住他追问。他说:"我怎么也想不到,成吉会有这一天。我不知道,这些年,他得付出多大的努力……"他刚一开口,就哽咽了。

黄莉和刘校长商量了一下,就在成吉生日的那天开业,她们希望这一天,能成为他重生的日子。

他出生时,谁都没有发现问题。长到十一个月时,黄莉发现别的同龄婴儿能站起来,他却不行,不仅站不起来,他的两条腿还不一样长,去医院检查,医生说:"这孩子脑部CT显示一半是死亡的,很有可能他这辈子都站不起来,并且是个弱智。"

这句话,像一记巴掌,掴在她初为人母的二十岁。成吉十二岁那年,在普通学校读三年级,成吉说,我想死。

他责问:"妈妈,上天为什么这么不公平?为什么我的脑细胞死了

一半,而我的左手又是这样的?连走路都走不稳。"

"是妈妈对不起你。"

"一个人时,我在偷偷伤心。我来到这个世界,是为了什么呢?"那一年,他发怒时,伸出拳头敲柜子,右手的拳头扎进衣柜里,磨出了血,家里仅有的一个衣柜破了一个大洞。那个洞用了一张塑料纸补上,直到今天还大张着嘴,描绘那只十二岁的拳头的形状。

她是有愧的。但她在他生命最初的十年里,不是在医院,就是在去往医院的路上,四处打听哪里有更好的医院和专家,哪里有最好的康复机构。

两岁时,听说宁波来了北京的名医,她抱着孩子去看,挂了号,伸长脖子等了一天,刚轮到成吉时,医生说时间太晚,号满了,不看了。

黄莉和成吉的外婆一起跪在地上,求医生。"我生他时缺氧,抢救过来时我还以为是好的,发现太迟了,是我对不起他。医生,求你发发善心,救救他吧。如果他站不起来,我们这个家就都毁了。"

医生答应给孩子针灸,并留下住的宾馆地址,告诉她第二天可以再去找他。两枚又细又长的针扎在成吉的头顶,黄莉看他蹬着腿在啼哭,却只会含糊地说出一句"妈妈"。

如果那些针扎在自己的头上就好了。

回家路上,怕碰到东西,就用了一顶大帽子护着他的头。她抱着孩子,母亲举起手,在他头顶兜成一个保护圈。晚上睡觉时,用软纸箱和棉布把他的头层层围起来,她和俞梁一起整宿轮流看着他,生怕他一动,针会碰到硬物。只要扎深了一公分,他们就有可能失去成吉,他们的眼睛一秒钟都不能离开。

母亲说:"听说有人信了耶稣,连癌都治好了。要不咱家也信教吧？或许能看好成吉的病呢。"

"妈，您以前拜菩萨，现在信基督。菩萨知道了，要恼火的。我更相信医生。"

"要恼就恼我，我反正老了，也不怕了。说不定灵验的。再说信基督，又不干扰你看医生。"

母亲兀自去信了教，每餐都祷告。黄莉听不清母亲在说什么，也不知道母亲心里的新神能不能听到。黄莉只想着到全国医学最发达的地方去，找最好的专家配最好的药给孩子看病。没有钱，向亲戚一家一家借，亲戚借遍了，向朋友借。她向单位请了长假，停了薪留了职，带着孩子去北京，找那个名医。名医离开宁波前，给她留了北京家里的地址。

所有的街道都是陌生的，她和母亲轮流抱着孩子一路打听，在偌大的北京城找这个名医。成吉没法站立，她们脱不了手。一叶孤舟在大江里行驶，一边迷路一边靠近目的地，摸索到医生家时已经筋疲力尽。开门的是名医的妻子，她说："他常年在全国各地给人看病，不常在家，什么时候回来也没个准儿。"

她甚至都没进门，就抱着孩子回到了招待所。招待所是托熟人找的，这是她在一九八八年的北京城能找到的最实惠的住处。对着厕所的房间，最便宜，但住一天，也要六元钱。她跑遍全北京所有的医院，一家一家找药方，一住就是半年，花光了所有的钱。

花完了钱，回到家，继续借钱，借了钱，继续看病。

俞梁说："能借的地方都借遍了，能卖的东西都卖了，人家都捏着鼻子，不肯借了。就算了吧。"

"不行，医生说越是在小的时候治，长大站起来的希望就越大。我

把世上的方法都试过了,以后也不会后悔了。"

"等你试遍了,我们全家也只能喝西北风了。"婆婆说,"我们世代没有一个孩子智力有问题,怎么到了你这里,就生了这样的孩子了?我想来想去,我们请请菩萨,驱驱晦气,你们还是再生一个吧。"

"我照顾他都照顾不过来,没精力再要。"

但黄莉的脚步并没有在家人的反对中停下来。一张张借据记录着她和孩子行走的轨迹,她不是在上海就是在北京。她甚至忘记了家里还有俞梁,在厂里做个保管员挣钱。欠人家的钱,今天还,明天借,拆了东墙补西墙。

三岁时,成吉竟能颤巍巍地站起来,又扑倒在地。她扶起他时,他满脸都是血,他的鼻子撞到地上,血管破了。他用手摸自己的鼻子,摸得满脸都是血。黄莉擦干净他的脸,又摸着他一高一低的腿,喜极而泣。五岁时,带他去照相馆拍照。他站着,向他从未见过的相机伸出了手。手够不着,他竟轻轻挪动了脚步。

当她确定那缓缓移动的脚步是事实时,屏住了呼吸。她生怕惊扰到他,用手捂住嘴,当感到自己在流眼泪时,忍住了呜咽,看着他迈开了第一步,一瘸,差点要扑倒了,却又稳住了第二步,接着,第三步,第四步……当他意识到自己在走路,一害怕斜着身子要倒下去时,她跪到他的面前,扶住了他。她捧着他的头哭起来。相片记录了那永恒的时刻,她抱着他,他坐在她的膝盖上,第一次学会走路的双腿紧挨着她的双腿。在照片上,他的双腿看上去那么完美,那缺失的一公分在照片上被抹去了。她微笑的脸上,一对哭肿了的双眼纪念着她千山万水遍寻名医的结果。

母亲知道外孙能站起来后开始祷告:"感谢神,因他有说不尽的恩典……"

回到家里,黄莉高兴地说:"医生既然能让他站起来,或许也能救活他那半边的脑子。"

"要么把房子卖了,要么把我卖了。"俞梁说,"你眼里只有成吉,我的鞋子破了两个月,你都没有看见。"

"儿子变成健康人重要还是你换新鞋子重要?你自己不会买吗?我没日没夜地找医院,你没有看见吗?"

"我没日没夜地工作加班,我们借钱已经借得没有亲人没有朋友了,你没有看见吗?"

"你觉得我们娘儿俩连累了你,你可以选择过你的生活,像你妈说的,再和别的女人,生个健康的孩子,过正常的生活。"

这样的争执,越来越经常地发生。一根弦绷得越来越紧,她感觉再轻轻一触,它就要断了。

后来,成吉像正常孩子一样,上了普通小学,考试总是班级最后一名。三年级时,医生说:"这样的孩子,能走路,智商也不是太低,只是轻度智障,已经是奇迹。你不用再花钱看病,再花也是白花。医学办不到的事情,教育或许能办到。"

她把他转到了达敏学校。

战争又一次爆发。"你不和我商量下吗?让人知道我有个儿子在达敏学校读书,我脸面往哪里搁?"俞梁说。

婆婆说:"这下好了,以前别人都知道他身体残疾,成绩不太好。现在都会知道他是这种孩子了。"

"休了两年学看医生,比同班的孩子要大两年,他也跟不上。他得不到重视,也不快乐。去达敏学校,有专业的方法,小班化,一个班级

八九个人,老师也很有爱心,孩子也可以过得更开心。"

"他开心,我不开心。你去转回来!"

"不行。他去了一个月,人完全变了。如果他不是拿拳头敲柜子敲得拳头上都是血,我不会让他去特殊学校。现在达敏学校的老师都说他是开心果。"

一年后,俞梁背着一个编织袋走出家门的那天,黄莉没有哭。他们互相说了保重,好像他只是出一趟差。家徒四壁,能带走的东西只有几套换洗的衣服和他们娘儿俩。

他带走了自己的旧衣服和一叠借条,留下了他们娘儿俩。

她去菜场摆摊,她要自己养活孩子。五点钟起床去进货,到晚上七八点钟才收摊。刮风下雨,天天如此。但积攒下来的钱只够一家三口开销。隔壁摆摊的,和她经常一起聊:"其实孩子两条腿不一样,可以做手术拉直的。"

"我没钱。"

"我家隔壁有个修鞋的,家里刚拆迁,分了房,你一个人带着孩子不容易,嫁了吧。"

黄莉结婚了。三年后,成吉十六岁,她拿出攒下的钱,给他的腿动了手术。

母亲说:"我还以为你一结婚,就变成铁公鸡了。原来你瞒着我,偷偷在攒钱。"

她每星期回母亲那里去看成吉,总能听到成吉讲他讲不完的故事。

他说学会了怎么吹号子,每次特奥会时,都是他领着铜管乐队在吹号。

他说学校拍电视了,他做男主角,同学们都觉得他的声音特别好听,他说那个节目叫《梦在飞翔》。

他认得学校的每一种植物,学会了怎么栽种它们。

他在舞台上有个搭档,她的嗓音很好,长得更好,她叫崔晓雅。

他说的每一件事,都是喜讯。

去年,他和老师一起去参加了梦想合唱团的海选。他说他听到掌声像大海的声音那么大,那么远。他站在台上,觉得自己在面对大海唱歌。台下的人,举着一只只手机拍照,像一颗颗闪亮在夜空的星星。他好像回到了童年的阳台,给他最要好的星星朋友们唱歌。

昨天晚上,黄莉帮成吉整理完店铺回到家,打开电视,一个频道正在放《阿甘正传》,她起早贪黑地挣钱,没时间看电影,但电影的主角和成吉一样,是个智障青年。她便坐下来,从头到尾把它看完了。

阿甘说:"我不懂我们是否有着各自的命运,还只是到处随风飘荡。但奇迹每天都在发生。"

她听到这句话,像成吉一样,关了灯,在夜里哭。成吉的奇迹来时,她还没准备好。她总觉得那不像是真的。

那时,她不同意成吉和晓雅的婚事。但他说:"妈妈,她爱乱想,如果我不要她了,说不定会伤害你们。"

"你不能为了我们牺牲你自己,我不同意。"

"其实也不是因为这个。我和她有感情。她在受苦,我不舍得扔下她不管。"

她的成吉纯洁得像个天使。外婆反对说:"我信基督,她家里摆着个观音,相冲呢!"

黄莉说:"只要心里都想着做善事,两个孩子都幸福,又有什么关

系呢？我只信医，不信神，我们娘儿俩不也相处得很好吗？"

黄莉希望有一天，他和晓雅会有一个孩子，他会像成吉一样善良。当然，要比他聪明。

2013年9月1日

我有一个梦想

9月1日，是孩子们从暑假重返学校的日子。

安静了两个月的校园，像遇到五月的葵花园，一下子争艳怒放，熙熙攘攘起来。

去各个教室查看情况，是刘佳芬在第一天的惯例。孩子们在向日葵跑道上追逐嬉戏，在球场上较量技艺，这么大的日头也无法阻止他们重叙被暑假暂时隔绝的友谊。走过职高班教室门口，两个大男孩正手拉着手躺在地板上，大笑着不知道在聊些什么，像两个久别重逢又互相依恋的"大"字。来自不同的身体却牵在一起的一双手，让他们又在一瞬间变成了没长大的孩子。在每个班级，都有几个孩子在跟着老师紧张排练，唱歌，跳舞，吹笛子，等着在开学式的舞台上大显身手。

但刘佳芬知道，一年级的教室里不会有笑声。姚望主动要求去做一年级的班主任——那是老师们最害怕的班级，一年级的孩子才刚刚拉坯，像一个小瓷碗，还要历经印坯、晒坯、刻花、施釉等一道道工序，千锤百炼，精雕细刻，最折磨人，她说："我家小京三岁了，我想让他从小接触我的学生,和他们一起长大。等他长大了,他能理解和自己不一样的人,把他们当作和自己一样的人。"

刘佳芬同意了她的要求,姚望的班级迎来了九个孩子,智力障碍的孩子程度比往年都要重,越来越多轻度智障的孩子去了普通学校随班就读,而选择来达敏就读的,几乎都是重度的孩子。

刘佳芬走向一年级教室,去班级欢迎新生,她以为会像以往一样遇到尖叫哭泣的场景。可是,眼前的九个孩子让她感到十分惊讶。

一个孩子在玩唾沫,一个在转圈圈,还有一个在啃自己的手指,另一个嘴里发出"嘭嘭"的声音,一直这样叫着,不肯停下来。其他孩子要么趴在桌上,要么躺在地上。

除了那"嘭嘭"的声音,整个教室竟出奇地安静。那一个个安静得出奇的孩子,大多是自闭症孩子。

"刘校长,别的孩子不用教,天生就会嚼东西,但我们奇奇连怎么咀嚼都不知道。吃饭一口吞,饼干也不嚼,只要是到了嘴里的东西,就直接往下吞。你说他长着牙有什么用?我没办法,只能狠了心,把大块青瓜塞到他的嘴里,一开始,他也吞下去。我反复教,他被噎得翻白眼,才慢慢开始学怎么咀嚼,别人天生会的事情,他却每件事情都要教,教啊教,不知道什么时候是个尽头……"奇奇的母亲说。

奇奇长着一张方方正正的脸,眼睛特别大,黑得像煤,圆嘟嘟的脸,白得像玉,和王海一样,又是一个模样俊俏的孩子。他不停甩着手,隔会儿往手上吐一口唾沫,然后再甩,再吐唾沫。刘佳芬走到他面前,他看了她一眼,视线马上绕过了她,继续看着远方,甩手,吐唾沫。

她对他说:"奇奇,我是刘老师……"

她知道他琴弦般的小耳朵已经把她的声音过滤掉了,他坚定的目

光现在只属于远方。

　　他的第一次出现和王海如出一辙,刘佳芬无法忘记王海的母亲张小青的眼睛,一双从未露出过笑意的眼睛在向她提问:

　　"刘校长,如果有一台碾碎机把我碾碎,碾碎后的粉末可以铺成路,让我的孩子今后可以有尊严和安全地活着,我会毫不犹豫地跳下去。"

　　刘佳芬知道,父母铺不出这样的路,老师也不行,这需要很多人,需要全社会的帮助。从达敏学校毕业后他们如何度过余下的人生,是刘佳芬苦苦思索的问题。

　　张浩在宁波778创业资源中心和三位有公益梦想的年轻人共同创办的一家烘焙工厂找到了工作,这是一家NPO企业[注]。刘佳芬曾经梦想过有人开办这样的企业,让它成为庇护智障孩子的家园。她以为那样的想法离实现还很远,没想到现在就开在了家门口,顾客们络绎不绝。

　　在高雄,有一个喜憨儿基金会,这个基金会不用于救济,而用来让智障青年融入社会,自力更生。创业者是一个有重度脑性麻痹女儿的家庭。当刘佳芬在1997年走入达敏学校时,这个基金会成立了第一家烘焙店。爱心面包,在全岛卖出了名气。后来基金会又开了面食店,面食店为智障青年量身定制了操作程序。厨房里使用的是定时煮面机,煮面程序完全标准化,智障青年能够自主操作。为了确保喜憨儿在上餐时不被烫伤,餐厅采取汤面分离的措施——客人如果点的是

注:NPO是英文"non-profit organization"的缩写,直译为"非营利组织",就是不以营利为目的的组织机构。这个概念的产生晚于NGO,大致出现于20世纪80年代的美国,之后兴盛于全球。

汤面，他会看到面条单独放在盘子里，热汤却放在保温壶里，客人可以根据自己的需要，把汤倒入盘中。智障青年游刃有余地在餐厅里完成倒水、点餐、烹饪、装盘、送餐、收盘、洗碗等一系列全程服务工作。喜憨儿基金会还成立了为智障人士寻找欢乐的喜憨农场、乐团、剧团、儿童军团，等他们老得无法再工作，可以住到喜憨儿天鹅堡。喜憨儿成为岛内社会福利组织产业化经营的成功典范。

刘佳芬记得喜憨儿基金会宗旨中的一句话——我们会一直努力，直到所有喜憨儿梦想实现的那一天。这也是刘佳芬的梦想——终身教育，终身关怀。

她佩服现在的年轻人，难念的生意经里怀揣着一颗难得的公益心。张浩工作的这家烘焙店，有六个特殊的员工，都是达敏学校毕业的孩子。六个智障青年，拜了六个面点师做师傅，他们手把手地教孩子们学习搅拌、正型、烘烤和包装。张浩戴着口罩和高高的面点师帽子，露出一对弯弯的小眼睛微笑着，他忙碌的手指一定记得当初贴手工花时的漫长过程，记得用指挥棒和音符们对话时的愉悦，现在他的手心里一个个旋转着的是一种叫"核桃雪球"的糕点，他又粗又短的小手把它们搓圆，放到模子里。

下班时，他会带上好吃的糕点，和秀秀一起品尝。

"那多出来的一条染色体让他们心心相印。"李也悠说，"但我还是苦恼，他们俩真的结婚了，怎么办？那时，老师和我说他俩的事情时，我不知道该高兴还是难过，但钟月老师说让他们一起上学放学，一来有照应，二来也可避免更严重的事情，这样的孩子拦是拦不住的，只能顺其自然，只是我们得多看着他们一点。"

王海还在寻找工作的道路上，刘佳芬像张小青一样，希望有一天，

整个社会能真正了解自闭症人,他们虽然没有正常的交际能力,但做事可靠,一丝不苟,有严格的时间观念。虽然在中国内地,还没有一例自闭症人真正走进社会,但刘佳芬还是抱着这样的梦想,会有工作单位发现他们的优点,找到方法控制他们的情绪,为他们开辟工作的场所,让他们能真正融入地球人的生活。明亮和柳莹一样,还在工疗站,俞成吉的五金店生意渐渐热了起来,当刘佳芬还在为所有职高班孩子的就业奔走时,他开始创业了。电视台用镜头追逐着他,据说成吉是中国第一个自主创业的智障青年。

  俞成吉创业的第一笔资金来自于梦想合唱团宁波队募集的公益基金。一年前的今天,歌手吴克羣带着关于梦想合唱团的消息来到了学校。

  宁波组成了一支由电梯维修工、吊车工人、音乐学院学生组成的合唱队,他们要跟随吴克羣一起走上中央电视台,为智障青少年就业培训计划募集公益基金。这笔钱将用于帮助达敏学校实现"创建恒爱家园"的公益梦想,帮助学生就业。

  陈怡参加梦想合唱团宁波站海选,带上了成吉。成吉扮演父亲,陈怡扮演母亲,另一个女孩扮演女儿,这样就有了达敏学校新的"吉祥三宝"。以前,那个女儿是晓雅扮的。但她正生着病,只能找另一个在学校的女孩子替她。

  世界上有5651种语言,但音乐却把人类连成一个整体。歌声也让这个小小的团体紧密地联结在了一起。

  "怎么能想到那是一对智障孩子呢?"坐在台下的刘佳芬听到观众在表达他们的惊讶。她总是听到相似的表达。她的回答是:"我们的孩子,除了学得慢一点,有一些难以处理的情绪问题,他们和正常孩子并没有什么区别。"

刘佳芬听到坐在身边的刘林在鼓掌,他的女儿对着陈怡喊:"妈妈好棒啊,哥哥姐姐加油啊!"

台上这个特殊的梦想合唱团的歌声,也让台下的他们变成了一个温暖的小团体。

刘佳芬从一开始就告诉自己,爱,在她这里不是短暂的激情,而是久远的梦想。她在校门口的石头上刻了"恒爱",就是为了提醒自己和所有的同伴,对于他们这些从事特殊教育的老师来说,爱,就是和短暂的激情叫板。不仅仅要在学校里用最专业的方法把最耐心的教育传递给孩子们,而且当他们离开学校,只留下断断续续的消息和模模糊糊的背影时,她注视他们的目光也不能离开。

"我以为他们脸上会愁云密布,没想到他们那么阳光,他们健康的样子,根本不需要任何人同情,想到自己的歌声能帮助他们,我觉得特别有意义。"走进达敏学校的第一天,吴克羣就被孩子们热情的身影包围了,他们请他签名、合影,甚至邀请他加入他们的篮球赛,一起身就展示给他一个漂亮的三分球。他一定是备感惊讶,这些智障孩子的谈吐和交际,和他想象中的智障孩子完全不同。

"我觉得自己是从孩子身上获得了教育的热情。是孩子们的美好,持久地感染了我。"每当回忆起成吉,刘佳芬陷入回忆的双眼就会焕发神采,好像里面的一团火瞬时就被点燃了。

十多年前,当知道成吉喜欢唱歌时,刘佳芬给他买了一个录音机,几盒磁带。这样,他不用为了一首歌,一天天守候在收音机旁。每次

在居委会演出,他也会得到他们为他准备的礼物,一盒盒男声流行歌曲磁带。

这台录音机曾是唯一倾听他歌声的伙伴。

没有一个智障孩子能成为歌星,但音乐既是对大脑的有益刺激,又是收容生命叹息的盒子。成吉不知道什么是梦想,但他那时一边扫垃圾,一边旁若无人地唱歌,现在对着每一个货品唱《精忠报国》的样子,是这个城市默默奏响的弦歌,足以拨动每一个有心人的心弦。孔子说,真正的礼乐教化应该是"浴乎沂,风乎舞雩",无欲无求的智障青年,永远唱歌的样子,是不是就是舞雩台上,咏而归的特殊版本?

因为学校发展的需要,学校又要搬迁了,这次搬迁再没有居民的阻力。她要趁这个机会,好好梳理学校的梦想。她说:"中国找到中国梦,不容易。我们从事特殊教育的老师们,要实现自己的梦想,让所有人都明白,智障人和我们一样,需要就学、就业和获得爱情的权利,人人生而平等,我们要找到这样一条路去实现这些平等,也不容易。"

当田娟问孩子们长大了要当什么时,唐宝宝小华说:"我要做警察叔叔,有一把手枪,捉坏蛋。"

脑瘫孩子莎莎说:"我要在菜场摆个小摊,卖小菜。"

早产导致脑损伤的佳佳说:"我要做消防员,去救火。"

老师们也在书写他们的梦想——"我梦想,在学校的心理咨询室,有一套沙发,让咨询师和孩子或者家长成90度直角相坐,这样可以让他们能放松地说话。"

"当我走进新教室的时候,教室的墙面是'活'的。当我给学生教一些小动物的名称时,让学生触摸墙面,那些聪明的小精灵,就会在墙面上欢快地嬉戏;当我教孩子们认识食物时,墙面会散发食物的香气。更重要的是,当学生发脾气时,墙面会变得很软,变成孩子们的出气筒……"

"我梦想,在我们学校,每一个老师都能获得最专业的特殊教育知识,用最专业的知识,来教育孩子。"

刘佳芬说——

"我的梦想是,有一天,智障人士真正融入社会,出现在各个公共场所,享受和普通公民一样的权益。人'不独亲其亲,不独子其子,使老有所终,壮有所用,幼有所长,矜寡孤独废疾者皆有所养'。"

此刻,在刘佳芬面前站着的奇奇还在甩手,吐唾沫,刘佳芬拿出积木,对他说:"我们来搭积木吧,不要玩口水……"

多年前,王海来的那一天,她也与他这样打了第一个照面。

他会认识她的,不用多久,他就会像王海那样,见到她时,大声喊她——刘老师!

然后和她一起击掌。如果她忘记了,他会追着她,要她履行他们之间的约定。

他或许会吹笛子,吹一曲《彩云追月》;他也可以学画画,画和他最喜欢的人一起看电影,在他的画上,一开始,整个电影院只有三个人,一个老师,一个同桌,一个自己,然后,他的画会随着时光推移出现变化,里面的人物慢慢多了起来,他对生活的接纳正在变得宽广;或许他还能学会唱歌,句子的节奏有点问题,但他唱歌的时候一定面带微笑;爸爸去哪儿,他就跟着去哪儿拍照,指着一张张照片慢慢理解过去、现在、未来的差别。反正在这些事情中,总有一样,他喜欢。如果

可以,他毕业了,就去 NPO 做一个糕点师,他的经理会说——我们企业的成功在于把爱心当成差异化竞争方式。她要做第一个品尝的人,那时,她应该是个退休的老太太了。她要大声地夸奖他,竖起大拇指。

他会听懂的。即使他无法清晰地表达情感。

还有,他一定会喜欢水。游啊游,忘记了自己是人类。

他一旦上了岸,就一定能感觉到人类对他的爱,他的父母、他的老师和他的同学,都爱他。他会很大声地笑,也很大声地哭,像个孩子。

他或许还会做一碗番茄炒蛋,每次等油热了,要往油里放蛋时,一开始,他的手像王海一样,悬在半空,抖个不停,却迟迟不能把碗里打好的蛋放入锅里。他的颤抖是因为害怕被油出其不意地咬一口。对什么都按部就班的自闭症孩子来说,理解油为什么会溅到手上,而他却必须忍受,就像理解一只蹲在门口的恶狗,向每个陌生人狂吠,并随时准备向他发起攻击一样,并不是一件容易的事情。

即便如此,他还是会克服恐惧,把烧制成功的番茄炒蛋端到老师的面前。

当然,如果他没法学会做菜,或者做糕点,特殊农场会成为他的新家,他能和植物们待在一起,听各种昆虫的言语,闻各种花朵的香气,他会伐木就伐木,他会播种就播种,他会收割就收割。时光慢下来了,什么都不必急。他可以和蜗牛一起散步,生命本是在缓慢之中享受他的乐趣。

如果什么都不会,就在田间唱一首歌,劳动了一天,他的工资和社会福利会存入他的专有基金,这个基金会一直关注着他,直到他身形佝偻,白发苍苍,直到他乘坐着载他来的那架外星飞船,踏上归程……

第七章　阳台夫妻

现在,七岁的奇奇才刚刚开启自己的地球之旅。他放弃了与唾沫执着的玩耍和倾诉,把雪花片一片片摆在桌上,他只喜欢红色的,所以拼成的是一条红龙。他不会扣雪花片,只会整齐地排起来。门口进来一个三四岁的小男孩,虎头虎脑,一见到刘佳芬就扯了嗓子喊,刘外婆,好!他从玩具架上拿来几篮雪花片,一下子就撒了一桌子,他像一个建筑师一样专心地从事着自己的拼接工作。很快,他高举着拼接好的玩具,用金属般清脆的声音喊——"妈妈,我搭了一个大花瓣,七色花,送给哥哥。""外婆,这是个兔子,长耳朵白兔子,也送给哥哥。"

他是姚望的儿子小京,刚从托班被接回来。奇奇低着头,把雪花片越排越长,直到用完了最后一块红色。他好像根本没有听到这位陌生的弟弟为他举行的赠予仪式。

姚望说:"虽然奇奇没有反应,小京像高音喇叭一样的声音也塞不进他的耳朵,但总有一天,他能感觉到别人对他的关心。"

"其实人类最初形成时,就应该是这样的,普通人和残疾人是左邻和右舍,是兄弟和姐妹,是海洋和陆地,难分难解,你是我的靠山,我是你的帮手,相亲相爱,融为一体。"刘佳芬说。

2013 年 11 月 24 日一稿

2014 年 1 月 22 日二稿

2014 年 2 月 10 日三稿

后　记

　　半年时间，我断断续续地完成了我的采访。二十七位特殊教育老师和他们的校长进入到与我的交谈中，他们用自己的教育、思考和爱的细节，让我与他们同悲共喜，并对教育本身产生了更深的皈依之心。他们身上无穷的爱以及由爱派生出来的智慧，有着无穷大的内涵，让没有血缘的人类在精神上构成一个更加强大的谱系，让生命在向死而生的过程中获得了可贵的尊严。

　　同时，我进入到孩子们的家庭，十余位家长同意了我的不情之请。去审视别人的伤痕，这显然不太高尚，但如果能够唤起更多对伤痛的关注和对于疗救之药的向往，我也便有了让自己心安的借口。他们的父母、祖父母在倾诉中向我还原了孩子残酷又温暖的成长史和生命中所获得的阳光的照耀。

　　我在与主人公刘佳芬女士的对话中，了解了一个平凡女性的伟大梦想。她既是一个母亲，更是一个改革者和思想者。本书写到最后的时候，我甚至觉得自己和刘佳芬女士已然合为一体。我相信，她对于生命平等的理解和诸多特殊教育改革的实践，一定具有先行的意义。

　　本书主要写到七个孩子、七位老师和一位校长。但鉴于题材的特殊性，为了避免对智障孩子和他们的家庭、学校的老师造成不必要的干扰，我把两三个孩子的经历合到一个孩子身上，把 A 孩子身上发生

后 记

的事情放在了 B 孩子身上。为了和孩子的经历相对应,我也把老师们的形象进行了重新整合,把几个老师的故事合在一起。为了保护孩子的隐私,老师和孩子都采用了化名。在作品中,我让每一个人物都以自己的视角开口说话,是源于不断靠近客观事实的需要。在这种复调的表达中,我寻找着接近真实的方式。

希望这样的处理能获得当事人的谅解。这本书中流动的爱来源于现实,一定会获得普遍的敬意。希望这敬意,也能成为此书的最高褒奖。

作　者
2014 年 1 月 30 日

图书在版编目（CIP）数据

一个都不放弃 / 钱利娜著 . —宁波：宁波出版社，2014.3（2014.5 重印）

ISBN 978-7-5526-1474-9

Ⅰ．①一⋯　Ⅱ．①钱⋯　Ⅲ．①纪实文学－中国－当代　Ⅳ．①I25

中国版本图书馆 CIP 数据核字（2014）第 049009 号

● ●

书　　名	一个都不放弃
作　　者	钱利娜
出版发行	宁波出版社
地　　址	宁波市江东区甬江大道 1 号宁波书城 8 号楼 6 楼
邮　　编	315040
电　　话	0574-87259609（编辑部）　87736120（发行部）
责任编辑	徐　飞
封面设计	金字斋
插　　图	陈　曦
印　　刷	浙江新华数码印务有限公司
开　　本	710 毫米 ×1000 毫米　1 / 16
印　　张	20.5
插　　页	10
字　　数	245 千
印　　数	10001~30200 册
版　　次	2014 年 3 月第一版
印　　次	2014 年 5 月第二次印刷
书　　号	ISBN 978-7-5526-1474-9
定　　价	30.00 元

本书若有印装错误，影响阅读，请与出版社联系调换，电话：0574-87248279（出版部）